一流大学研究文库
WCU SERIES

研究型大学青年教师
缘何参与大学国际化

对"青椒"学术职业困境的思考

Understanding Junior Faculty Engagement in
Internationalization at a Chinese Research University

Refelctions on Academic Career of Junior Faculty

徐昭恒 王 琪 著

上海交通大学出版社
SHANGHAI JIAO TONG UNIVERSITY PRESS

内容提要

　　国际化是世界一流大学的内在特征,也是我国顶尖研究型大学跻身世界一流行列的战略选择。成功的大学国际化实践离不开富有使命感的教师群体的积极参与,而青年教师的作用尤其不容忽视。当前我国众多研究型大学都在不遗余力地为教师的学术职业增添国际化内容,但已有研究却较少提及,这些举措背后强调的现实目标,是否与青年教师基于自身学术职业发展的实际需求真正匹配。本书以我国东部沿海地区一所顶尖研究型大学为案例,重点分析了具有高度能动性的青年教师在大学国际化进程中的参与情况、影响其参与行为的内外部因素和影响机制,以及大学国际化策略在推动青年教师国际化参与方面的影响和作用。本书的核心目标是探讨青年教师在大学国际化趋势下面临的职业困境和应对之策,为我国研究型大学提升国际化建设成效和推进师资管理制度改革提供参考。本书主要面向从事大学国际化、教师发展相关研究和管理工作的广大读者,同时也适合高等教育领域的研究人员以及相关专业的本科生和研究生阅读。

图书在版编目(CIP)数据

研究型大学青年教师缘何参与大学国际化／ 徐昭恒,
王琪著. —上海：上海交通大学出版社,2020
(一流大学研究文库)
ISBN 978－7－313－23894－8

Ⅰ.①研…　Ⅱ.①徐…　②王…　Ⅲ.①高等学校－青
年教师－师资培养－研究－中国　Ⅳ.①G645.12

中国版本图书馆 CIP 数据核字(2020)第 197528 号

研究型大学青年教师缘何参与大学国际化——对"青椒"学术职业困境的思考
YANJIUXING DAXUE QINGNIAN JIAOSHI YUANHE CANYU DAXUE GUOJIHUA
——DUI "QINGJIAO" XUESHU ZHIYE KUNJING DE SIKAO

著　　者：徐昭恒　王　琪
出版发行：上海交通大学出版社　　　　　　　　地　　址：上海市番禺路 951 号
邮政编码：200030　　　　　　　　　　　　　　电　　话：021－64071208
印　　制：上海万卷印刷股份有限公司　　　　　经　　销：全国新华书店
开　　本：710 mm×1000 mm　1/16　　　　　　印　　张：17.25
字　　数：277 千字
版　　次：2020 年 12 月第 1 版　　　　　　　　印　　次：2020 年 12 月第 1 次印刷
书　　号：ISBN 978－7－313－23894－8
定　　价：78.00 元

总　序

　　世界一流大学是高等教育的旗帜,许多国家和地区制定了世界一流大学的建设计划,出台了促进世界一流大学建设的政策和举措。我国自20世纪90年代开始实施"211工程""985工程"等重点建设计划,2017年正式实施"双一流"建设计划。党的十九大报告强调"加快一流大学和一流学科建设,实现高等教育内涵式发展",标志着我国的世界一流大学建设进入了新阶段。

　　紧跟世界高等教育发展潮流,把握国家高等教育发展脉搏,立足世界一流大学建设的实际需求,上海交通大学世界一流大学研究中心先后出版了世界一流大学研究方面的全球第一本中文、英文著作;以教育部科技委《专家建议》等形式先后给政府部门提供了三十余份世界一流大学相关的咨询报告,其中若干份报告得到了国家领导人的批示和肯定;以个别咨询和参加座谈等方式为发改委、财政部、教育部的相关领导提供了世界一流大学相关的咨询建议。

　　世界一流大学研究中心研制并于2003年开始发布的世界首个多指标全球性大学排名"世界大学学术排名(ARWU)",作为全球性大学排名的中国标准,引领了全球性大学排名的发展方向,影响了世界高等教育的生态。世界一流大学研究中心2005年发起并举办了"第一届世界一流大学国际研讨会"(1st International Conference on World-Class Universities),之后隔年举办一届,至今已连续举办七届,已经成为全球范围内世界一流大学研究的交流平台。

　　世界一流大学研究中心2007年开始组编"一流大学研究文库",至今已经出版著作三十余部,品牌效应开始显现。随着"双一流"建设的不断推进,世界一流大学研究将面临前所未有的机遇与挑战,"一流大学研究文库"将坚持理论研究与建设实践相结合、中国特色与国际经验相结合、定量研究与经典案例相结合、持续扩大品牌的影响力,为我国的世界一流大学研究和建设做出不可替代的贡献。

　　"一流大学研究文库"期待与国内外世界一流大学研究领域的优秀学者和实践专家携手合作,主要选题包括世界一流大学建设(年度报告)、世界一流大学的理论与评价、世界一流大学的改革与创新以及世界一流大学相关的经典译著。

　　　　　　　　　教育部战略研究基地"上海交通大学世界一流大学研究中心"主任

　　　　　　　　　　　　　　　　　　　　　　　　　　　　　　　刘念才

　　　　　　　　　　　　　　　　　　　　　　　　　　　2019 年 12 月于上海

前　言

　　国际化是世界一流大学的内在特征,也是我国顶尖研究型大学跻身世界一流行列的战略选择。对于这些高校而言,如何制定和实施行之有效的国际化策略,不仅是其适应全球化模式下发展的必要反应,也是自身追求卓越、履行时代使命的重要途径和手段。成功的大学国际化实践离不开富有使命感的教师群体的积极参与,而青年教师的作用尤其不容忽视。随着国际化日渐成为高等教育领域的重要政策议题,我国众多研究型大学都在不遗余力地为教师的学术职业增添国际化"色彩",但已有研究却较少提及,这些举措背后所强调的现实目标与青年教师基于自身学术职业发展的实际需求是否真正匹配——这正是本研究重点探讨的问题。

　　本书选取东部沿海地区一所顶尖研究型大学(简称 S 大学)作为案例研究。笔者以吉登斯"结构化理论"的重要观点为理论基础,重点探讨了具有高度能动性的青年教师在大学国际化进程中的参与情况、影响其参与行为的内外部因素和影响机制,以及大学国际化策略在推动青年教师国际化参与方面的影响和作用。在实证调查阶段,笔者采用了顺序解说型混合研究设计,首先对 S 大学 40周岁以下的 708 名专任青年教师进行问卷调查,获得 250 份有关青年教师对大学国际化策略的认知及其国际化参与情况的有效反馈。在此基础上,作者对其中 25 名青年教师进行深度访谈,分析了这一群体产生不同行为选择的原因及其影响因素,并对大学国际化策略推动青年教师国际化参与的成效进行整体评价。

　　从整体参与情况来看,青年教师在本土校园范畴的国际化参与集中体现在与教学(课程建设、学生指导)和科研(科研探索、项目合作)相关的四个方面,其中个人主导的科研探索是最重要的国际化参与形式。青年教师的跨境交流通常为6个月及以上的中长期访学研修,以及两周以内的短期学习研讨。跨境交流活动更易受到外部政策环境影响。隶属不同学科领域和专业院系的青年教师在国际化参与的多个方面存在差异。

从参与原因、影响因素和影响机制来看,青年教师参与大学国际化的主要原因在于加强科研产出、获得学术资源和建立学术声誉,其核心是积累学术职业发展的各类资本。从笔者归纳的10种参与动机背后蕴藏的信息来看,来自高校层面的权力影响、制度规约和平台支持,以及基于教师个体的意识、能力与资源,作为主要的外部和内部影响因素,不同程度地对青年教师的国际化参与产生了客观推动作用。根据各种推动因素被提及的重要程度来判断,青年教师在本土教学领域的国际化参与主要源自外部因素推动,在本土科研领域的国际化参与主要受到内部因素激励,而跨境交流则是内外部因素共同作用的结果。笔者也从机会成本、制度阻碍和个人代价三个方面归纳了青年教师"不"参与某些国际化活动的10种具体理由。这些理由表明,来自高校的资源供给、考核制度、服务支持以及院系设置方面存在的某些不足,以及源自教师自身的资源紧缺和客观生活需求,都不同程度地对青年教师参与大学国际化产生了反向拉力。总体而言,青年教师在本土教学和科研领域的国际化参与主要受到外部因素阻碍,但具体阻碍因素略有差异;在跨境交流方面的参与意愿主要受到教师内部因素影响。

从国际化策略的影响来看,S大学的政策规划类国际化策略在青年教师意识层面的影响力显著高于相关激励支持举措;海外交流资助与校内平台支持的影响力整体高于其他举措。青年教师普遍认可学校管理调控方面策略的积极作用,但对于学校在操作实施、师资建设以及服务支持方面的部分国际化策略及其影响存在争议。研究发现,S大学国际化策略局部成效不足的主要原因如下:一是学校战略定位中对于海外高层次学术人才的偏好压缩了在校青年教师的生存空间,阻碍其获取参与大学国际化的资源;二是相关政策制度的"多变"和"固化"加剧了高校内部的学术阶层分化,对青年教师产生了自上而下的挤压,使其对国际化参与产生疲惫感。此外,具体策略执行及其影响存在滞后性,一定程度上也影响了青年教师投身国际化实践的热情和决心。

本研究关于S大学青年教师国际化参与问题的探讨,实质上反映的是当代高校青年教师在竞争激烈的学术场域中寻求生存与发展的职业现状。上述问题提醒高校管理者,应从学校发展国际化的基本立场定位、重要指导原则以及具体推动举措三个层面,思考如何从根本上增强青年教师的学术竞争力,并以此帮助他们拓展参与跨学科、跨文化交流合作的机会。青年教师也应理性看待自身与大学的关系,积极了解和响应各项政策;同时,保持学术激情,坚守学术成果产出的品质。

　　本书适合从事高等教育相关研究和管理工作的广大读者阅读。鉴于笔者学识、能力的局限,书中疏漏和不足之处,敬请读者和学界同仁批评指正!

目　录

图 录

表　录

第一章
绪　论

第一节　研　究　背　景

一、国际化是我国顶尖研究型大学跻身世界一流行列的战略选择

　　高等教育国际化已不再是望而不及的学术理想。特别是在经济全球化的推动下,国际化已成为大学充分利用国际资源实现大学使命、提高国际竞争力、加强品牌建设与提升学术声誉的重要手段与途径[①]。尤其对于那些倾心"世界一流大学"[②]地位的大学,如萨尔米(Salmi)所言,国际化无疑是其寻求发展的核心所在[③]。例如,东南亚一些顶尖研究型大学——以香港科技大学为例,自创建伊始就明确了国际化的办学理念和人才培养目标,并将其纳入政策文件之中。在学校高层支持下,学校采取全面的国际化实践,通过坚持国际化人才战略、实施国际化课程、秉承国际化管理制度以及开展全球交流合作等方式,使自身在经历短短二十几年的发展后就跃升为亚太地区乃至世界范围内后发型大学跨越式发展的典范[④]。

　　国际化符合我国政府探索世界一流大学建设的需求[⑤]。《国家中长期教育改

① 薛珊,董礼.走进全球化时代:大学国际化策略研究综述与前瞻[J].煤炭高等教育.2012,30(5):20.
② 根据贾米尔·萨尔米(Jamil Salmi)在其撰写的《世界一流大学:挑战与途径》(*The Challenge of Establishing World-Class Universities*)一书中的论证,"世界一流大学"应至少包含三个特征:人才汇聚(优秀教师和学生高度集中);教学资源丰富,科研经费充足;治理规范,能够激发战略愿景、创新和活力,并能在进行决策和管理资源上不受官僚作风的影响。本书对于世界一流大学的界定以此为主要依据。
③ 王琪 等.世界一流大学:共同的目标[M].上海:上海交通大学出版社,2013:26.
④ 牛欣欣.大学国际化战略:香港科技大学的经验及启示[J].高教探索.2013,5:62-67.
⑤ Rhoads, R. A. & Hu, J. The internationalization of faculty life in China[J]. Asia Pacific Journal of Education. 2012, 32(3):351.

革和发展规划纲要(2010～2020)》明确提出"加快创建世界一流大学和高水平大学的步伐,到2020年若干所大学达到或接近世界一流大学水平"①的战略目标;并在第十六章"扩大教育开放"中旗帜鲜明地将"借鉴国际上先进的教育理念和教育经验,促进我国教育改革发展"纳入今后十年我国的教育发展规划中②。《教育部、财政部关于加快推进世界一流大学和高水平大学建设的意见》将"加大对外开放和开展高水平国际交流与合作的力度"作为一项主要任务。国家教育事业发展"十二五""十三五"规划指明要"提高我国教育的国际化水平"③"深化中外学校间交流与合作"④等。由国务院印发的《统筹推进世界一流大学和一流学科建设总体方案》明确将"吸引国外优质资源、加强国际协同创新、营造国际化教科环境、积极参与国际教育规则制定、国际教育教学评估和认证"等内容作为推进国际交流合作的重要方向和突破口⑤。另外,由中共中央办公厅、国务院办公厅印发的《关于做好新时期教育对外开放工作的若干意见》也将"加强高端引领,提升我国教育实力和创新能力"作为新时期的一项重点部署工作,包括"引进世界一流大学和特色学科,开展高水平人才联合培养和科学联合攻关"⑥等,以助推我国高校"双一流"建设。

　　国际化也是国内顶尖研究型大学寻求创新发展和追赶世界一流的普遍共识。自天津大学颁布《天津大学国际化战略实施纲要》以来,我国许多大学先后制定了各自的国际化发展战略,或在本校战略规划中加入了国际化的内容⑦。例如,北京大学明确将提高国际化办学水平作为全面接近世界一流大学水平的一项具体目标⑧。清华大学将"大力推进全方位、多样化的国际合作,建立高质

① 中国网.国家中长期教育改革和发展规划纲要(2010—2020)[EB/OL].(2010-03-01)[2015-09-16]http://www.china.com.cn/policy/txt/2010-03/01/content_19492625.htm.
② 房东波,程显英.我国大学国际化战略制定与执行研究——以10所国内大学为例[J].中国高教研究.2013,1:22.
③ 中国教育和科研计算机网.国家教育事业发展第十二个五年规划[EB/OL].(2012)[2015-09-16]http://www.edu.cn/html/e/jygh/.
④ 中华人民共和国中央人民政府.国家教育事业发展第十三个五年规划[EB/OL].(2017)[2017-12-30]http://www.gov.cn/zhengce/content/2017-01/19/content_5161341.htm.
⑤ 中华人民共和国中央人民政府.国务院关于印发统筹推进世界一流大学和一流学科建设总体方案的通知[EB/OL].(2015-10-24)[2015-11-06] http://www.gov.cn/zhengce/content/2015-11/05/content_10269.htm.
⑥ 中国政府网.中共中央办公厅、国务院办公厅印发《关于做好新时期教育对外开放工作的若干意见》[EB/OL].(2016-4-29)[2017-12-30]http://www.gov.cn/home/2016-04/29/content_5069311.htm.
⑦ 丁仕潮,周密.我国研究型大学国际化战略实施的项目管理方法研究——基于"985工程"大学国际化战略的文本内容分析[J].科技管理研究.2014,18:79-80.
⑧ 北京大学.北京大学"十二五"改革和发展规划纲要[EB/OL].(2012)[2015-09-06]http://odp.pku.edu.cn/Item/286.aspx.

量的国际化人才培养体系、提升高层次国际师资延揽能力"作为"迈入世界一流大学前列"的战略选择①。复旦大学提出"在未来10～15年努力跻身世界同类型大学的前列"的中长期发展目标,并将加强国际课程建设和来华留学生培养等内容纳入本校战略发展的主要任务中②……尽管如此,仍有研究者指出,我国大学的国际化战略整体上还处在"明晰的文档规划"层次,各大学虽有明晰的国际化文档和目标,但对于如何具体实施、如何调动全校资源为国际化服务仍语焉不详③。

对于中国顶尖的研究型大学而言,制定和实施行之有效的国际化策略,不仅是应对全球化冲击、适应全球化模式下发展的必要反应,也成为自身追求卓越、缩小与世界一流大学的差距,以及履行时代使命的一种重要途径和手段。因此,深度关注与探讨此类大学的国际化问题,既呼应了当下我国高等教育研究领域的理论热点,也符合这些高校发展过程中的实际需求。

二、青年教师群体对我国研究型大学国际化的重要性日益凸显

教师对于大学的作用不言而喻。无论从历史的考察还是现实的写照来看,大学都是教师(学者)的集合,大学职能的履行很大程度上等同于教师职能的发挥④。在国际化建设方面,虽然多数研究者承认国际化离不开高校所有成员提供的人力资源支持,但教师始终被认为是确保高校国际化建设取得成功的、最关键的参与者和贡献者⑤。如哈若瑞(Harari)所言,决定一所大学国际化程度的关键不在于其规模、位置、预算,而取决于教师的能力和参与⑥。美国华盛顿州立大学在20世纪90年代初开展的一项调查显示,在接受问卷调查的183所大学中,90％的大学认为教师是推进大学国际化进程的关键因素。该研究进一步发现,那些在国际化进程中获得在校教师广泛支持的高校,其国际教育的实施过程

① 清华大学.清华大学事业发展"十二五"规划纲要[EB/OL].(2011)[2015-09-06]http://www.tsinghua.edu.cn/publish/newthu/openness/jbxx/fzgh.htm.
② 复旦大学.复旦大学"十二五"发展规划纲要[EB/OL].(2012)[2015-09-06]http://www.op.fudan.edu.cn/2d/cf/c5703a77263/page.htm.
③ 房东波,程显英.我国大学国际化战略制定与执行研究——以10所国内大学为例[J].中国高教研究.2013,1:25.
④ 吴鹏.学术职业与教师聘任[M].青岛:中国海洋大学出版社.2006:1.
⑤ Stohl, M. We have met the enemy and he is us: The role of the faculty in the internationalization of higher education in the coming decade[J]. Journal of Studies in International Education. 2007, 11(3/4): 360.
⑥ Harari, M. Internationalizing the curriculum and the campus: Guidelines for AASCU Institutions [M]. Washington, DC: American Association of State Colleges and Universities. 1981: 29.

普遍获得较高的成功率①。由于教师任职于高度专业化的学术机构,他们往往拥有无法为高校其他群体所共享的专业知识与技能,能够在将国际化融入机构活动的过程中发挥关键作用。因此,教师群体的广泛参与成为大学实现全面国际化战略目标的根本保障;教师是大学国际化进程中不可或缺的催化剂(catalyst)②、代理人(agents)③和"引擎"④。

近年来,随着高校不断扩招和扩大办学规模,我国高校师资队伍持续扩充。根据教育部统计数据显示,2003 年我国普通高校专任教师总数为 72.47 万人,2018 年达到 167.28 万人,其总量增长了 1.31 倍。青年教师作为高校教师队伍可持续发展的保证,在此期间保持稳定增长。例如,2003 年,我国普通高校中 40 岁及以下的专任教师⑤总数为 49.26 万人;到了 2012 年,同年龄段的教师数量达到 87.69 万人,十年间增加了 38.43 万人,增幅达到 43.82%。其中,增长主力集中于 35 岁及以下的教师群体,增幅达到 46.28%。另外,从各年龄段教师比例来看,近五年来,我国普通高校中 40 岁以下专任教师占比超过教师总数的一半。2003～2012 年间,35 岁及以下专任教师占教师总数的比例维持在 45%左右;40 岁及以下专任教师比例保持在 60%以上⑥⑦。由此可见,若以 40 岁为界,这一群体无论是在增长速度还是实际规模上,都已经发展成为我国高校教师队伍的主力军。

作为高校师资队伍的主要构成和新生力量,青年教师对于大学国际化的贡献与价值日益凸显。一方面,青年教师群体日趋国际化的学历背景和丰富的海外经历,成为许多高校打造具有国际化形象和国际水准师资队伍的重要保障。

①　Henson, J. B. et al (eds.) Internationalizing U. S. universities: A time for leadership[R]. Spokane, WA: Washington State University. 1990.

②　Carter, H. M. Implementation of International Competence Strategies: Faculty[C]// Klasek, C. B. et al. (eds.) Bridges to the Future: Strategies for Internationalizing Higher Education. Carbondale, IL: AIEA, 1992: 39.

③　Friesen, R. Faculty member engagement in Canadian university internationalization: A consideration of understanding motivations and rationales[J]. Journal of Studies in International Education. 2012, 17(3): 209.

④　舒俊,李碧虹.大学教师参与国际化程度的实证研究——基于我国 4 所重点大学的调查[J].高教探索, 2014,5: 37.

⑤　专任教师:一般指具有教师资格、专门从事教学工作的人员。本书指的是在研究型大学从事教学和科研工作、区别于行政管理人员以及其他教职员工的教师群体,与"教师"概念同义[EB/OL]. (2018-1-24)http://www.moe.gov.cn/jyb_hygq/hygq_zczx/moe_1346/moe_1348/tnull_31095.html.

⑥　中华人民共和国教育部.2003～2018 年高等教育统计数据[EB/OL]. (2003—2018)[2019-12-30]. http://www.moe.gov.cn/s78/A03/moe_560/jytjsj_2018/.

⑦　笔者注:从 2013 年开始教育部数据统计口径变化,年龄为 40 岁的教师数据由原来归属 36～40 岁区间统计调整到 40～44 岁区间。为了方便比较,本书选取 2003～2012 年期间数据,呈现青年教师占比基本情况。

另一方面,青年教师使自身教学、科研和服务能力达到国际一流水平的努力,不仅反映了高等教育发展的内在要求,也是高校全面国际化战略目标得以有效推进和落实的关键。因此,鼓励这一群体拓展国际化工作并提升学术兴趣和能力,已成为众多高水平,尤其是顶尖研究型大学推进国际化战略目标的一项核心内容。

三、机遇还是挑战:大学国际化策略对青年教师的影响

随着国际化日渐成为高等教育领域内的重要政策议题,几乎所有大学都试图用与国际化有关的内容完善其自身形象和发展规划[①]。莫家豪(Mok)指出,尽管国际化已成为当代大学的普遍选择,但在启动国际化议程之前,我们仍然有必要慎重考虑以下几个问题,比如,高等教育为谁(的利益)而国际化? 高等教育因何(目的)而国际化? 国际化为何会进入当代大学的重要议程中? 大学国际化是否与学生及其他社会利益相关者有关[②]? 当前,在我国高校的国际化进程中,许多大学都在不遗余力地为教师的学术职业发展增添各种具有国际化特征的内容。其中一些举措在诸如统计数据和评估指标等方面确实呈现出了某些积极、甚至令人欣慰的成果。但这些举措背后所强调的现实目标,与青年教师学术职业发展的实际需求之间的匹配性问题,依然值得深入关注与探讨。大学现有的国际化策略究竟为青年教师的学术职业发展提供了哪些切实有效的资源或机会? 能否有效推动他们投身大学国际化实践? 又对其学术工作产生怎样的影响? 这些都是我国高校,特别是顶尖研究型大学在加速国际化过程中亟须思考并着力解决的问题。然而,有关的研究至今仍然没有得到应有的足够重视。

从已知研究成果来看,如何协调学术自由、学者自治与学校整体的国际化进程已成为国外很多相关研究的关注点;各类实证研究也试图从多个角度分析高校国际化与教师参与之间的关系。这类研究主要集中于北美地区,研究者归纳了影响教师参与国际化的动力和阻碍,指出高校环境与学科背景是影响教师在其学术工作中广泛投身国际化实践的关键因素[③]。相比之下,当前国内的研究

---

① Kehm, B. M. & Teichler, U. Research on Internationalization in Higher Education[J]. Journal of Studies in International Education, 2007, 11(3/4): 262.

② Mok, K. H. Questing for Internationalization of Universities in Asia: Critical Reflections[J]. Journal of Studies in International Education. 2007, 11(3/4): 437.

③ Proctor, D. Faculty and international engagement: Has internationalization changed academic work? [J]. International Higher Education. 2015, 83: 15 - 16.

主要还是从学校发展层面出发,重点聚焦如何扩大师资队伍的国际化学缘结构,以及增加教师的海外交流体验等问题。少数学者虽已开展了有关教师学术职业国际化的研究,但其焦点集中于对不同类型教师参与情况的比较,以及对影响教师参与国际化的个体因素的探讨,调查工具与研究对象还有待进一步丰富。总之,尽管青年教师对于大学国际化的重要性已得到充分肯定,但这一群体在我国大学国际化进程中的实际受关注程度依然比较有限。如何将青年教师的实际需求纳入大学国际化战略规划,不仅关系到青年教师学术职业的国际化发展,更是当前我国高校国际化建设的重要议题。

第二节　相关概念界定

一、大学国际化

根据奈特(Knight)从高等教育机构(institutional)以及国家和行业层面(national,sector)对国际化的划分,本研究中的"大学国际化"属于高等教育领域内发生在院校层面的国际化;以大学为代表的高等院校是其最重要的载体[①]。如果说国家和行业层面的国际化是通过政策、经费、项目和规章制度对高等教育的国际化维度产生重要影响,大学国际化则是国际化在高等教育领域的重要展现形式,因为"真正的国际化过程往往发生在机构层面"[②][③]。

结合西方主要高等教育强国出现的各类国际化现象与特征,以及前人积累的研究成果,奈特先后归纳了四种用于描述大学国际化的方法/路径(approaches)和两股主要潮流(streams)(表1-1)[④]。总体而言,这些分类旨在反映国际化概念的动态发展、国际化对高等教育发展动向的影响,以及对当前环境和行业需求的回应。在应用层面,各类别之间相辅相成,不存在明显互相排斥的情况。

---

① 黄福涛."全球化"时代的高等教育国际化—历史与比较的视角[J].北京大学教育评论.2003,1(2):96.
② Knight, J. Internationalization remodeled: Definition, approaches and rationales[J]. Journal of Studies in International Education. 2004, 6-7.
③ Knight, J. Internationalization: concepts, complexities and challenges[M]//Forest, J. J. F & Altbach, P. G. (eds.). International handbook of higher education. Part one: Global themes and contemporary challenges. The Netherlands: Springer, 2006: 212.
④ Knight, J. & De Wit, H. (eds.) Quality and internationalization in higher education[M]. Paris: Organization for Economic Co-operation and Development. 1999: 14-16.

表 1-1 用于描述大学国际化的不同分类方法

分类	方法/路径	内 容 界 定	重点
四种方法	活动 (Activity)	从各种具体的活动或项目来描述国际化,包括学术和课外活动、人员的国际交流、技术支持、跨文化培训、国际学生和合作研究等①。这种方法在 20 世纪末的数十年间是使用最为广泛的、用于界定高等教育国际化的方法,甚至被一些研究者认为是盛行于 20 世纪 70、80 年代早期的"国际教育"的同义词②。	活动举措
	结果 (Outcomes)	从预期结果来描述高等教育国际化,包括学生能力、机构形象,以及更多国际性合约、合作伙伴和计划等。这种方法最初被界定为能力方法(competency),随着对高等教育问责和结果的日益重视,其内涵和外延得到扩展并发展为结果方法③。	预期结果
	理据 (Rationales)	从推动国际化发展的主要原因或动机来描述高等教育国际化,包括学术规范、创收、文化多样性以及师生发展等。迪威特认为这种方法与奈特最初界定的精神气质方法(ethos),即大学中尊重并支持跨文化和国际化视角和举措的精神气质或文化有共通之处。随着高等教育发展环境的变化,精神气质方法作为一种独立方法的地位被理据方法所取代,并内化为其组成部分。	国际化的动机
	过程 (Process)	将国际化视作将国际化维度或视角纳入高等教育机构主要功能的过程,用于描述此方法特征的词汇包括注入(infuse)、整合(integrate)、渗透(permeate)、结合(incorporate)等。各种学术活动、政策程序及策略都被视作这一过程的组成部分。	机构主要功能
两股潮流	本土国际化 (International at Home,简称 IaH)	大学国际化意味着创造一种推动和支持国际化/跨文化理解,以及关注校园活动的文化或氛围。按照奈特的解释,该方法由精神气质方法发展而来,反映的是当前许多关注校园内部国际化/跨文化维度的高校用来制定和实施国际化战略规划的方法。也称"在地国际化"。	机构主要功能
	跨境国际化 (Abroad/cross-border)	大学国际化被视为一种通过各种传输模式(如面对面教学、远程教育、在线教育),以及不同的行政安排(如特许经营办学、中外合作办学、海外分校),面向其他国家的跨境教育传输等。	国际联系

① De Wit，H. Internationalization of higher education in the United States of America and Europe：A historical，comparative，and conceptual analysis[M]. Westport，CT：Information Age，2002：116 - 118.
② Knight，J. & De Wit，H. (eds.) Quality and internationalization in higher education. Paris：Organization for Economic Co-operation and Development. 1999：14 - 16.
③ Knight，J. Internationalization remodeled：Definition，approaches and rationales[J]. Journal of Studies in International Education. 2004，19.

　　奈特基于"过程"方法提出的定义,即"将国际化或跨文化的维度整合到高校教学、科研和服务等诸项功能中的过程"①,是近年来学界认可度较高的概念界定。许多学术机构和研究者提出的观点与其存在共识。例如,欧洲教育协会(EAIE)认为国际化是"高等教育更少地趋向于本国,更多趋向国际发展"的一个总的过程。迪威特(De Wit)认为这一过程促使高等教育更加沿着国际化的方向发展②。也有研究者将大学国际化定义为"在各类高等教育机构的教育和科研领域开展交换活动的过程"③。当然,奈特后来也承认其概念界定的局限性,指出能认识到"大学的国际化无法用一个简单、唯一或放之四海皆准的定义概括"本身已是一种成就②。

　　本书关注大学层面的国际化问题,因此采用奈特基于过程方法的概念界定。同时,考虑到研究所关注的国内高校当前主要依托本土校园发展的现实,将"大学国际化"限定为以本土校园发展为宗旨、旨在将国际化或跨文化维度纳入大学校园各项职能发展的一种过程。"本土国际化"(或称"在地国际化")是本书特别强调的一个关键词。

二、国际化参与

　　已知英文文献中有关教师"国际化参与"(或称"教师参与国际化")的表达主要有三种:Faculty Participation④、Engagement⑤⑥、Involvement in Internationalization⑦,都含有教师在教学、科研以及社会服务领域投身国际化,或者呈现国际化行为的

① Knight, J. Internationalization: Elements and checkpoints[J]. CBIE. 1994, 7: 1-15.
② De Wit, H. Internationalization of Higher Education in the United States of American and Europe: A historical, comparative, and conceptual analysis[M]. Greenwood Press: Westport, Connecticut and London. 2002: 114.
③ Huang, F. T. The internationalization of the academic profession[M]// Huang, F. T. et al. The internationalization of the academy: Changes, realities and prospects. The Netherlands: Springer. 2014: 3.
④ Beatty, R. M. Factors Influencing Faculty Participation in Internationalization at the University of Minnesota's Schools of Nursing and Public Health: A Case Study[D]. The University of Minnesota-Twin Cities, 2013.
⑤ Green, M. F. & Olson, Christa. Internationalizing the Campus: A User's Guide[R]. ACE, 2003.
⑥ Childress, L. K. Faculty engagement in the operationalization of internationalization plan[D]. The George Washington University. 2008.
⑦ Schwietz, M. S. Internationalization of the academic profession: An exploratory study of faculty attitude, beliefs and involvement at public universities in Pennsylvania[D]. University of Pittsburgh, 2006.

意思,且其参与行为在很大程度上都与教师致力于服务的大学紧密相关。因此,结合奈特基于过程方法的国际化定义,本研究对于大学教师的国际化参与(即"教师参与大学国际化")①的基本界定是,教师在大学国际化的实施层面,将国际性、跨文化维度不断融入其学术工作主要职能中的过程。由于当前我国研究型大学教师的工作主要集中于教学和科研两方面,因此研究关注的教师参与行为也主要针对这两个方面——它们既是大学发展和教师发展的需要,也是教师主要的压力源②。从"大学国际化"与"教师参与国际化"两者的关系来看,由于教师承担着大学各项职能的具体落实,他们立足大学校园、持续涉足各类国际化活动并将其内化为日常学术工作的组成部分,既是其个人学术职业向国际化发展的重要路径,更是大学国际化进程得以延续并深入发展的重要保障。

三、研究型大学

研究型大学肇始于德国高等教育发展的特殊历史时期,以柏林大学的诞生为标志,代表了当时世界一流大学发展的最高水平。"尊重学术研究自由"是柏林大学的精神主旨,"为科学而活"是其重要指导思想,都体现了研究型大学的重要特质——将科学研究作为大学职能的重要组成部分③。在美国卡内基教学促进会(Carnegie Foundation for the Advancement of Teaching)的高校分类中,研究型大学也一直是美国各类大学中学术水平最高、科研成果最多、以研究生培养为主的一种高校类型。这类大学处于大学系统的最高端,且与国家核心竞争力的培育紧密联系;它集中了最优秀的人才,代表着一个国家和地区科技和文化发展的最高水平,同时也隐含着政府直接的资源优先配置和高于同行的大学声望④,对社会具有深远的影响。虽然当前学界对于中国研究型大学的分类尚未提出一致的标准,但在实际工作中已经形成了对研究型大学事实上的分类,其中最典型的代表就是被列入前"211"和"985"工程的高校⑤,以及目前的"双一流"建设高校。

本研究对于研究型大学的界定即以这类高校为原型。结合上述标准,我国研

---

① 本研究结合具体研究目标及精炼行文表述需求,将教师的"国际化参与"以及"教师参与国际化"作为"教师参与大学国际化"的同义词表达,下文使用方法同,不再赘述。
② 吴薇.中荷研究型大学教师信念比较研究[M].广州:广东高等教育出版社.2012:233.
③ 徐昭恒,王琪.走进世界名校:德国[M].上海:上海交通大学出版社.2014:148.
④ 邱延峻.研究型大学国际化的历史演进及战略启示[J].中国高教研究.2009,7:18.
⑤ 吴薇.中荷研究型大学教师信念比较研究[M].广州:广东高等教育出版社.2012:16-17.

究型大学至少应具备以下特征：将科学研究置于学校战略发展的中心地位，是引领大部分学术领域或学科发展的主要阵地；主要以培养社会精英和学术型人才为目的，学术水平较高，具有博士学位授予权且授予博士学位数量较多，学科门类齐全；与其他高校相比，经费筹措能力较强，通常拥有更多的政府优先配置资源、更好的校友声望和创新能力；是当前最有可能冲击世界一流或高水平大学目标的高校①。

四、学术职业

学术职业（Academic Profession）这一概念，即"以学术作为物质意义上的职业"，最早由德国学者韦伯（Weber）于1917年在慕尼黑大学的演讲中提出。其中，"物质意义上的职业"反映了学术职业的物质性特征；将"学术作为一种志业"强调了学术职业的精神意涵②。众多学者认为将这一概念正式引入研究者视野的开篇之作是美国学者威尔逊（Wilson）出版的《学术人》③。作者在其专著中将大学教师称为学术人（academic man），将学术职业视为大学教师所从事的学术专业，认为"在广义上，无论在何处，学者的基本工作就是保存、传播和创造知识"。在其之后各国学者也纷纷提出了不同的界定④。本书结合上述观点，将学术职业界定为以教学和科研为主要职能，以教学表现和科研业绩为考评依据，兼具物质和精神属性的职业，其主体为中国研究型大学专任教师。

作为一种社会工作，一个事实存在，学术职业有其大量的问题域，如大学教师的准入、聘任和薪酬等都包含其中⑤。本书中出现的"职业发展"和"职业困境"概念都紧密围绕学术职业展开，重点关注的是教师在选聘任用、薪酬激励、考核评价和职级晋升这几个方面的变化；教师的日常教学表现与科研业绩是最主要的考评依据。

五、激情、理性

激情（passion）是个体针对某一活动的强烈偏好倾向⑥。根据瓦莱兰（Vallerand）

---

① 陈昌贵，曾满超，文东茅.研究型大学国际化研究［M］.广州：世界图书出版社.2014：7－14.
② 李志峰，沈红.学术职业发展：历史变迁与现代转型［J］.教师教育研究.2007,19(1)：72.
③ 该书全称为《学术人：对一种职业的社会学分析》(The Academic Man：A Study in the Sociology of a Profession)，初版于1942年。
④ 周艳.中国高校学术职业的结构性变迁及其影响［J］.清华大学教育研究.2007,28(4)：50.
⑤ 沈红.论学术职业的独特性［J］.北京大学教育评论.2011,9(3)：19.
⑥ Vallerand R J, et al. Les passions de l'ame：On obsessive and harmonious passion［J］. Journal of persponality & social psychology. 2003，85(4)：756－767.

的二分模型，这种偏好倾向又可划分为和谐激情（harmonious）和强迫激情（obsessive）两大类。前者产生于活动向身份认同的自主性内化的过程，是行为主体自由从事某项活动的强烈倾向；该项活动本身能够满足自主、胜任和关系等内在心理需求。后者反之，是行为主体不得不参与某项活动的强烈倾向，产生于活动向身份认同的控制性内化的过程；这种内化往往来自于与社会认可或尊严有关的压力，或来自于个体无法控制的兴奋感[①]。

理性（rationality，reason）在社会学中的定义是能够识别、判断、评估实际理由以及使人的行为符合特定目的等方面的智能。一般认为，理性主体在做出某一行为前通常会综合各种信息来考虑自身行为的意义和后果[②]。与之相近的，它在经济学中一般用来表示"靠抉择过程挑选出来的行动方案的属性"。如果说一项行为是理性的，就意味着对于指定目标及其真实处境而言，该行动被"正确性"设计成为一种能谋求最大成功的行动[③]。

本书中的"激情"反映了研究型大学青年教师对于大学国际化和个人参与的主观偏好倾向，兼具和谐激情和强迫激情的内涵。"理性"则意指牵制此类主观倾向的行为实践，是行为主体在综合各种利弊得失之后做出的判断与选择。它有时与激情同向前行（激情背后的理性），有时又与之逆向而驰（超越激情的理性）。笔者将二词结合在一起使用，不仅是对本研究所依托的理论基础的侧面印证，更主要的是希望以一种相对简单直白的方式描绘和呈现研究型大学青年教师在参与大学国际化过程中的复杂心理与行为机制。

第三节　研究问题与研究意义

一、研究问题

本书呈现的是以东部沿海地区一所顶尖研究型大学作为单案例展开的一项实证研究。研究的主要目的在于了解国内研究型大学青年教师参与大学国际化的行为特征，以及影响这些国际化行为的因素及其影响机理，据此为我国研

① 王海迪.学术型博士生学术激情及其影响因素研究——基于我国研究生院高校的实证分析[J].学位与研究生教育.2018,2：58—64.
② 百度百科.理性概念[EB/OL].（2014）[2015－12－31]https://baike.baidu.com/item/理性/576586?fr=aladdin.
③ 张雄.哲学理性概念与经济学理性概念辨析[J].江汉学刊.1999,6：82.

究型大学改善青年教师国际化发展环境提供建议。研究主要探讨的三个核心问题分别是：

（1）我国研究型大学青年教师的国际化参与呈现怎样的形式与特征？

（2）影响研究型大学青年教师国际化参与的因素有哪些，如何发挥影响？

（3）研究型大学的国际化策略对青年教师的国际化参与发挥了何种作用，对其学术职业发展有何影响？

第一个问题能够整体勾勒出青年教师国际化参与的行为表现和倾向，全面了解不同背景特征的群体之间在参与选择方面有何共性与差异。在此基础上，笔者基于对青年教师国际化参与决策背后的具体原因——包括选择参与以及"不"参与（主观不愿或客观不能）两个方面的系统梳理，分析和探讨了影响青年教师国际化行为的多方面因素。对于这一问题的探讨有助于高校管理者和高等教育学者更好地理解为什么一些青年教师要比其他教师更有可能参与某些国际化活动，另一些则不然，以及相关因素影响其行为选择的机理。

在思考上述两个问题的基础上，本书进一步探讨的是，高校现有国际化策略在引导和影响青年教师国际化参与决策时所扮演的角色，以及对其学术职业的影响。比如，是推助了学术职业发展，还是加剧了他们的职业困境？根据已有文献提供的信息，一所高校国际化策略的影响，往往是该机构宏观国际化战略目标、对应政策制度，以及具体策略落实情况的反映。因此，本书的核心在于解答：就 S 大学青年教师的国际化参与情况而言，该校相关国际化战略目标与特定群体的实际需求是否存在偏差？该校相关国际化政策或制度在实施过程中没有得到充分有效落实、某些方面未能尽如人意的深层次原因是什么？

二、研究意义

本研究的意义主要体现在理论和实践两个方面。

理论方面，本研究基于青年教师的立场，采用一种自下而上的分析视角，为深化大学和师资国际化主题的研究提供了一个重要视角。目前国内有关教师国际化问题的研究，绝大多数是站在学校管理者或者第三方立场，采用自上而下的视角，管理者往往更强调如何保障师资整体国际化发展的组织结构与制度。与已有研究相比，本研究更关注大学国际化策略的实际成效，旨在检验相关策略及其产生的影响是否符合，以及如何体现青年教师这一群体基于学术职业发展的实际需求。

实践层面，本研究基于一个典型案例展开分析，由点及面，由表及里，为解决高校和教师共同关注的教师发展问题提供参考和建议。一方面，本研究探讨了国内顶尖研究型大学在推动本校青年教师参与学校国际化过程中凸显的问题及策略优化方法。具体研究发现与结论，对 S 大学及其国内同类型高校的管理者制定相关的大学国际化政策具有一定的参考价值。另一方面，本研究也是对当前我国顶尖研究型大学青年教师(置身大学国际化进程中)的学术职业现状与困境的描刻。相关研究发现与思考，为当前青年教师群体如何理性认知并应对学术职业生涯的各种挑战与困境提供了一定的参考与启示。

第四节　研究思路与章节安排

一、研究思路

本研究以我国东部沿海地区的一所顶尖研究型大学为单案例展开实证调研。笔者首先界定了与教师国际化参与相关的核心概念，并基于系统的文献综述提出了研究问题的本质：教师的国际化参与既是大学国际化在操作实施环节的核心构成，也是大学国际化在个体层面的具体体现；因此它同样具备理论视角下的大学国际化内涵的核心要素，包括利益相关者(青年教师)、参与动机和策略等。

为了了解研究型大学青年教师国际化参与的整体行为特征，本研究从本土教学、本土科研以及跨境交流三个方面对 S 大学中符合特定抽样条件的 708 名青年教师进行了问卷调查，同时辅以简历分析法、案例分析法以及访谈调查法，对数据分析结果进行补充、验证和阐释。在此基础上，本研究从 250 名问卷样本对象中选取了 25 名青年教师进行深度访谈。访谈的目的在于通过对个体反馈的参与或"不"参与国际化的具体原因的分析，探讨影响这些教师国际化参与的深层次因素，其中包括积极的推动因素(推力)和不利的阻碍因素(阻力)。笔者也辅助使用简历分析法来加深对被访个体背景信息的了解，以获取相对全面和客观的分析结论。最后，基于对上述两个问题的分析，笔者综合使用定量与质性数据分析的结果，探讨了大学国际化策略对青年教师学术职业发展的影响，并向高校和青年教师提出建议。

本研究的具体研究思路与技术线路见图 1-1。

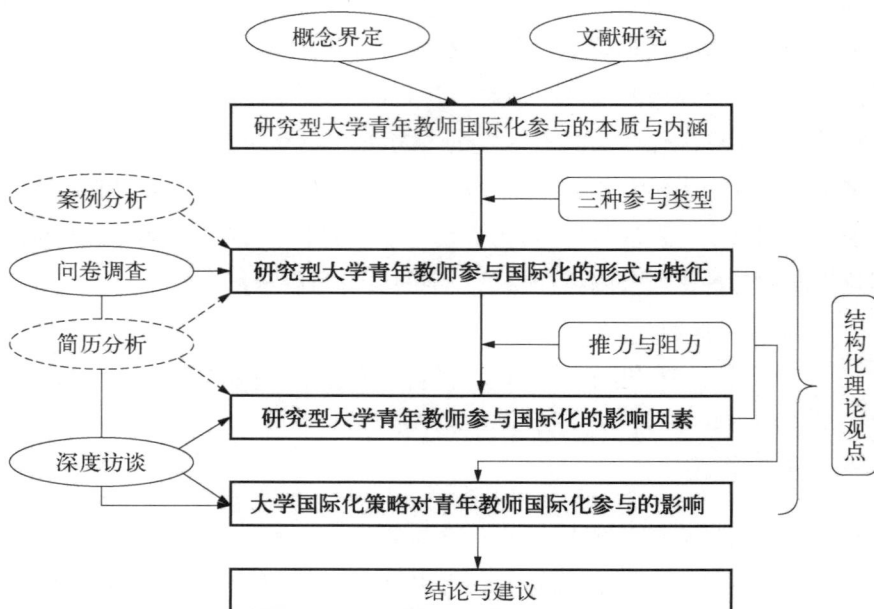

图 1-1   本研究的基本思路与研究路径

图示说明：
● 左侧椭圆形表示本研究所采用的具体研究方法，其中实线标注内容为主要研究方法。
● 长方形加深框代表研究的基本脉络与分析路径，其中加深文字内容信息为主要研究问题。
● 圆角矩形代表研究分析的主要视角或理论依据。

二、章节安排

本书基于对 S 大学的案例分析撰写而成，由八章构成。第一章为绪论，主要介绍研究背景、研究问题与意义、相关概念及研究的整体思路。第二章是对相关研究基础和现状的文献综述，主要围绕研究所要解答的核心问题，逐层深入缕析与本研究有关的文献。所有文献信息都以不同方式服务于本研究的实证调查与分析。第三章是用于指导实证研究开展的理论构建与研究设计，前者着重从理论层面对本研究所探讨问题的本质、理论假设和分析框架进行系统梳理；后者侧重从实践层面就本研究的方法论、研究策略以及具体研究方法等进行详细陈述。

本研究的主体部分为第四章至第七章，具体内容如下。

第四章以 S 大学为案例,基于对定量问卷数据的统计与分析,探讨青年教师参与本校国际化的形式与特征。研究首先从本土教学、本土科研和跨境交流三个维度分别考察了青年教师的具体国际化参与行为。在此基础上,笔者通过对不同组别群体的差异性分析,探讨了具有不同个体特征的青年教师在某些国际化活动方面的参与表现差异。笔者还通过对不同专业院系子案例的分析,探讨了隶属不同专业院系、不同学科领域的青年教师在某些国际化活动方面的参与表现差异。

第五章和第六章主要通过对质性访谈数据的整理与分析分别探讨了影响 S 大学青年教师国际化参与的推动和阻碍因素。鉴于行为者与其所处社会结构之间的互动与博弈,笔者在这两章中均分别从内、外部因素两方面来展开相关分析与讨论,并通过基于不同参与变量的因素分析,进一步深化研究内容。

第七章探讨的是大学国际化策略在推动本校青年教师参与大学国际化方面的作用和影响,包括对以下问题的思考:① 大学现有国际化策略的影响是否渗透于支配青年教师行为决策的思想意识层面;② 大学现有国际化策略是否对青年教师的国际化活动产生实质性推动作用;③ 部分国际化策略在推动青年教师国际化参与方面成效不足的主要原因是什么;④ 青年教师基于职业发展的实际需求有哪些?

上述四至七章分别对应本研究拟解答的三个核心问题,其中第五章和第六章重点对应第二个研究问题。从各章节之间的逻辑关系来看,第四至六章主要是基于实证调查数据的分析与讨论;第七章是在前述研究探讨及结论分析基础上的延展与深入,主要是对现象背后更深层次问题的思考,旨在为优化高校策略、激发青年教师学术活力提供依据与建议。

第八章为结语,内容包括研究结论总括、相关建议以及研究创新、局限与展望。

第二章
研究基础与现状

　　文献综述是一种"系统化、明确及可重复的,用以识别、评估以及整合现有的,由研究人员、学者以及实践者完成或记录的作品的方法"[①],对于鉴定、选择和评价所有符合既定水准的、与某个具体研究问题相关的所有研究成果具有积极的作用;许多决策的最佳证据正是来源于对所有证据的系统综述[②]。本章围绕研究的核心问题,重点从① 有关大学国际化的研究综述;② 有关教师参与国际化的研究综述,以及③ 国内外相关实证研究现状,逐层深入缕析与青年教师参与大学国际化相关的研究基础与现状。

第一节　有关大学国际化的研究综述

　　大学因其传道授业的普世价值、文化知识的互通性,以及秉持人类社会的共同理想而具有国际化的天然特征[③]。尽管不同时期、阶段以及环境下的国际化构成不尽相同,但都是推动大学发展以及服务区域战略需求不可或缺的重要元素。本节重点从历史、理论、逻辑以及政策四个方面呈现有关大学国际化的研究情况;具体内容在逻辑上呈现为时空距离由远至近、探讨焦点从抽象到具体的特点。

---

① Fink, A. Conducting research literature reviews: From the internet to paper (3rd Edition)[M]. Los Angeles: SAGE. 2010: 3.
② Booth, A. P. D. & Sutton, A. Systematic approaches to a successful literature review[M]. London: SAGE. 2012: 3.
③ 邱延峻.研究型大学国际化的历史演进及战略启示[J].中国高教研究.2009,7: 19.

一、基于历史视角的大学国际化内涵研究

国际化并非新名词,但对其含义的诠释和争论似乎一直未曾停止。这一术语虽然在政治学和国际关系领域早已被使用,但在教育行业的普及却是从 20 世纪 80 年代初才开始,其后迅速发展。在此之前,研究学者倾向使用"国际教育"(international education)或"国际合作"(international cooperation)等词来描述当时的国际化现象,这些表达至今仍在一些国家流通[①]。一些国家/地区的机构和组织,如美国国际教育工作者协会(NAFSA)[②]、国际教育联合会(AIEA)[③]、加拿大国际教育局(CBIE)[④]、欧洲国际教育协会(EAIE)[⑤],以及《国际教育研究》(*Journal of Studies in International Education, JSIE*)之类的刊物,都曾使用国际教育来指代高等教育的国际化现象。进一步细究会发现,美国学者更多将国际教育一词应用于归纳或强调与国际化主题相关的活动、机理、能力或高等教育机构的精神气质。相比之下,在过去数十年间,美国以外的学者和机构则更强调国际化作为一种过程的存在。从历史视角来看,国际教育代表的是二战至冷战结束期间的国际化现象,主要出现在美国;国际化反映的则是冷战结束之后的时期,主要在欧洲、澳大利亚和加拿大得到凸显[⑥]。这一概念界定的差异表明,传统的由美国主导的高等教育国际化实践和分析已伴随冷战的结束而扩散至美国以外的地区,特别是欧洲、澳大利亚和加拿大等地区和国家。

伴随着经济全球化的深入发展,国际化的概念正被越来越多地应用于对高等教育甚至更大范围的中学后教育的讨论[⑦],其内涵和形式也随着社会的发展和时间的推移得以不断丰富和完善。不同时期的各国学者曾从不同角度定义了

① Knight, J. The changing landscape of higher education internationalization—For better or worse? [J]. Perspectives: Policy and Practice in Higher Education, 2013, 17 (3): 85.

② National Association of Foreign Student Affairs, or Assication of International Educatiors[EB/OL]. [2015-09-16]http://www.nafsa.org/.

③ American International Education Associates[EB/OL].[2015-09-16]http://www.aieaworld.org/.

④ Canadian Bureau for International Education[EB/OL].[2015-09-16] http://www.cbie.ca/.

⑤ European Association for International Education[EB/OL].[2015-09-16] http://www.eaie.org/home.html.

⑥ De Wit, H. Internationalization of higher education in the United States of Amercian and Europe: A historical, comparative, and conceptual analysis[M]. Westport, CT: Information Age, 2002: 110-114.

⑦ Knight, J. Internationalization remodeled: Definition, approaches, and rationales[J]. Journal of Studies in International Education, 2004, 8 (1): 5.

大学国际化,其中最具代表性的有三种,分别是:基于体系的内涵,基于标准的内涵,以及基于过程的内涵。

表 2-1　大学国际化内涵的发展

时间	20世纪60年代	20世纪80年代中期	20世纪90年代
学者	[美]布茨(Butts)	[日]喜多村(Kitamura)	[加]奈特(Knight)
类型	基于体系的内涵	基于标准的内涵	基于过程的内涵
界定	* 最早对大学国际化的界定; * 强调大学国际化是一个体系,包括国际化的课程内容、培训流动、跨国研究、师生跨国流动、保证教育扶持与合作的国际体系。	* 对异国文化的可接受性; * 在不同国家、种族、文化背景下信息的可交流性; * 组织的开放性。	* 将国际/跨文化的维度整合到高校教学、科研和服务等诸项功能中的过程; * 将国际/跨文化的维度整合到高校的目的、功能和提供方式中去的过程。

资料来源:李岩.中国大学国际化内涵及评估指标筛选[J].高教发展与评估,2013,29(5):55—62.

　　对于大学国际化特殊内涵的理解,需要基于特定时代背景来解读;各国和地区在国际化方面的具体实践因目标不同而存在差异。例如,美国的大学国际化被视为本国全球化发展战略在教育上的反映。美国在20世纪60年代主张通过国际化"让学生加强对世界各国政治、经济、科学、文化、民族乃至风土人情的了解,使自己成为国际问题专家";70年代在经济衰退冲击下承认"需加强各国间跨文化联系,以及需要继续向别国学习";90年代后强调创办"全球性大学",作为适应变化着的国际环境的有效战略和未来发展的基本目标。当前美国的高等教育国际化已成为本国参与全球性人才和智力资本市场竞争的主要工具,其目的在于保持美国在经济、科学、技术等方面的优势[1],输出其价值观和增强对其他国家的影响力。在欧洲,欧洲化(Europeanization)成为区域内高等教育国际化的代名词[2]。通过在教育中引入"欧洲维度",欧盟于20世纪90年代初提出了欧洲跨国教育的主要任务和举措,包括人员流动、教师培训、外语教学、远程教育、教学改革、信息交流、推广欧洲学校的经验等;改善语言能力,加强对其他成

---

[1] 王海燕.高等教育国际化的理念与实践——论美日欧盟诸国及中国的高等教育国际化[J].北京大学学报(国内访问学者、进修教师论文专刊).2001:256.

[2] Teichler, U. The changing debate on internationalization of higher education[J]. Higher Education. 2004,48:7.

员国实践和文化的理解,甚至具备与他国人员一起工作的能力,或者在其他一些地方工作的能力等,成为国际化在欧盟各国的具体目标,①而保持在国际间激烈竞争中的综合实力是各国的共同目标。

我国高等教育国际化与中国社会改革开放和经济发展的进程紧密联系。从1995年《中华人民共和国教育法》提出"国家鼓励开展教育对外交流与合作"至今,加强国际交流与合作已成为"促进我国教育改革发展,提升我国教育的国际地位、影响力和竞争力"的重要途径和手段②。国内学者对本国语境下的大学国际化界定还没有达成共识,但普遍将其视为现代高等教育发展的一个趋势或过程。例如,陈学飞总结说,大学国际化是高等教育把国际性和跨文化交流整合进大学教学、科研和服务中的一个过程③。王海燕认为,中国的大学国际化指的是中国大学学习先进国家的先进知识和经验,并将其整合进本国教育体系的过程①。罗云和刘献君认为,大学国际化是一种立足国内、面向世界的办学思想,不是简单地同世界"接轨"或"全盘西化",因而不能机械照搬西方大学的一些具体做法,而必须从国内实际出发,批判性吸收国外先进经验,为我所用④。李克勇认为,大学国际化的目标是培养具有国际竞争力的高素质人才,为我国社会经济发展、适应经济全球化提供强有力的智力支持⑤。邱延峻指出,在大学国际化战略中,学科国际化、教师国际化、学生国际化和校园国际化是主要内容,教师队伍的国际化是根本,主流学科的国际化是基础,学生结构的国际化是标志,学术声誉的国际化是结果,而国家战略的实现才是大学国际化的目标⑥。金帷和温剑波指出,从国家层面来说,我国推动国际化的直接着眼点在于提升学术水平,建立世界一流大学;更具体地说是在于高等教育质量和标准的提升、中国高校竞争力和国际声誉的增加;其中尤以国际学术地位与声誉的建立为重⑦。总之,伴随国家政治和经济实力的不断强盛,我国大学国际化已经从单纯学习借鉴西方先进理念和知识转变到进入反思性学习阶段。此外,国际化在我国高校人才培

① 王海燕.高等教育国际化的理念与实践——论美日欧盟诸国及中国的高等教育国际化[J].北京大学学报(国内访问学者、进修教师论文专刊).2001:256.
② 中国网.《国家中长期教育改革和发展规划纲要(2010—2020年)》第四十八条[EB/OL].(2010-03-01)[2015-09-16].http://www.china.com.cn/policy/txt/2010-03/01/content_19492625_3.htm.
③ 陈学飞.高等教育国际化——从历史到理论到策略[J].上海高教研究.1997,11:57.
④ 罗云,刘献君.国际化:建设世界一流大学的必由之路[J].江苏大学学报(高教研究版).2002,24(2):5.
⑤ 李克勇.论大学国际化的内涵及实现策略[J].大学·研究与评价.2007,10:41.
⑥ 邱延峻.研究型大学国际化的历史演进及战略启示[J].中国高教研究.2009,7:20.
⑦ 金帷,温剑波.如何定义高等教育国际化:寻求一个本土化的概念框架[J].现代大学教育.2013,3:7.

养和国际声誉构建方面也正发挥着日益重要的作用。

二、基于理论视角的大学国际化内涵研究

尽管国际化正越来越多地进入高等教育机构的战略文本[1]，其定义在学界仍然存在"模糊不清之处"——不同利益相关者往往基于各自立场和目的予以诠释。例如，佩奇（Paige）和梅斯腾豪萨（Mestenhauser）重点关注国际化对个体有效应对全球化所带来变革的影响，他们认为国际化是一种"观念模式"（mindset），是"复杂多维度的学习过程"[2]。斯特奎斯特（Stromquist）认为在全球化的压力之下，国际化更多成为一种使大学增加"国际存在感"的有力武器，大学借此得以增加自身在国际市场（如与其他大学竞争优质教师、学生和排名）的主导地位[3]。而奈特被广泛应用的定义则强调国际化就是一种"将全球化或跨文化维度融入高等教育目的、功能或传播的过程"[4]。对此，弗里森（Friesen）指出，定义大学国际化的关键可能不在于回答什么是国际化（what），而是解释不同实践主体为什么（why）以及怎样（how）使机构内变化着的高等教育世界变得有意义[5]。结合奈特的国际化分析框架，理论视角下的大学国际化内涵集中体现于利益相关者（stakesholders）、理据/动机（rationels，motiavtions）以及实践路径等要素。

（一）利益相关者

利益相关者是回答"国际化因谁而起"问题时不可忽略的一个核心概念。从机构/院系和个体这两个层面来看，代表机构利益的高等教育管理者以及作为高校主要职能承担者的教师，是大学国际化进程中最重要的两类实践主体。他们在大学国际化进程中分别承担着管理者/决策者，以及实践者/执行者的角色，并基于各自的视角和立场，形成不同的国际化理据，对具体实践产生影响。

---

① Siaya, L. & Hayward, F. Mapping internationalization on US campuses [R]. Washington, DC: American Council on Education. 2003.

② Paige, R. M. & Mestenhauser, J. A. Internationalizing educational administration [J]. Educational Administration Quarterly. 1999, 35(4): 502, 504.

③ Stromquist, N. P. Internationalization as a response to globalization: Radical shift in university environment [J]. Higher Education. 2007: 53: 81 - 105.

④ Knight, J. Internationalization remodeled: Definition, approaches, and rationales [J]. Journal of Studies in International Education. 2004, 8(1): 5 - 31.

⑤ Friesen, R. Faculty member engagement in Canadian university Internationalization: A Consideration of understanding, motivations and rationales [J]. Journal of Studies in International Education, 2012: 212.

（二）国际化理据/动机

理据意指将国际化维度融入高等教育的动机（motivations），解答的是为何要国际化的问题；不同动机通常意味着迥异的国际化内涵和结果①。迪威特和奈特将大学国际化的动机归纳为政治（political）、经济（economic）、学术（academic）以及社会/文化（social/cultural）四大类型，并分别作了详细描述②。这种分类为理解国家以及高校层面的国际化提供了一个宏观视角，但随着国际化内涵的日趋复杂和范围的不断扩大，它对于高校国际化动机的解读效能难免受限。为此，奈特此后重新对这些动机进行了修订和补充，提出了推动大学国际化进程的一些新的动力来源，包括树立国际化的品牌和形象、质量提升（或实现国际化标准）、创收、推动师生发展、建立战略联盟以及知识生产等③。此外，实现校园内师生构成的多样性、吸引全球范围内更多优质生源、应对公众对于知识创造、知识创新以及人才培养方面日益增长的需求④，也是 21 世纪大学在国际化进程中致力于实现的目标。

当然，对于国际化动机的解读因利益相关者的立场差异也会存在不同观点。国际大学协会（IAU）针对全球 100 多个国家的高校领导的调查显示，高校管理者往往更强调"使学生在全球化时代拥有跨文化的能力以及更丰富的国际化知识""创造和加强机构形象和声誉"，以及"加强科研和知识能力"等国际化发展动机；但很少提及"获得多样化收入来源"目的⑤。而弗里森针对大学教师的访谈研究则发现，受访者大都认为其所在学院推行国际化的目的在于提升学院形象和地位并获得经济回报，仅有一名教师认为其中包含社会/文化推动因素⑥。

（三）国际化路径

对于如何实现国际化，奈特通过策略（strategies）、项目/计划（program）和

① De Wit，H. Internationalization of higher education in the United States of American and Europe：A historical，comparative，and conceptual analysis[M]. Westport，CT：Information Age，2002：84.
② Knight，J. & De Wit，H. (eds.) Quality and internationalization in higher education[M]. Paris：Organization for Economic Co-operation and Development. 1999：17－19.
③ Knight，J. Concepts，rationales，and interpretive frameworks in the internationalization of higher education[M]//D. Deardorff，et al. (eds.) The SAGE handbook of international higher education. Thousand Oaks，CA：SAGE Publications. 2012：32－33.
④ CIGE. Mapping internationalization on U. S. Campuses：2012 Edition (Survey)[R]. ACE，2012：2.
⑤ D. Deardorff et al. (eds.) The SAGE handbook of international higher education[M]. Thousand Oaks，CA：SAGE Publications. 2012：32－33.
⑥ Friesen，R. Faculty member engagement in Canadian university internationalization：A consideration of understanding，motivations and rationales[J]. Journal of Studies in International Education，2012：215－220.

政策(policies)这三个包含自下而上层级关系的概念,提供了基于大学管理者视角的理论指导。

"策略"指的是为实现特定战略目标所制动并开展的一系列具体行动、思考或选择①。它代表最基础和具体的层面,意味着更有计划性、整合性和战略性的国际化实践路径,超越了一般意义上的"国际化活动"概念。基于"过程论"的概念界定,奈特等人将大学国际化策略划分为活动(program)和组织(organizational)策略两大类,并对各类别作了详细描述(见表2-2)。这一概念框架也反映了大学国际化进程中不断加强的商业化倾向以及对于"本土国际化"(IaH)活动的关注②。

表2-2　高等教育机构层面的国际化活动策略和组织策略

活动策略(Program Strategies)	组织策略(Organization Strategies)
学术活动(Academic Programs): ● 学生交换项目、外语学习、国际化课程、区域/主题研究、海外工作/学习、国际学生、教/学过程、联合/双学位项目、跨文化培训、教师/员工流动项目、访问讲师/学者、学术活动与其他策略的联系;	管理调控(Governance): ● 领导者的明确承诺、教职员工的积极参与、明确的国际化动机和目标、对机构使命/授权说明、战略规划、管理和评估政策文件中的国际化内容的认可(认证);
科研和学术合作(Research & Scholarly Collaboration): ● 区域和主题中心、联合科研计划、国际会议和探讨会、学术成果产出(发表的文章和论文)、国际科研协议、国际科研合作伙伴;	操作实施(Operations): ● 国际化维度纳入院校、学院/系所层面的规划、预算和质量评估体系中、合理的组织结构、正式或非正式的用于交流、联系和协作的系统、平衡集中和分散的国际化推广和管理方式、充裕的经费支持和资源分配体系;
外部关系(External Relations): ● 国内:与非政府组织或公/私立部门的合作伙伴关系、社区服务和跨文化项目工作、为国际合作伙伴和客户定制的教育和培训项目; ● 跨境:国际发展援助计划、跨境教育产品输送、国际联系、合作伙伴关系和网络、契约式培训 & 科研项目和服务、海外校友项目;	服务支持(Services): ● 来自学校服务部门的支持(如学生住宿、注册、集资、校友和信息技术)、学术支持部门的投入(如图书馆、教/学、课程发展、教师/员工培训、科研服务)、对进出学生的支持服务(如新生训练项目[orientation program]、咨询、跨文化培训、签证辅导);

① 高常玲,等.战略与策略协同论[J].管理观察.2009,8:20.
② Knight, J. Internationalization: concepts, complexities and challenges[M]//Forest, J. J. F & Altbach, P. G. (eds.). International handbook of higher education. Part one: Global themes and contemporary challenges. The Netherlands: Springer, 2006: 221-223.

（续表）

活动策略（Program Strategies）	组织策略（Organization Strategies）
课外活动（Extra-curricular）： ● 学生俱乐部和协会、国际性 & 跨文化校园活动、与不同文化 & 民族群体的联系、同行支持群体和项目。	人力资源（Human Resources）： ● 鉴别国际化人才的聘用和筛选程序、推动教职员工参与的奖励和晋升政策、教职员工专业发展活动、对国际派遣和学术休假的支持。

参考文献：Forest，J. J. F & Altbach, P. G. (eds.). International handbook of higher education (Part one)：Global themes and contemporary challenges[M]. The Netherlands：Springer，2006：221 - 222.

"项目"是大学国际化政策和策略之间的中间层级，主要表现为围绕高等教育机构开展的一系列学术活动，包括学生交换项目、外语学习、国际化课程、区域和主题研究、海外工作和学习、国际学生、教与学的过程、联合和双学位项目、跨文化培训、教职员工流动项目、访问讲师/学者、在活动策略与其他策略之间建立起来的联系，等。其内容与表2-2中"学术活动"子类别呈现的内容一脉相承。

"政策"有狭义和广义之分。狭义的大学国际化政策指的是高校使命、目标、价值观以及职能中与国际化相关的战略规划，包括国际化使命陈述或指令，内容涉及海外学习、招生、国际联系与合作、跨境教育服务以及国际学术假期等。广义的政策涵盖所有对国际化有意义或具有国际化含义的声明、指令或规划文件，内容涉及质量保障、战略规划、资助、人员配置、教师发展、录取、科研、课程、学生支持、合同和项目工作等[1]。

三、大学国际化与教师参与的关系研究

本研究对于"教师参与国际化"的基本界定是教师在大学国际化实施层面实现学术职业国际化的过程，表明教师行为与大学国际化存在不可分割的联系。早期研究虽然并未明确提出或直接使用"国际化参与"这一概念，但相关理论论述已为解释两者之间的逻辑关系提供了诸多线索和重要观点，包括以下代表性理论模型。

（一）大学国际化循环模型

作为一种动态的组织变革过程，大学国际化的运作涉及若干重要环节。奈特在其构建的国际化循环模型中界定了六个相互关联、可双向流动的步骤或阶段，分

---

[1] Forest，J. J. F & Altbach, P. G. (eds.). International handbook of higher education (Part one)：Global themes and contemporary challenges[M]. The Netherlands：Springer，2006：221 - 222.

别是：认知理解（Awareness）、使命承诺（Commitment）、战略规划（Planning）、操作实践（Operationalize）、审核检查（Review）和强化巩固（Reinforcement）[①]。该模型其后又经历了重要调整，原因在于，尽管奈特强调其国际化循环模型根植于一种"支持国际化发展的高校文化"土壤之上[②]，依然有研究者质疑该模型对于影响大学国际化实施的内外部环境因素及其长期效应估计不足[③]。迪威特通过整合范·文德（Van der Wende）有关荷兰高等教育国际化组织模型中的三要素，即背景分析（analysis of context）、策略实施（implementation）以及长期效应（long-term effects），对既有模型进行了修订（见图 2 - 1）。其中，"背景分析"肯

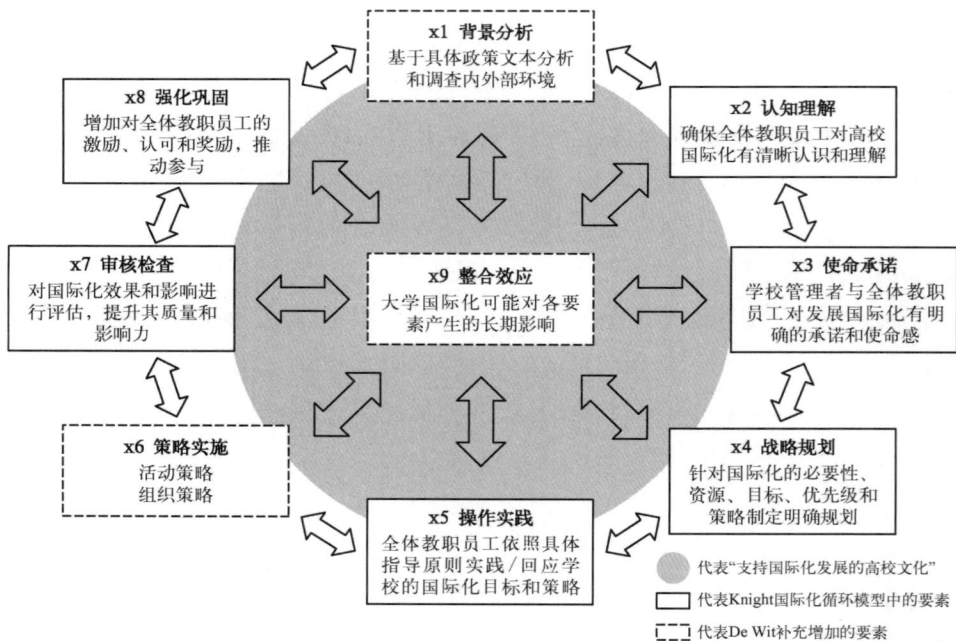

参考文献：De Wit，H. Internationalization of higher education in the United States of America and Europe：A histoal，comparative，and conceptual analysis[M]. Westport，CT：Information Age，2002：136.

图 2 - 1　大学国际化循环模型（修订版）

---

① Knight，J. Internationalization：Elements and checkpoints[J]. CBIE Research，1994，7：12.
② Knight，J. & De Wit，H. Strategies for internationalization of higher education：Historical and conceptual perspectives［M］//De Wit，H.（eds.）Strategies for internationalization of higher education：A comparative study of Australia，Canada，Europe and the United States of America. Amsterdam，The Netherlands：EAIE. 1995：25.
③ De Wit，H. Internationalization of higher education in the United States of America and Europe：A historical，comparative，and conceptual analysis[M]. Westport，CT：Information Age，2002：136.

定了不同学科和学术领域国际化发展环境和条件的差异性①,强调大学在启动国际化进程伊始应基于具体的政策文本和声明,对发展国际化的内外部环境进行分析和调查;"策略实施"强化了高校实施活动策略和组织策略的重要性;而被视为超越循环圈②的"整合效应"关注的是作为一种策略本身的大学国际化可能对各要素产生的长期影响。教师参与是大学国际化在操作实践(×5)环节的重要构成。

大学国际化循环模型虽是指导高校国际化组织运作的理论工具,但也为定位教师在大学国际化中的角色和作用提供了理论依据;为分析教师参与和大学国际化之间的互动和制约关系提供了线索。该模型同时强调,以学科为基础的院系部门发展国际化的基础和环境不可避免存在差异,不同的国际化发展路径直接或间接影响教师的国际化参与行为,反过来也会受到教师参与行为的影响。

（二）大学国际化战略管理模型

与奈特和迪威特等人的观点近似,鲁兹基(Rudzki)认为大学国际化也涉及若干要素。他以战略管理理论为基础,基于对英国数十所商学院的问卷调查,提出了两种用于评估和描述大学国际化活动的模式,一种是被动模式(reactive),另一种是主动模式(proactive),两者分别包含五个顺次递进的发展阶段③。如图2-2所示,被动模型呈现的是一种自下而上(bottom-up)的机构运作模式,最初由教师群体与其海外同行建立联系、课程调整,以及国际流动等活动开启。随着这些关系被正式化,行政管理者开始更多地对这些关系进行监控。来自机构层面的这类回应或者干预可能会引发教师群体与行政管理者之间的冲突。如果这些冲突能够得到有效解决,大学的国际化实践将得以继续推进;反之,如果处理不当,大学的相关国际化策略则有可能被废止。

相对于这类常见的被动模式,鲁兹基更鼓励高校管理者采纳一种积极主动的战略管理模式,以"确保将国际化传递到高校各个层面,并将相关权力下放到国际交流活动真正得以开展的层面"④。同时,他也强调学校在此过程中应给予

---

① Green, M. F. & Shoenberg, R. Where faculty live: Internationalizing the disciplines [R]. Washington, DC: ACE, 2006: iii.

② De Wit, H. Internationalization of higher education in the United States of America and Europe: A historical, comparative, and conceptual analysis[M]. Westport, CT: Information Age, 2002: 136.

③ Rudzki, R. E. J. The application of a strategic management model to the internationalization of higher education institutions[J]. Higher Education. 1995, 29(4): 437-438.

④ Rudzki, R. E. J. The application of a strategic management model to the internationalization of higher education institutions[J]. Higher Education. 1995, 29(4): 436-437.

```
        大学国际化模型 (Models of internationalization)
        ┌──────────────────────┴──────────────────────┐
   被动模型 (Reactive)                          主动模型 (Proactive)
```

被动模型 (Reactive)	主动模型 (Proactive)
● 第一阶段：联系 (Contact) 教师与其他国家同事建立联系； 课程建设、有限流动，缺乏清晰目的和 持久度； ● 第二阶段：正式化 (Formalisation) 联系随着机构间签署协议而正式化； ● 第三阶段：中央控制 (Central Control) 对不断增加的活动实施中央控制； ● 第四阶段：冲突 (Conflict) 教师与管理层产生冲突，造成学术人员 放弃国际化活动的良好初衷和国际化活 动的减少与后退； ● 第五阶段：成熟或衰退 (Maturity or Decline) 拒绝国际化活动，或向主动模式转变。	● 第一阶段：分析 (Analysis) 进行短、中、长期目标及驱动因素的战 略分析； ● 第二阶段：选择 (Choice) 基于教师和机构的共同利益制定战略规 划和政策，设定绩效评估标准，进行资 源分配，与组织内外部建立联系； ● 第三阶段：实施 (Implementation) 国际化战略的执行； ● 第四阶段：评估 (Review) 对政策和规划的执行进行绩效评估； ● 第五阶段：重新定义目标/规划/政策 (Redefinition of objectives/plan/policy) 在评估基础上对目标/规划/政策进行重 新定义，循环至第一阶段，持续推进。

参考文献：Rudzki, R. E. J. The application of a strategic management model to the internationalization of higher education institutions[J]. Higher Education. 1995, 29(4)：421，421 - 441.

图 2 - 2   大学国际化战略管理模型

学术人员更多行政支持，以调动其国际化参与的"主动性和积极性"①。主动模型始于一个由教师和行政管理者共同探讨和决策的过程。学校的相关战略规划制定、绩效评估以及资源分配方案等均建立在双方达成共识的基础上。在此背景下，学校才会进一步推动这个"持续改进的过程"，并对其进行评估。

当然，无论是主动模式还是被动模式，教师的国际交流合作始终都是推动大学国际化进程的关键环节，作为高校利益代表的行政管理者与教师群体之间的良好沟通与利益协调，是确保大学国际化有效运作的重要前提。一旦两者之间的共识或者某种平衡关系被打破，教师的国际化参与热情便会受到阻碍，而大学的国际化进程也将因此受到折损。

（三）高等教育国际化的深度和广度框架

作为一个复杂的利益共同体组织，大学在其国际化进程中涉及多个层级及其对应的实践主体。在奈特的理论体系中，大学国际化首先是一种区别于国家和行业层面国际化的组织变革过程，反映的是作为高校利益代表的管理者的视

---

① Rudzki, R. E. J. The application of a strategic management model to the internationalization of higher education institutions[J]. Higher Education. 1995，29(4)：436 - 437.

角和立场①。对此,桑德森(Sanderson)指出,除了组织机构层面的国际化,大学
国际化还涉及学院系所(faculty,departmental)和个人(individual)两个层面;后
两者既独立又内嵌于机构层面的国际化②。虽然奈特构建的大学国际化概念框
架没有明确体现对于高校内部微观层面的关注,但它用于探讨不同实践主体国
际化行为和认知的立场早已有迹可循。例如,早在 20 世纪 90 年代,奈特和迪威
特就强调,针对机构层面的国际化理据适用于高校内部各类利益相关者,其中也
包括教师③。

  图 2-3 反映了桑德森对于国际化深度与广度范畴的理解。与奈特提出的
国际化分析框架相比,研究者不仅增加了跨国层面的国际化维度(包括全球和区
域层面),也重点强调了处于高等教育机构内部的、特别是教师个体层面的微观
国际化领域,并指出"学者自我的国际化应被视为高校应对全球势力之于高等教
育影响的一个基础性组成"④。总体而言,桑德森强调个体层面国际化的出发
点,与斯通(Stohl)提出的"如果我们认为国际化在于教师和学生(以及行政管理
人员)如何学习、从何学习,以及向谁学习,那么国际化(实践)及其本身都是有价
值的"⑤,存在某些共通之处⑥。研究者强调并建构的个体层面的国际化,本质上
反映的是大学教师在全球化市场影响下,在文化、语言、教育以及外部联系方面
日益多元化的环境中的转型过程以及角色担当。大学国际化影响着机构内部教
师群体的学术环境与状态,也在很大程度上受到教师应对举措的影响。教师的
国际化参与既是大学国际化的独立维度,也为推动大学整体国际化变革提供了
关键动力。

---

① Knight, J. Internationalization remodeled: Definition, approaches, and rationales[J]. Journal of Studies in International Education. 2004, 8: 5 - 31.
② Sanderson, G. A foundation for the internationalization of the academic self[J]. Journal of Studies in International Education. 2008, 12(3): 279 - 280.
③ Knight, J. & De Wit, H. Strategies for internationalization of higher education: Historical and conceptual perspectives [M]// De Wit, H. (eds.) Strategies for internationalization of higher education: A comparative study of Australia, Canada, Europe and the United States. Amsterdam: EAIE. 1995: 9.
④ Sanderson, G. A foundation for the internationalization of the academic self[J]. Journal of Studies in International Education. 2008, 12(3): 276.
⑤ Stohl, M. We have met the enemy and he is us: The role of the faculty in the internationalization of higher education in the coming decade[J]. Journal of Studies in International Education. 2007, 11(3/4): 369.
⑥ Klyberg, S. G. F. The faculty experience of internationalization: Motivations for, practices of, and means for engagement[D]. The Pennsylvania State University. 2012: 33 - 34.

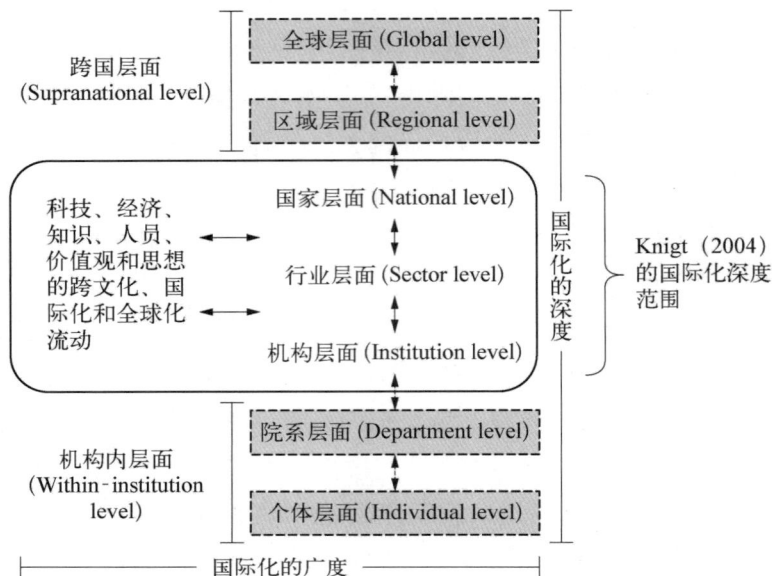

参考文献：Sanderson，G. A foundation for the internationalization of the academic self[J]. Journal of Studies in International Education. 2008，12(3)：280.

图 2-3　国际化的深度与广度框架

四、有关大学国际化策略的批判性反思

鉴于国际化及其定义在其依托背景和涉及内容方面均具有一定的特殊性[①]，高校在实践国际化过程中所采取的一些偏离实际需求，或者不甚合理的策略或方法，都有可能对本地学者、大学乃至特定区域内的高等教育体系造成负面影响。从已有研究反馈的信息来看，研究学者对东亚范围内大学国际化策略的争议或反思主要体现在两个方面：一是这些高校复制西方管理传统的做法致使机构内部行政管理工作冗余，却无益于改善大学现有的学术环境；二是这些高校中常见的、对于由西方学术范式（或称之为"安格鲁—撒克逊"[Anglo-Saxon]范式）所主导的全球标准或国际尺标（benchmarking）的全盘接收或参考，正在不断挑战本地大学国际化发展的根本使命和核心价值。两者均对相应高校内部教师

---

① Navarro，M. Analysis of factors affecting participation of faculty and choice of strategies for the internationalization of the undergraduate agricultural curriculum：The case in two land grant universities[D]. Texas A & M University. 2004：10.

的学术生存环境与工作状态造成了直接或间接的冲击和影响。

在机构管理方面,莫家豪(Mok)针对多名东亚高校学者的调查发现,由于许多东亚高校中"使大学国际化"的变革深受西方管理传统影响,比如对于问责(accountability)、成效(effectiveness)、效率(efficiency)以及经济收益(economy)等带有新管理主义特色的核心要素的强调,大学评估系统中的绩效问责往往更像是财务分析和盘点(accountancy)。许多接受调查的学者认为东亚高校这种致力于实现大学国际化的改革,除了制造更多的文书(paperwork)和行政管理工作,并没有为高校的教学和科研发展创造更好的校园环境。大学的学术自由在这种变革之下正被销蚀,教育日趋市场化和商品化[1]。

在学术标准方面,罗纳德(Rhoads)和胡娟基于对我国一所顶尖研究型大学中多名教师的调查发现,被访教师虽然普遍肯定大学国际化为其学术职业发展带来的契机——例如,客观上推动教师更多地赴海外交流,以及接收到更加先进的教学理念与方法等;但他们也指出,高校过度倚重西方学术标准的某些举措和政策规定,已成为其学术生活困扰与压力的主要来源之一。一方面,学校在学术论文发表方面过分强调西方的学术标准,比如仅认可在 SCI 和 SSCI[2] 等英文核心刊物上发表的科研成果的做法,对于本土导向课题研究工作造成某种挤压。例如,该案例大学的一位金融学教授指出,国外读者和学者的学术兴趣点有别于中国同行,中国学者想要在他们的期刊发文势必要迎合其兴趣。一味追求在国外学术期刊上发文,将改变国内学术工作的基本导向。而另一位从事中国乡土研究的教授则认为,并非所有的专业领域都必须将成果发表在国外学术期刊上,或交由国外期刊编委评审,在一些具有中国特色的研究领域,国外同行未必能更好地理解。另外,也有教师指出,排除大学鼓励教师在 SSCI 等期刊发表论文的现实压力,很多国内学者并不愿意将学术成果的发表限定在国外期刊发表这一种途径。他们感兴趣的研究课题也未必能获得国外期刊的青睐——这也引出了另外一个问题:这种国际化可能会干扰本国学者对于研究课题和研究问题的选择[3]。

[1] Mok, K. H. Questing for Internationalization of universities in Asia: Critical reflections[J]. Journal of Studies in International Education. 2007, 11(3/4): 439.
[2] SCI (Scientific Citation Index):科学引文索引;SSCI(Social Sciences Citation Index):社会科学引文索引。
[3] Rhoads, R. A. & Hu, J. The internationalization of faculty life in China[J]. Asia Pacific Journal of Education, 2012, 32(3): 351 - 365.

　　类似的观点也存在于莫家豪的论述中。尤其伴随大学内愈演愈烈的"不发表就淘汰"(publish-or-perish)规则,研究者认为,在这种以国际期刊为尺标的考评准则下,本土化科研活动很有可能会因无法将成果顺利发表在国际性学术期刊上而被忽视。此外,莫家豪(2007)也指出,虽然发表高水准和高影响力的论文已成为学界的普遍共识,但是对于什么样的发表平台可称之为高品质和有价值仍存在争议。对于亚洲地区的大学教师而言,用英文撰写论文并在诸如 SSCI 之类的期刊上发表是证明其学术能力达到国际水准的不二之选。但另一种情况是,若用本国语言在本国期刊上发表其研究成果,可能会有更多读者,也可能会对当地政策的形成或社会经济发展产生重大影响,但这些却不能算作有国际重要性的成果似乎有失公允[①]。

　　另一方面,国际化可能会导致学者在理论和方法论上受制于西方学术标准。例如,在罗纳德和胡娟的调查中,有个别被访教师质疑,当前的社会科学学科绝大多数是基于西方经济发展过程中的经验发展形成的,其中必然隐含西方模式的经济学假设,它是否可以代表真知? 作为一种"软实力"的社会科学是否正充当着西方国家鼓吹和传播其意识形态的工具,实现对中国大学某种意义上的文化殖民(cultural colonization)? 在现实中,采用西方的理论和研究框架成为中国学者从西方机构获取资助的一种途径,这正是西方国家商业策略的一部分,而这正在改变中国大学的本质,使大学的科研变成商业交易[②]。类似的观点似乎并不鲜见。莫家豪认为亚洲高校不应想当然地将西方化(Westernization)或美国化(Americanization)等同于国际化。如果它们真的认为国际化有助于提升相互理解和跨文化交流,就应当超越由传统的西方范式主导的所谓的已有秩序,转而发展能够保留本国遗产和丰富文化传统的体系和标准。同时,这些高校也必须警惕将具有本地重要性或与本地相关的研究成果提交国际化平台可能造成的损失,一味追随国际标杆可能会使高等教育的目标错置,损害高等教育在塑造本地政策和促进当地社会经济发展方面的作用[③]。

① Mok, K. H. Questing for internationalization of universities in Asia: Critical reflections[J]. Journal of Studies in International Education. 2007, 11(3/4): 446.
② Rhoads, R. A. & Hu, J. The internationalization of faculty life in China[J]. Asia Pacific Journal of Education, 2012, 32(3): 351 - 365.
③ Mok, K. H. Questing for internationalization of universities in Asia: Critical reflections[J]. Journal of Studies in International Education. 2007, 11(3/4): 447.

第二节　有关教师参与国际化的研究综述

成功的大学国际化实践离不开富有使命感的教师群体的倾心参与,但已有研究却较少深入探讨教师在大学国际化实施层面所扮演的角色、应承担的责任以及所面临的挑战等问题[①]。本节旨在从教师参与大学国际化的形式、分类与变量、影响因素,以及参与策略与建议四个方面,反映有关教师参与国际化的研究情况。

一、教师参与国际化的意义与形式

实践证明,大学国际化的成功范例往往出现在那些拥有积极国际化态度的教师的高校中[②]。学校领导或许能签署大量的国际化协议,但学术方面的国际化变革依然由教师主导[③]。从本质上说,教师参与对大学国际化的重要性根植于他们作为高校教学、科研和服务职能"主要和直接承担者"的角色定位,以及在这些职能中拥有的权威性(authority)[④]。总体而言,教师在教学、科研以及服务方面的国际化行为表现,反映了他们对于大学国际化的直接参与以及在此进程中的角色定位。

在教学方面,教师主要通过教授、开发或者在原有课程基础上修订包含其他国家文化或全球性议题的课程和项目[⑤],为大学实现课程国际化作出重要贡献。在具体实践中,教师的课程教学主要关联两个群体:教师和学生。其中,围绕教师自身的活动涉及引入国际性的课程或讲座,以及将自己的课程与国外相关课程联系等;以教师指导学生为主的活动包括要求学生参加学校国际性的研讨会,

① Dewey, P. & Duff, S. Reason before passion: Faculty views on internationalization in higher education[J]. Higher Education. 2009, 58: 491.
② Connor, G. C. et al. Internationalization of general education curricula in community colleges: A faculty perspective[J]. Community College Journal of Research and Practice. 2013, 37(12): 974.
③ Engberg, D. & Green, M. F. (eds.) Promising practices: Spotlighting excellence in comprehensive internationalization[R]. Washington, DC: ACE. 2002: 15.
④ Childress, L. K. The Twenty-first century university: Developing faculty engagement in internationalization [M]. New York: Peter Lang, 2010: 27.
⑤ Schwietz, M. S. Internationalization of the Academic Profession: An Exploratory Study of Faculty Attitudes, Beliefs and Involvement at Public Universities in Pennsylvania [D]. University of Pittsburgh, 2006: 164.

以及向学生布置涉及国际议题或国际比较研究的作业等①。通过将全球化或跨文化的事例、阅读和教学资料以及其他资源带入课堂,教师能够鼓励学生学习和接受新的跨文化能力,参与国际化的科研活动以及海外学习项目②。教师也可以将国际学生作为其课程的学习资源③,通过为本土学生提供与留学生交流沟通的平台,帮助他们了解国际事件、异国文化和国际化议题;国际学生也将从中受益。而在一些文化多元化或以教育服务输出为产业的国家,针对留学生的教学和指导工作④亦是教师的主要职能之一。此外,使用外语作为教学媒介⑤,不仅反映了教师国际化发展的内在需求,也是高校评估教师学术工作国际化程度的一项重要指标。

　　在科研方面,以科研活动和学习进修为目标的跨境流动⑥(或称"物理流动[physical mobility]"⑦)被视为教师参与国际化的主要形式之一。此外,教师在大学国际化中的参与行为还表现为:参与国际性科研合作、参加其所在学科领域的国际性会议、在线或以电子刊物形式发表科研成果(文章)、在国际性期刊和出版社等平台发表科研成果、与国外同行合著(co-authorship)、与国外同行开展科研项目合作、在国际性会议上发布科研成果⑧⑨、定期阅读所在学科领域前沿的国际期刊和文献、参与国际性组织(并成为会员)或担任国际期刊编委,以及组

①　李碧虹,涂阳军.论高等教育国际化中大学教师的有限参与[J].复旦教育论坛.2012,10(6):57.

②　Paige, R. M. The American case: The University of Minnesota[J]. Journal of Studies in International Education. 2003, 7(1): 58.

③　Beatty, M. R. Factors influencing faculty participation in internationalization at the University of Minnesota's School of Nursing and Public Health: A case study[D]. University of Minnesota, 2013: 30, 170.

④　Schoorman, D. The pedagogical implications of diverse conceptualizations of internationalization: A U. S. based case study[J]. Journal of Studies in International Education. 1999, 3(2): 37.

⑤　CAP Survey. The changing academic profession: Questionnaire[M]//Huang, F. T. et al (eds.). The internationalization of the academy: Changes, realities and prospects. The Netherlands: Springer. 2014: 289 - 296.

⑥　本书涉及的国内高校教师的跨境流动包括前往中国大陆以外的国家和地区,以及中国港澳台地区。

⑦　Finkelstein, M. & Sethi, W. Patterns of faculty internationalization: A predictive model[M]// Huang, F. T. et al (eds.) The internationalization of the academy: Changes, realities and prospects. The Netherlands: Springer. 2014: 255.

⑧　Proctor, D. In what ways has internationalization shaped academic work? A perspective from Australia[C]. USA, Denver: Association for the Study of Higher Education (ASHE) Conference. 2015: 14.

⑨　Finkelstein, et al. The internationalization of the American faculty: Where are we, what drives or deters us? [C]//RIHE (eds.). The changing academic profession over 1992～2007: International comparative and quantitative perspectives, RIHE international seminar report 13. Hiroshima: RIHE Hiroshima University. 2009: 113 - 144.

织和筹办国际性会议①等。随着以国际化为导向的科研绩效指标被引入教师的考核评价体系,教师的这些国际化行为与他们自身学术职业发展的联系日益紧密。因此,他们也需要学校提供的各项支持,比如通过参加学校的校际交流计划、培训课程/项目,以及其他一系列适用于专业发展的机会,来增加自身的跨文化能力,以及服务于校园国际化的能力②。

在服务方面,教师通过参与校内外以及跨国的教育培训、组织规划和资金筹措等活动,为学校国际化发展提供服务支持。例如,通过服务于学校的国际化委员会,教师得以了解、同时也使其他教师了解学校的国际化项目和举措③。他们还可以参与校内国际化活动的筹划工作、加入具有国际化性质的学生俱乐部和社团,或者投身具有国际化性质的经费资助计划④,为校园的国际化建设添砖加瓦。

此外,也有研究者提出从国际化活动发生的地点——比如,本土国际化和跨境国际化两大分支⑤,或结合国际化活动涉及的职能和发生的地点,归纳教师参与国际化活动的情况。其中,本土国际化在某些情况下又可细分为教师在校内(on campus)以及校外[off-campus(regionally)]参与国际化活动的情况;跨境国际化主要关注教师在海外[off-campus(abroad)]的国际化行为⑥。这种"物理流动"也被视为与本土教学和科研国际化并存的、用于描绘教师国际化活动的传统"三驾马车"(traditional triumvirate)⑦之一。具体而言,除上述内容,教师的跨境交流活动形式还包括:担任国外政府/高校/私营机构的顾问、在国外教学或开设讲座、主持交换学者(教师和学生)项目⑧、参与境外高校举办的专业服务或

---

① Dewey, P. & Duff, S. Reason before passion: Faculty views on internationalization in higher education[J]. Higher Education. 2009, 58(4): 495.

② Green, M. Measuring internationalization at research universities[R]. Washington, D. C.: ACE. 2005: 13.

③ Childress, L. K. The twenty-first century university: Developing faculty engagement in internationalization [M]. New York: Peter Lang. 2010: 22.

④ Schwietz, M. S. Internationalization of the academic profession: An exploratory study of faculty attitudes, beliefs and involvement at public universities in Pennsylvania[D]. University of Pittsburgh, 2006: 164 - 165.

⑤ 李碧虹,涂阳军.论高等教育国际化中大学教师的有限参与[J].复旦教育论坛.2012,10(6): 55.

⑥ Childress, L. K. Faculty engagement in the operationalization of internationalization plans[D]. The George Washington University, 2008: 78.

⑦ Finkelstein, M. & Sethi, W. Patterns of faculty internationalization: A predictive model[M]// Huang, F. T. et al (eds.) The internationalization of the academy: Changes, realities and prospects. The Netherlands: Springer. 2014: 255.

⑧ 李碧虹,涂阳军.论高等教育国际化中大学教师的有限参与[J].复旦教育论坛.2012,10(6): 56.

发展计划,以及参与以不同管理模式[如特许经营办学(franchises)、中外合作办学/双联项目(twinning)、海外分校(branch campuses)等],或不同传输方式[如面授(face to face)、远程(distance)、在线学习(e-learning)等]向其他国家提供的教育项目的开发或传输工作[①](见表2-3)。

表2-3   教师参与大学国际化的形式

	本土国际化[校内 & 校外(境内)]	跨境国际化
教学	教授/开发/修订国际化课程/项目、引入国际性的课程或讲座、将所授课程与国外相关课程联系、要求学生参加国际性研讨会、向学生布置有关国际议题或国际比较研究的作业、将全球化或跨文化的事例/教学资料和相关资源带入课堂、为本土学生提供与留学生交流沟通的平台、外语教学、留学生教学指导、参加教学培训和课程等。	带领学生赴海外交流(学习/参会/实习)、针对国际学生教学和指导、有关教学法及其相关内容的海外培训和交流、海外教学/讲座等。
科研	国际性科研合作、参加本学科国际会议、在线或以电子刊物形式发表科研成果、在国际性期刊和出版社发表科研成果、与国外同行合著、与国际同行开展各类科研项目的合作、在国际性研讨会/会议/会展上发表科研成果、定期阅读学科领域前沿的国际期刊和文献、参与国际性组织(并成为会员)、担任国际期刊编委、组织和筹办国际性会议、参加各类科研培训/课程等。	以科研和学习为目的的国际流动、独立承担或合作开展国际性科研项目、担任国外政府/高校/私营机构顾问等。
服务	参与学校国际化委员会的相关工作、参与校园国际化活动的筹划工作、参加具有国际化性质的学生社团或俱乐部、投身具有国际化性质的资助计划或项目申请方面的工作等。	参与境外高校举办的专业服务或发展计划、参与面向他国的教育服务项目输送和援助计划等。

二、教师参与国际化的分类与变量

教师的广泛参与是大学国际化得以推进的关键。但在现实情境中,并非每一位教师都能以同等热情或积极行动来投身大学的国际化进程。因此,高校管理者在采取相关举措之前,有必要对教师进行分类,以便更好地了解不同行为主体参与国际化的意愿、程度和特征,进而达到"有的放矢"和"各个击破"的目的。

根据相关研究提出的分类方法,教师因其在大学工作中参与国际化程度

① Schwietz, M. S. Internationalization of the academic profession: An exploratory study of faculty attitudes, beliefs and involvement at public universities in Pennsylvania[D]. University of Pittsburgh, 2006: 164-165.

的高低可大致分为以下几种类型：优胜者（champions）、支持者（或"倡导者"[advocates]）、潜在优胜者和支持者（latent champions，advocates）、兴趣淡漠者（uninterested）、怀疑者（skeptics）以及反对者（opponents）。优胜者通常是那些在其学科专业领域内拥有丰富的国际化知识和较强跨文化交际能力的人。部分人有望进一步深入校园的国际化实践并在其中发挥引领作用[①]。支持者往往仅对国际化的某个具体方面抱有热情，因此他们通常仅在某些特定范围（如提供外语教学、使某个特定课程和项目国际化等），或以有限的方式（如仅与大学国际化议程中的某个具体方面产生联系）参与大学国际化实践。这种对于国际化的有限热情主要源自教师个人的国际化经历，或者在外语方面的能力。这类教师也是高校国际化事务管理者应当重点调动参与积极性的对象。比倡导者的参与程度略低的是高校中潜在的国际化支持者，他们同样拥有一定的国际化经历或参与国际化的动机。虽然这类群体现阶段对于参与大学国际化并未表现出充分的热情和积极性，但已有研究认为，当这些教师通过某些途径（如赴海外交流，或者通过家人、朋友和同事了解到国际教育和交流的价值）得以体验与其学术工作和个人兴趣有关的一些国际化活动，他们就有可能感受到在其教学和科研工作中融入国际化维度的意义[②]，进而成长为有力的国际化倡导者[③]。与上述类型相比，高校在国际化进程中面临的更大挑战在于如何鼓励和改变那些对大学国际化态度淡漠、表示怀疑甚至公开反对和抵制大学国际化活动的群体，这些教师产生不配合态度和行为的原因显然是复杂的。

此外，也有相关研究将教师群体划分为全能型、海外导向型、本土导向型以及不参与者四种类型，分别指代：曾在国外进行科研或教学、同时也在本校教学和科研工作中融入国际化议题者；仅在国外进行科研或教学工作者；未曾出国、但在本校教学和科研工作中融入国际化议题者，以及既未曾在国外进行科研或教学、也未在学校的教学和科研工作中融入国际化议题者[④][⑤][⑥]。

---

① Green，M. F. & Olson，C. Internationalizing the campus：A User's Guide[R]. Washington，DC：ACE，2003：69.

② Childress，L. K. Faculty engagement in the operationalization of internationalization plans[D]. The George Washington University，2008：319.

③ Green，M. F. & Olson，C. Internationalizing the Campus：A User's Guide[R]. ACE，2003：69.

④ 李碧虹，涂阳军.论高等教育国际化中大学教师的有限参与[J].复旦教育论坛.2012,10(6)：55.

⑤ 彭辉.高校教师工作国际化的调查分析[D].湖南大学，2012,18.

⑥ 郝菁.华中科技大学教师国际化研究[D].华中科技大学，2013：24.

　　虽然已有研究为各类教师贴上了不同的标签,但对于如何区分或以何种标准来界定这些不同类别却语焉不详。尽管如此,从一种全局观的视角来看,已有研究提供的各种信息仍然表明,国家/区域、组织机构以及个人层面的若干因素,对于预测和比较不同教师群体参与国际化实践的类型和程度都有可能产生不同程度的影响。例如,韦尔奇(Welch)发现无论是跨境交流中的"流动者"(peripatetic)还是"稳定者"[indigenous(土著)]——以是否在任职大学以外国家/地区获得最高学位为划分标准,都不同程度地受到性别、隶属学科、聘任形式(full-time/part-time)、职业满意度、学术偏好[倾向教学/科研(teaching/research preference)]以及职称等级(rank)等变量的影响①。施维茨(Schwietz)的调查指出,大学教师的国际化参与因教师群体的诸多特征——包括性别、学科、教学类型[本科/研究生教学(undergraduate/graduate)]、聘期状态(tenured/non tenure-track)、职称以及学术偏好,存在差异②。在安格纽(Agnew)的研究中,不同学科及不同类型高校的教师对于国际化在其相应领域重要性的认知和解读亦各有不同③。芬克尔斯坦(Finkelstein)和赛斯(Sethi)在构建的"教师国际化模型"(patterns of faculty internationalization)中指出,国别特征(国家规模、所处区域、是否英语国家)、组织特征(机构类型、是否为教师驱动型国际化活动)、个体的专业特征[从属学科类型(hard/soft sciences)、学术职称、学术导向(orientation to teaching/research)、科研类型(applied/practice)],以及个人特征(年龄、性别、最高学位获得国家、海外经历年限等),都有可能造成教师国际化实践程度的差异④。

　　当然,即便明确了可能影响教师国际化参与程度的各类变量,如何从整体上衡量或者评估高校是否已实现教师的广泛参与依然是一个值得继续关注的问题。柴尔得里斯(childress)归纳了几条重要标准,包括:至少有 25％的教师对

①　Welch, A. R. The peripatetic professor: The internationalization of the academic profession[J]. Higher Education. 1997, (34): 323 - 345.

②　Schwietz, M. S. Internationalization of the academic profession: An exploratory study of faculty attitudes, beliefs and involvement at public universities in Pennsylvania[D]. University of Pittsburgh, 2006: 128 - 131.

③　Agnew, M. Strategic planning: An examination of the role of disciplines in sustaining internationalization of the university[J]. Journal of Studies in International Education. 2012, 17(2): 183 - 202.

④　Finkelstein, M. & Sethi, W. Patterns of faculty internationalization: A predictive model[M]// Huang, F. T. et al (eds.) The internationalization of the academy: Changes, realities and prospects. The Netherlands: Springer. 2014: 237 - 257.

于在其职能中融入国际化视角保持积极态度；国际化课程遍及高校中的每个学科而不仅存在于个别院系；教师参与国际性科研和发展活动的程度高；本土与国际学者之间跨学科和跨国界的联合科研项目得到发展；基于学术目的赴海外交流并在返校后将国际化视角和知识融入课程教学的教师比例高；与校内国际学生和访问学者有接触的教师比例高；以及教师的国际化知识程度及利用校内国际科研的程度达到较高水平等[1]。不过，除第一条指标外，研究者并未交代其余指标的具体评定标准。

三、影响教师参与国际化的因素

明确影响教师参与的各类因素是高校管理者推动大学国际化进程的重要先导性步骤。这些因素基于产生的效果可划分为推动因素和阻碍因素（或称为"推力"和"阻力"）。根据影响因素的动力来源又可分为内部因素和外部因素：前者通常产生于教师个体，后者主要源自高等教育机构，因此也被称为"个体因素"和"制度因素"。鉴于多数相关研究侧重于探讨阻碍教师参与国际化的因素（与之相反的是推动因素），为尽可能全面反映情况且避免行文赘述，本节基于个人（内部）和制度（外部）两个层面，侧重通过对相应阻碍因素的分析梳理，对相关研究情况进行综合归纳。

（一）影响教师国际化参与的内部因素

根据表 2-4 呈现的信息，阻碍教师参与国际化的内部因素集中反映在以下几个方面，包括：对国际化积极态度（attitude）和信念（beliefs）的缺乏、必要的国际化/跨文化知识（knowledge）和技能（skills）的匮乏、认知技能（cognitive competence）的不足，以及来自个人工作和家庭生活的顾虑。

表 2-4 影响教师国际化参与的内部因素

涉及内容	具体描述（基于阻碍因素）
态度 & 信念	● 个体对国际化活动缺乏热情和兴趣； ● 没有认识到国际化对大学以及/或者个人发展的重要性； ● 秉持种族中心主义价值观、害怕变革以及缺乏改变的信心； ● 与高校管理者在国际化动机方面的认知存在差异。

---

① Childress, L. K. Faculty engagement in the operationalization of internationalization Plan[D]. The George Washington University, 2008: 92.

（续表）

涉及内容	具体描述（基于阻碍因素）
知识 & 技能	● 缺乏参与国际化活动的必要技能（如,外语能力）和培训； ● 个体缺乏跨学科和跨文化的学术联系； ● 对参与国际化活动的准备和经验不足。
认知能力	● 缺乏主观认知：未意识到应当将国际化/跨文化知识技能融于实践； ● 缺乏客观技能：不知道应如何将国际化/跨文化知识技能融于实践。
其他	● 个性特征（如,内向型性格）； ● 参与国际化工作不利于家庭责任的履行； ● 参与国际化工作影响当前科研工作的进展。

首先,教师参与国际化的动机很大程度上取决于他们对于国际化或跨文化学习的态度,两者一般呈正相关。对于国际化持比较支持与乐观态度的教师往往在大学国际化进程中表现出较高的参与度[①]。当教师保持积极的国际化学习态度,即相信国际化学习与教师或学生个人的需求和目标有关,他们也更有可能投身大学国际化进程。例如,一项基于美国两所大学 471 名教师的调查研究发现：教师对于国际化以及国际学生的态度对于他们针对国际学生的教学实践具有显著影响,学生学习表现的提升反过来也会增加教师对国际化教学实践的满意度与参与度[②]。相反,阻碍教师积极投身国际化的原因可能存在于以下几种情况：如教师对国际化活动缺乏热情和兴趣；他们不认为国际化对大学发展有重要作用；不认为国际化实践与教师个人及其学术目标的实现有关；或者觉得国际化学习对于学生发展没有那么重要[③]。埃博林（Ellingboe）基于美国高校的一项研究发现,教师群体中存在的（以美国为中心的）"种族中心主义价值观"（ethnocentrism）,即满足于并坚守以现实为导向的既定专业领域的态度,以及对未来的发展方向心存恐惧,成为抑制一些美国高校教师参与国际化（如远程学习和教学）的一个重要原因[④]。此外,与管理者有关大学国际化发展的理念分

① Schwietz, M. S. Internationalization of the academic profession: An exploratory study of faculty attitudes, beliefs and involvement at public universities in Pennsylvania[D]. University of Pittsburgh, 2006.

② Yingxia Cao et al. Motivators and outcomes of faculty actions towards international students: Under the influence of internationalization[J]. International Journal of Higher Education. 2014, 3(4): 79.

③ Green, M. F. & Olson, C. Internationalizing the campus: A user's guide[R]. ACE, 2003: 73.

④ 转引自 Green, M. F. & Olson, C. Internationalizing the campus: A user's guide[R]. ACE, 2003: 71.

歧也会影响教师参与国际化的积极性①。

其次,教师个体拥有的有关国际化和跨文化的知识和技能(如外语能力)可能直接影响教师参与国际化的程度,两者往往也呈正相关。这些知识和技能主要源自教师先前的国际化经历和体验——拥有国际化经验的教师通常更能积极投身大学的国际化实践②。一般而言,那些出生于异国文化传统氛围,或者海外具有强烈种族特色区域的美国高校教师更能利用他们自身的文化和语言优势来满足个人兴趣③。相反,缺乏海外经历,或者较少涉足跨文化交流的教师,往往很难将国际化和跨文化的视角融入其教学和科研活动。可见,缺乏多元文化视角的教师在国际化活动中更容易面临相关知识和技能储备不足的问题。因此,教师能否获得必要的国际化和跨文化知识和技能在很大程度上取决于个人在异国文化和语言学习方面的经历和积累④。

第三,认知能力指的是教师在将国际化和跨文化的维度融入教学和科研职能(如提供国际化课程)所使用的智力过程。已有研究发现,在被激励并且实现将其国际化知识和体验应用于教学之前,即便拥有国际化知识和体验的教师也需要经历将他们的思考进行转移的过程。比如,曾经开展过国际化科研活动或项目开发的教师可能没有办法看到这些经历与教学工作之间的联系;教师或许拥有较高水平的外语语言能力,但可能没有意识到要如何将外语应用到课程项目中。另一种情况是,教师不知道如何将国际化的内容融入学科以及相关的课堂教学和评估事务中⑤。简言之,认知能力方面的阻碍主要包含两方面的问题,一是教师主观缺乏如何将国际化和跨文化知识和技能融入教学实践的认知;二是这些教师客观缺乏将国际化和跨文化知识和技能融入实践工作的能力。因此,为教师提供特定知识、教学和评估的技能,对于教师有效开展国际化工作可能是必不可少的⑥。

---

① Turner, Y. & Robson, S. Competitive and cooperative impulses to internationalization: Reflecting on the interplay between management intentions and the experience of academics in a British university [J]. Education, Knowledge & Economy. 2007, 1 (1): 65 - 82.

② Schwietz, M. S. Internationalization of the academic profession: An exploratory study of faculty attitude, beliefs and involvement at public universities in Pennsylvania [D]. The University of Pittsburgh, 2006: 121 - 122.

③ Green, M. F. & Olson, C. Internationalizing the campus: A user's guide[R]. ACE, 2003: 73.

④ Childress, L. K. Faculty engagement in the operationalization of internationalization Plan[D]. The George Washington University, 2008: 87.

⑤ Green, M. F. & Olson, C. Internationalizing the campus: A user's guide[R]. ACE, 2003: 73.

⑥ Childress, L. K. Faculty engagement in the operationalization of internationalization Plan[D]. The George Washington University, 2008: 87.

　　此外,对于科研工作进展以及家庭生活的顾虑,也可能阻碍教师参与国际化工作,尤其当此类工作需要消耗他们更多的额外时间与精力,牺牲部分家庭与工作利益。例如,一些教师可能会因无法兼顾家庭责任而放弃赴海外甚至研修的机会①;性格内向的教师相对更少愿意参与国际性交流与合作②。

　　上述针对阻碍因素的分析也侧面反映了部分推动教师参与国际化的因素。与之相反,源自教师自身的、对于国际化活动的积极认知、态度和信念;与国际化有关的背景、经历与知识储备,以及个体性格特征等,都有可能推动教师深入参与某些国际化实践。

(二)影响教师国际化参与的外部因素

　　阻碍教师参与国际化的外部因素集中反映在以下几个方面,包括:信息传递不够有效、缺乏来自学校的明确承诺和领导支持、经费和时间等资源匮乏、限制性政策规约、学科壁垒,以及机构服务不到位。

　　首先,缺乏有效的协调机制和信息传达③可能会导致教师难以获悉或充分了解学校相关政策和资源情况④。在没有明晰的学校国际化发展战略或承诺的状况下,教师往往很难全心投入国际化实践。即便大学有明确发展国际化的意愿,如果国际化没有被真正纳入更广泛的机构活动、教师身份认定⑤和院系发展使命,教师依旧难以大展身手⑥。在确立国际化发展规划的前提下,学校领导充分的支持和实质性激励显得尤为重要。学校管理部门的高级主管对国际化的重要性的认识不足,可能会影响教师参与国际化的积极性⑦。由于院系领导并未给予教师实现课程国际化、申请赴海外教学的流动经费,或者为参与教师提供额外发展机会,教师大都难以积极参与,因为投入其中可能会给他们现有工作增加

---

① 杨光富.国际化进程中高校青年教师专业发展的现状调查:以华东师范大学为例[J].教师教育论坛,2014,27(10):77.

② Andreasen, R. Barriers to international involvement[J]. Journal of International Agricultural and Extension Education, 2003, 10(3): 67.

③ Dewey, P. & Duff, S. Reason before passion: Faculty views on internationalization in higher education[J]. Higher Education. 2009, 58: 496.

④ Connor, G. C. et al. Internationalization of general education curricula in community colleges: A faculty perspective[J]. Community College Journal of Research and Practice. 2013, 37(12): 977.

⑤ Schoorman, D. The pedagogical implications of diverse conceptualizations of internationalization: A U. S.-based case study[J]. Journal of Studies in Higher Education. 1999, 3(2): 19-46.

⑥ Klyberg, S. G. F. The Faculty experience of internationalization: Motivations for, practices of, and means for engagement[D]. The Pennsylvania State University. 2012: 5-7.

⑦ NASULGC. Internationalizing higher education through the faculty [R]. Washington, DC: NASULGC.1993: 2-3.

压力。另一种现象是,由于学校领导缺乏对鼓励教师参与国际化的战略认知和明确定位,许多教师因担心被视为异类或投机取巧者而不敢坦然参与。埃博林将这种现象称之为"公众认知综合症"(public perception syndrome)。他发现,由于高校管理者更关心教师缺岗期间的教学任务分摊问题,一些跨境交流活动在这些学校常常难以被认同。在此环境下,寻求海外流动机会而非安于校内本职工作的教师往往面临很大的心理压力①。

其次,缺乏充足的经费资助被视为影响教师参与国际化的最主要原因之一,导致教师可用于国际化活动的资金匮乏并造成许多制约②。几乎每所大学都有可能面临资金不足的挑战,大学预算的削减往往首先影响出行经费,致使教师的海外流动机会变得异常脆弱③。除经费制约之外,缺乏充裕时间进行海外交流和课程开发也是影响教师参与国际化的另一个障碍。在海外交流方面,一些高校为教师提供的学术假期时常不足以涵盖在海外交流所需时间,可能会抑制教师对国际化活动的投入④。与境外高校在学期设置方面的差异也有可能影响教师出行。在课程开发方面,如一所案例大学的教师反映,由于特定专业的课程设置已标准化,增加新课程只能以替换其他必修或选修课为代价,需要教师投入更多工作时间。在缺乏其他绩效激励的情况下,并非所有教师都会将国际化教学视为个人学术使命和专业成功的核心,因此也难以要求教师使其所授课程国际化⑤。关于这一点,有研究者发现,美国高校的教学主导型教师鲜少参与国际化活动与此有一定关系⑥。

第三,高校中存在的一些限制性政策/制度以及某些不当的组织程序⑦对教师的国际化参与行为具有消极影响,这些政策程序涉及薪酬激励、职级评聘、考

① Mestenhauser, J. A. & Ellingboe, B. J. Reforming the higher education curriculum: Internationalizing the campus[M]. Phoenix: Oryx Press and American Council on Education. 1998: 1 - 39.
② Childress, L. K. Planning for internationalization by investing in faculty[J]. Journal of International and Global Studies.2009,1(1): 32.
③ Green, M. F. & Olson, C. Internationalizing the campus: A user's guide[R]. Washington, DC: ACE. 2003: 70 - 71.
④ Schoorman, D. How is internationalization implemented? A framework for organizational practice [R]. ERIC, 2000: 10.
⑤ Dewey, P. & Duff, S. Reason before passion: Faculty views on internationalization in higher education[J]. Higher Education. 2009, 58: 496 - 497.
⑥ Altbach, P. G. The international academic profession: Portraits of fourteen countries[M]. San Francisco: Jossey-Bass Publishers, 1996.
⑦ Green, M. F. & Olson, C. Internationalizing the campus: A user's guide[R]. Washington, DC: ACE. 2003: 70 - 71.

核以及科研发表等诸多方面。例如,在薪酬激励方面,一些大学在教师获得外部奖励后便不再提供其他福利保障,致使许多教师无法获得用于国际化活动的额外资助①。在考评政策方面,西阿亚(Siaya)和海沃德(Hayward)开展的一项调查研究发现,仅有 4% 的美国高校将教师参与的国际性学术和服务工作的成绩纳入学校的职称评定和晋升政策,这意味着绝大多数教师参与的国际化活动难以得到现有政策体系的认可和奖励。青年教师尤其容易面临的一个问题是,他们会因为无法将参与国际化活动所耗费的工作量转化为考核所需积分而在绩效加薪、聘期考核甚至职称评聘方面处于不利的位置②③,这些对于还未获得终身教职资格(tenured position)的教师具有消极的影响。此外,学术成果产出是一种长期回报,存在一定的延后性。教师通常很难在海外完成科研工作后立即发表科研成果,但在严峻的"不发表就淘汰"政策压力之下,教师可能会在返校工作后不堪其扰。更糟糕的是,如果海外获得的研究成果被认为与国内前沿期刊主题不相关,这将更加折磨那些有抱负的国际流动学者,影响他们参与国际化活动的积极性④。

第四,学科以及基于学科组建的基层系统(如学部)也有可能对教师的国际化参与造成阻碍。首先,特定的学科焦点影响教师在其学术领域融入国际化视角。虽然一些学科"本质上具有国际性、全球性或可比较的特点",但大部分学科的知识基础总体还是基于本土的观点构建。教师通常基于他们被教授的方式来理解其所在学科或研究领域,以及开展教学,这种影响一般不容易改变⑤。因此,不同学科对国际化的关注直接影响教师参与国际化的选择。其次,教师对于学科部门的忠诚度往往高于对其所任职的机构。如果其所在学部不强调某些国际化议题对于其所属学科的重要性,教师往往缺乏动力去参与学校范围内的其他国际化活动。第三,在现行的高校院系设置中,学术院系通常是课程、师资、教学任务和资源的管理者。学科壁垒一般都很高,既难以跨越,也很难推倒并搭建

① NASULGC. Internationalizing Higher Education through the faculty [R]. Washington, DC: NASULGC.1993:2-3.
② Mestenhauser, J. A. & Ellingboe, B. J. Reforming the higher education curriculum: Internationalizing the campus[M]. Phoenix: Oryx Press and American Council on Education. 1998:1-39.
③ Green, M. F. & Olson, C. Internationalizing the campus: A user's guide[R]. ACE, 2003:73.
④ NASULGC. Internationalizing Higher Education through the faculty [R]. Washington, DC: NASULGC.1993:2-3.
⑤ Maidstone, P. International literacy: A paradigm for change: A manual for internationalizing the curriculum[M]. Victoria, British Columbia: Centre for Curriculum, Transfer and Technology. 1996:37.

跨学科课程、项目、团队教学和教师合作①。这种以学科为基础的结构阻碍了许多教师从事跨学科的工作——而这正是国际化的一个关键的知识维度。绝大多数教师首先要服务于本专业和其所在学院,这决定了他们的教学任务并塑造了其学术生活。这种对机构的承诺可能会严重限制有热情的教师去发展国际化的课程、参与跨学科研究,或为学生设计体验式学习机会。此外,国际化也在一定程度上挑战了学科精心构建的知识体系的基本假设,如认为"知识是普遍的"的假设②。

　　缺乏协助国际化行动的人员支持也是导致教师无法积极参与国际化实践的另一个原因。由于国际化事务工作人员的支持和协助不足等问题,教师在一些行政流程中往往会耗费许多精力与时间,影响了他们参与国际化的热情和选择③。当然,来自学校其他部门的服务支持也必不可少,如研究生院应对国际教育的准备不足④也有可能影响教师参与国际化教学的实践。

　　上述针对阻碍因素的分析也侧面反映了部分推动教师参与国际化的因素。与之相反,来自外部机构的经费资助、非经费形式的各类支持,以及高校通过相关政策或制度的客观激励等,都有可能推动教师积极参与某些大学国际化实践。

表 2-5　影响教师国际化参与的外部因素

阻碍因素	涉及内容	具　体　描　述
外部阻力	信息知情	● 缺乏有关参与大学国际化的协调机制和有效的信息传达。
	机构承诺	● 学校未将国际化作为大学/学院发展的战略使命,教师缺乏认同; ● 学校管理部门的领导对国际化不够重视,教师难以主动参与; ● 管理部门/学部子单位领导对教师参与的激励和实质性奖励不足; ● "公众认知综合症"——院系领导和同行将参与国际化工作活动的教师视为异类。

①　Childress, L. K. Faculty engagement in the operationalization of internationalization Plan[D]. The George Washington University, 2008:82.

②　Green, M. F. & Olson, C. Internationalizing the campus:A user's guide[R]. ACE, 2003:73.

③　Dewey, P. & Duff, S. Reason before passion:Faculty views on internationalization in higher education[J]. Higher Education. 2009, 58:496-497.

④　Mestenhauser, J. A. & Ellingboe, B. J. Reforming the higher education curriculum:Internationalizing the campus[M]. Phoenix:Oryx Press and American Council on Education. 1998:1-39.

（续表）

阻碍因素	涉及内容	具 体 描 述
外部阻力	经费 & 时间	• 用于帮助教师参与国际化活动的经费预算不足； • 学术假期不够，无法涵盖教师海外交流时长； • 缺乏必要的用于开发国际化课程的准备时间； • 认证机构与海外交流目的地学校存在学制差异，影响教师出行计划。
	限制性政策	• 资助政策：校内与外部资助不可同得，限制教师接受外部资助； • 薪酬政策：教师海外交流期间的薪酬被缩减，影响出行积极性； • 考评晋升：教师参与国际化活动的行为表现未能纳入考核评价体系。
	学科壁垒	• 基于本土知识体系构建的学科基础影响教师投身国际化的可能性； • 所属学科部系对国际化的重视程度制约教师参与国际化的积极性； • 以学科为导向的学术院系组织设置影响教师的跨学科交流与活动。
	服务支持	• 针对教师：教师海外交流的申请程序繁琐、缺少帮助教师专业发展和提升认知能力的专业培训和指导； • 针对学生：研究生院、教务部门等应对国际教育的准备不足。
外部推力	物资支持	• 来自外部的经费资助/奖励； • 为教师提供除经费之外的物资（如培训的机会）； • 为教师提供非物质支持（如加强校园环境的国际化建设）；
	制度影响	• 为教师的国际化参与行为提供相关奖励（如职级晋升）； • 教师通过国际化参与可抵扣其它工作量； • 机构领导对于教师的国际化参与给予支持； • 机构领导要求教师参与某些特定的国际化活动。

四、推动教师参与国际化的策略

许多高等教育实践者和研究者从多个角度为高校推动教师投身国际化实践群言献策，这些建议既包含管理者的经验总结，也有源自案例研究的调查发现。它们虽然涉及与高校国际化组织实践和活动策略的多个方面，但其核心在于"构建并维持一个能够使教师有效参与国际化的校园组织环境"①。具体信息如表 2 - 6 所示：

表 2 - 6　以教师为核心的大学国际化组织策略

分析维度	组织实践（活动项目）
人力资源	● 在对教师的选聘任用过程中优先考虑有国际化背景、经历或兴趣的候选人； ● 将教师在教学、科研、服务以及课程国际化方面的贡献纳入教职聘任和职务晋升的考核； ● 将国际化经历和能力作为教师晋升和评定终身教职的一项指标； ● 为教师参与国际化活动提供各种形式的经费资助和奖励； ● 制定保障教师国际派遣和学术休假的相关政策和制度； ● 通过提供豁免时间②或学术假期保障教师参与国际化活动的时间； ● 为教师发展国际化知识和技能提供各种资源、培训课程以及专业发展机会。
管理调控	● 通过正式声明或政策明确大学发展国际化的目标、动因及教师的角色任务； ● 通过正式声明或政策对教师参与国际化期间的各项利益作出承诺； ● 学校领导对教师参与国际化予以实质性支持（如，拨款、委任、海外派遣）； ● 鼓励和推动全校教职员工积极投身与国际化有关的活动实践； ● 为国际学者在本校开展教学和科研工作，以及与本校教师交流合作提供机会。
操作实践	● 将国际化纳入学校/院系的战略规划、财政预算以及质量评估系统； ● 通过基础设施建设为教师提供各种支持性的组织和活动资源； ● 通过机构网络建设为教师创造对外交流沟通的渠道和平台； ● 建立充分的财政支持和资源分配系统，对教师进行多方位投资； ● 将学校的国际化发展目标与教师个体的学术议程联系起来。
服务支持	● 相关服务部门的支持（如，住宿、注册、经费筹集、校友资源、信息技术）； ● 来自学校相关学术部门的支持（如，图书馆资源、有关教学、课程开发和师资发展的培训、行政人员的服务支持）； ● 简化教师的交换协议和国际化发展合约。

　　针对教师的人力资源建设是高校推动教师参与国际化的根本保障，涵盖了从人才引进到流通的多个关键环节，包括教师聘任（如在遴选一般学科的教师时优先考虑并录用有国际化背景、经历或兴趣的候选人③）、考评（如建立绩

---

① Schwietz, M. S. Internationalization of the academic profession: An exploratory study of faculty attitude, beliefs and involvement at public universities in Pennsylvania [D]. The University of Pittsburgh, 2006: 48 - 49.
② 豁免时间（released time）：指暂时脱离某些常规工作而从事某些特定工作的脱产时间。
③ CIGE. Mapping Internationalization on U. S. campuses: 2012 Edition[R]. Washington, DC: ACE. 2012: 14.

效激励制度并将其理念传达给教师;完善教师国际化教育能力和资质的认证和奖励系统①②③)、激励(如为教师参加国际会议并发表成果④、在海外教学和从事科研活动⑤、带领学生赴海外学习和交流等提供经费),以及培养(如扩大教师专业发展的机会以帮助其获取国际化能力;为教师创造参与国际化工作的机会以实现个体发展和转型学习⑥),等等。

有效的管理调控是高校推动教师参与国际化的重要基石,为教师的国际化行为提供方向和指导,同时也是"建设能够使教师在国际化环境中有效工作的行政管理结构"⑦和制度文化⑧的先决条件。已有研究特别强调的策略建议包括:通过多种类型,如任务陈述(mission statements)及战略计划(strategic planning)或多个层面(包括学校、学院系所以及学部中心)的正式声明或政策,对大学发展国际化的目标、动因,以及教师在其中的角色任务作出说明⑨;通过正式声明或政策对教师参与国际化期间的各项利益作出承诺;学校领导对教师参与国际化予以实质性支持。此外,为教师参与国际化提供良好的人文环境亦不可或缺,比如,为海外学者在本校开展学术工作、与本土教师交流合作提供平台和机会⑩。

① Carter, H. M. Implementation of international competence strategies: Faculty[M]//Klasek, C. B. et al. Bridges to the Future: Strategies for Internationalizing Higher Education. AIEA, 1992: 44.

② De Wit, H. Internationalization of higher education in the United States of American and Europe: A historical, comparative, and conceptual analysis[M]. Greenwood Press: Westport, Connecticut and London. 2002: 124 - 125.

③ Navarro, M. Analysis of factors affecting participation of faculty and choice of strategies for the internationalization of the undergraduate agricultural curriculum: The case in two land grant universities[D]. Texas A & M University. 2004: 13.

④ Paige, R. M. The American case: The University of Minnesota[J]. Journal of Studies in International Education. 2003, 7(1): 58.

⑤ Green, M. F. Measuring internationalization at research universities[R]. Washington, DC: ACE. 2005: 13.

⑥ Friesen, R. Faculty member engagement in Canadian university internationalization: A consideration of understanding, motivations and rationales. Journal of Studies in International Education. 2012, 17(3): 225.

⑦ Friesen, R. Faculty member engagement in Canadian university internationalization: A consideration of understanding, motivations and rationales. Journal of Studies in International Education. 2012, 17(3): 224.

⑧ Henson, J. B. et al (eds.) Internationalizing the U. S. universities: A time for leadership[C]. Spokane, WA: Washington State University. 1990: 26.

⑨ Childress, L. K. Faculty engagement in the operationalization of internationalization plans[D]. The George Washington University. 2008: 307.

⑩ Schwietz, M. S. Internationalization of the academic profession: An exploratory study of faculty attitude, beliefs and involvement at public universities in Pennsylvania[D]. University of Pittsburgh, 2006: 163.

　　高校在实践层面的国际化举措是确保教师积极投身校园国际化建设的核心动力。已有研究在该领域的探讨聚焦于如何通过制度建设为教师参与国际化构建适切的组织结构。具体策略建议和举措包括：将国际化纳入学校/院系的战略规划、财政预算以及质量评估系统①，与教师的日常工作、绩效评估和薪酬收入等产生关联；通过基础设施建设为教师参与国际化提供各种支持性的组织和活动资源；通过机构网络构建为教师获取国际化机会和资源、了解同行的专业领域和兴趣，以及开展交流协作提供交流沟通的渠道；建设充分的财政支持和资源分配系统，对教师进行多方位差异性投资；将学校的国际化发展目标与教师个体的学术议程结合起来，比如，通过将多个学院的国际化战略规划进行整合，建立国际化与学科之间的关联性；通过问卷调查对教师类型和数量进行评估，了解其专业领域和发展兴趣，并将具体的国际化发展机会与教师的实际需求和特点进程优化配置②。

　　服务支持也是高校推动教师参与国际化的关键要素。已有研究建议高校相关机构为教师提供各种资源供给和配套服务。其中，来自服务部门的支持包括：为教师参与国际化过程中涉及住宿、注册、经费筹措、校友资源、信息技术等方面的问题提供人员支持和资源供给。来自学术部门的支持包括：为教师提供充足的图书馆资源，有关教学、课程开发和师资发展的培训，以及配置行政专员给予特定的服务支持③。此外，建议通过简化教师的交换协议和国际化发展合约等，为其国际化实践提供便利④。

第三节　国内外相关实证研究现状

　　世界范围内有关教师参与国际化的实证研究涵盖了不同层次的许多议题。对于这些研究现状的了解与梳理，是本研究开展实证调查的重要前提与基础。本节重点从两个部分来反映相关实证研究现状，分别是基于不同研究视角的研

---

① Knight, J. Internationalization remodeled: Definition, approaches, and rationales[J]. Journal of Studies in International Education. 2004, 8: 14 – 15.
② Childress, L. K. Faculty engagement in the operationalization of internationalization plans[D]. The George Washington University. 2008: 309.
③ Knight, J. Internationalization remodeled: Definition, approaches, and rationales[J]. Journal of Studies in International Education. 2004, 8: 14 – 15.
④ Green, M. F. & Olson, C. Internationalizing the campus: A user's guide[R]. Washington, DC: ACE. 2003: 72 – 73.

究情况，以及针对青年教师国际化问题的研究情况。

一、有关教师国际化研究的主题分类

根据国内外已有研究提供的线索，有关教师国际化参与的实证研究主要可以通过以下三个方面或视角来进行梳理，包括基于学术职业国际化的研究、基于大学国际化变革过程的研究，以及针对教师国际化参与本身及其影响因素的研究。

(一)学术职业国际化

第一类研究主要体现在有关教师学术职业国际化的国别比较研究中。由博耶(Boyer)在 20 世纪 90 年代初领导开展的"卡内基研究"(Carnegie Study，1991～1993)[①]，以及由美、德、英、法、荷、日诸位国际知名教授于 2004 年联合发起的"变革中的学术职业"调查(Changing Academic Profession，简称 CAP 调查，2007～2009)[②]，在该领域发挥了举足轻重的作用。紧跟 CAP 调查之后还出现了一些后续区域性教师调查项目，包括涉及欧洲 12 国的学术职业国际化调查(Academic Profession in Europe: Responses to Societal Challenges，简称 EUROAC Study，2009～2012)[③]，以及聚焦东南亚 8 国的亚洲学术职业调查(Academic Profession in Asia，简称 APA 调查，2011～2015)[④]等。这些调查对教师国际化维度的关注程度略有差异，但其本质是对高校教师国际化特征(如，人口统计学特征[海外出生或在海外获得博士学位])[⑤]或现象(如教学或科研合

[①] 卡内基研究(Carnegie Study，1991～1993)：第一次全球性的学术职业国际化调查。美国卡内基教学促进基金会主席欧内斯特·博耶(Ernest Boyer)领导 15 个国家和地区从事国际与比较高等教育研究的学者开展了此次大调查。该调查旨在分析和比较不同国家学术人员的态度、价值和工作模式。其主要成果呈现于《国际视野下的学术职业》(The Academic Profession: An International Perspective)，以及《国际学术职业：十四国透视》(The International Academic Profession：Portraits of Fourteen Countries)这两本专著。

[②] CAP 调查(CAP Survey，2007～2009)：第二次全球性学术职业调查。由美、德、英、法、荷兰、日本的几位国际知名教授联合发起，遍布六大洲的 26 个国家与香港地区参与。该调查旨在考察近年来学术职业在不同国家经历的变革特点和变革广度，探讨这些变革对学术职业吸引力的影响力，以及被调查国家的学术共同体为未来的知识社会发展和实现国家目标可能的贡献能力。其主要成果呈现于《国际比较视野下变革中的学术职业》(The Changing Academic Profession in International Comparative Perspective)系列丛书。

[③] Teichler，U. & Höhle，E. A. (eds.) The work situation of the academic profession in Europe：Findings of a survey in twelve countries[M]. Springer，2013：1-11.

[④] APA Project[EB/OL].(2015-12)[2016-09-01]http://ir.lib.hiroshimau.ac.jp/files/public/38742/2016010810185971698/RIHE_ISR_23_i.pdf.

[⑤] Kwiek，M. The Internationalization of the academic profession in Europe：A quantitative study of 11 national systems[J]. Educational Studies. 2015，1：59.

作)的跨国的、多方位比较和分析。调查本身并未对教师的国际化表征和国际化行为进行严格区分,因此,研究所采用的调查工具虽然为本研究系统梳理教师的国际化实践行为提供了重要的线索,但仍要求笔者基于专业知识客观判断和选择性借鉴。

(二) 大学与教师国际化互动

第二类研究主要在"如何(全面或在特定领域)实现大学国际化"的目标下,侧重于对教师参与国际化的重要性(角色定位)、教师如何执行大学国际化规划(实践表现)、学校如何推动教师参与国际化(策略选择),以及大学国际化策略对教师学术行为的影响(策略成效)等问题的探讨。其本质是对大学与教师关系的探讨。

在教师的角色定位和参与实践方面,佩奇(Paige)以明尼苏达大学为案例,分析了作为大学国际化核心要素的教师参与国际化的具体形式,以及学校实现教师发展的策略[1]。斯通(Stohl)以实际工作经历为例,论证了教师参与对高校发展和维持国际化的重要性,指出"如何说服教师相信国际化参与对其所在机构及自身的价值"是当前高校面临的重大挑战[2]。

在机构策略选择方面,柴尔德里斯调查并归纳了两所美国大学推动教师参与学校国际化的具体举措[3]。美国教育委员会(American Council on Education)每隔五年对全美各类高校的国际化现状开展问卷评估,并在其使用的调查工具中归纳和肯定了高校用于保障和推动教师国际化实践的若干重要政策和策略[4][5][6][7]。

在大学国际化策略的影响方面,欧杰思(Odgers)和吉洛斯(Giroux)在其报

---

[1] Paige, R. M. The American case: The University of Minnesota[J]. Journal of Studies in International Education. 2003, 7(1): 52 - 63.

[2] Stohl, M. We have met the enemy and he is us: The role of the faculty in the internationalization of higher education in the coming decade[J]. Journal of Studies in International Education. 2007, 11(3/4): 359 - 372.

[3] Childress, L. K. Faculty engagement in the operationalization of internationalization plans[D]. The George Washington University, 2008.

[4] Green, M. F. Measuring internationalization at research universities[R]. Washington, DC: ACE. 2005: 13.

[5] Green, M. F. et al. Mapping internationalization on U. S. campuses: 2008 edition[R]. Washington, DC: ACE. 2008.

[6] CIGE. Mapping internationalization on U. S. campuses survey: 2012 edition[R]. Washington, DC: ACE. 2012: 14 - 16.

[7] Helms, R. M et al. Mapping internationalization on U. S. campuses: 2017 edition[R]. Washington, DC: ACE. 2017: 20 - 24.

告中展现了加拿大马拉斯皮纳大学学院一个教师发展项目的设计和运行过程。研究者通过对各环节的详细描述——包括项目构成、教师对变革的抵触,以及通过聚焦小组访谈对项目成效进行评估等——验证了这种机构策略对于转变教师在课程设计和教学实践方面举措的积极作用,即实现"使教师国际化"的目标。①普洛克特(Proctor)基于对两所澳大利亚大学中 37 名教师的质性访谈,探讨了"大学全面国际化发展路径是否意味着教师在学术工作中参与国际化的广度和深度得到加强"的问题,反映是对"大学国际化策略如何"形塑"(shape)教师学术工作"的思考②。杜威(Dewey)和达夫(Duff)在针对美国俄勒冈大学建筑和应用艺术学院的案例中梳理了教师在学院国际化发展进程中的职能和表现,重点分析了阻碍教师投身学院国际化规划实施的制度因素③。类似研究结论在贝蒂(Betty)的博士论文中得到一定的论证。研究者通过问卷加访谈的方式对美国明尼苏达大学两所案例学院教师进行调查后发现,案例学院教师参与国际化的意愿受到大学国际化承诺、机构领导力以及组织实践方面举措的鼓励;但机构规划、晋升和教职评聘政策以及资源匮乏等因素不同程度地制约着教师的广泛参与④。

(三) 教师国际化实践与体验

第三类研究侧重于对教师直观的个人感知、教师的国际化体验,以及这些因素对于教师学术行为的影响等问题的探讨。在斯考曼(Schoorman)针对美国中西部地区一所大型研究型大学的研究中⑤⑥,研究者通过对其中两所案例学院(理学院和商学院)的十名教师的半结构化访谈⑦发现,教师对大学国际化使命

---

① Odgers,T. & Giroux I. Internationalizing faculty:A phased approach to transforming curriculum design and instruction [C]. International Conference on Internationalizing Canada's Universities. Toronto,2006:1 - 25.
② Proctor,D. In what ways has internationalization shaped academic work? A perspective from Australia[C]. USA,Denver:ASHE Conference. 2015:19.
③ Dewey,P. & Duff,S. Reason before passion:Faculty views on internationalization in higher education[J]. Higher Education. 2009,58:491 - 504.
④ Beatty,M. R. Factors influencing faculty participation in internationalization at the University of Minnesota's School of Nursing and Public Health:A case study[D]. The University of Minnesota,2013.
⑤ Schoorman,D. Internationalization of its pedagogical implications:Understanding and implementing global perspectives in higher education[D]. The Purdue University. 1997.
⑥ Schoorman,D. The pedagogical implications of diverse conceptualizations of internationalization:A U. S.-based case study[J]. Journal of Studies in Higher Education. 1999,3(2):19 - 46.
⑦ 该研究始于斯考曼(Schoorman,1997)的博士论文。由于研究者其后衍生发表的期刊论文(1999)在调查对象数量等方面进行了(补充)调整,本研究以该作者最新发表成果为例。

(mission)的解读,以及对国际学生在大学国际化进程中的角色认知,不同程度地影响教师在教学方面的行为表现。比如,将国际学生视为课堂教学资源的教师往往更能肯定学生基于特定文化的知识和经历的价值,并以一种促进性、对话式的教学风格开展教学活动。这种情况在商学院教师中较为普遍,但在理学院则不然①。内瓦罗(Navarro)基于对美国两所农业赠地学院的教师的问卷调查和深入访谈,分析了教师对学校实现本科农业课程国际化的相关组织策略和活动策略的看法,发现教师对于国际化议题的知识储备对其国际化参与行为,以及对学校国际化策略的认识呈现正相关②。类似的结论出现于其后的一些研究中。例如,施维茨通过对美国宾夕法尼亚州九所公立大学教师的问卷调查发现,教师在不同教育阶段的国际化经历、对国际化的态度和信念,都与教师的国际化参与呈现正相关,但大学通过各项组织实践和活动项目所构建的校园环境对教师的影响却并不十分显著③。

国内此类实证研究数量相对还比较少。李碧虹及其学生近十年内在该领域发表的期刊和学位论文,是目前已知文献中较有参考价值的研究成果。这些研究大多与"大学教师工作的国际化研究"课题相关,其调查工具来源于美国威廉与玛丽学院(College of William & Mary)2010年大学教师国际化研究项目组的《大学教师国际化调查》问卷(*Faculty Internationalization Survey*),调查对象涉及国内中部地区(武汉和湖南)若干所重点大学的数百名教师。研究侧重从以下几个方面展开相关主题的探讨:一是关注不同类型教师在工作中的国际化参与情况④,同时也分析了影响教师工作国际化的主要组织制约因素⑤。不过,由于这些研究主要以问卷数据为立据之本,相对较少呈现对机构影响因素的深层次挖掘。

二是对教师参与情况的比较研究。李碧虹等人将中美高校基于同一调查问

① Schoorman, D. The pedagogical implications of diverse conceptualizations of internationalization: A U. S.-based case study[J]. Journal of Studies in Higher Education. 1999, 3(2): 19-46.
② Navarro, M. Analysis of factors affecting participation of faculty and choice of strategies for the internationalization of the undergraduate agricultural curriculum: The case in two land grant universities[D]. Texas A & M University, 2004.
③ Schwietz, M. S. Internationalization of the academic profession: An exploratory study of faculty attitude, beliefs and involvement at public universities in Pennsylvania[D]. University of Pittsburgh, 2006.
④ 李碧虹,涂阳军.论高等教育国际化中大学教师的有限参与[J].复旦教育论坛.2012,10(6):54-58.
⑤ 彭辉.高校教师工作国际化的调查分析[D].湖南大学,2012.

卷获得的数据进行比较,使教师参与国际化活动情况呈现于学术职业国际化视角下[1]。曾晓青和李碧虹将女性与男性教师的国际化参与行为进行比较,为解答女性教师在国际化进程中的现状、角色及其背后成因提供理据[2]。此外,该研究者也对造成不同教师参与国际化差异的影响因素/变量进行了探讨,如舒俊和李碧虹发现不同学历、职称以及任职研究生导师情况不同的教师群体在国际化参与程度上存在差异[3]。李碧虹等人基于教师发展的视域建立了学术职业国际化影响模型,分析了教育国际化经历、教师知识和意愿对跨境交流、本土课程教学以及本土科研国际化的影响[4]。李碧虹和涂阳军通过对不同类型国内高校的定量数据分析,探讨了个人动因和环境动因在推动教师参与国际化过程中的不同影响力[5]。

此外,余荔基于华中科技大学"2014 年中国大学教师调查"数据,通过定量分析方法探讨了海归教师相较于本土教师在国际化科研、教学以及国际交流方面的优势与差异[6]。郝菁基于定量问卷数据分析和比较了华中科技大学各类教师在工作中参与国际化的途径和策略选择。不过,该研究对于调查工具的设计和使用情况未作详细交代,一定程度上影响了其研究结果的推广[7]。

二、有关青年教师参与国际化的研究现状

针对青年教师参与国际化的实证研究数量整体较少,主要可以通过两个方面或者视角进行梳理。第一类是基于青年教师学术工作的相关研究,国际化是其探讨主题或研究内容的一个组成部分。例如,在由俄罗斯学者优得科维奇(Yudkevich)主持开展、涉及十个国家青年教师学术工作环境与挑战的比较研究中,多国学者不同程度地提到了国际化对其本国青年教师及其学术生存环境的

① 李碧虹,舒俊,曾晓青.中美学术职业国际化的比较研究[J].比较教育研究.2014,10:97-103.
② 曾晓青,李碧虹.女性学术职业国际化研究——基于"管道渗漏"理论视域[J].大学教育科学.2015,2:72-78.
③ 舒俊,李碧虹.大学教师参与国际化程度的实证研究——基于我国 4 所重点大学的调查[J].高教探索.2014,5:37-41.
④ 李碧虹,等.学术职业国际化:基于教师发展的视域[J].开放教育研究.2015,21(4):60-67.
⑤ Li, B. H. & Tu, Y. J. Motivations of faculty engagement in internationalization: A survey in China [J]. Higher Education. 2016, 71: 81-96.
⑥ 余荔.海归教师是否促进了高等教育国际化——基于"2014 中国大学教师调查"的研究[J].高等教育研究.2018,39(8):66-76.
⑦ 郝菁.华中科技大学教师国际化研究[D].华中科技大学,2013.

影响。如在中国和德国，随着大学学术职位不断向国际市场开放，本国青年教师正面临着日益激烈的来自国外竞争对手的职业竞争①。

第二类是有关教师参与国际化活动的研究，青年教师构成其特定研究对象或众多研究对象中的一个有形或无形的分类。例如，杨光富以华东师范大学 40 岁及以下的 125 名青年教师为调查对象，通过问卷方式对该校青年教师在校期间的海外研修现状、在校的国际化教学和科研工作情况，以及他们对于本校管理部门国际化程度的认知和评价进行调查②。克莱伯格（Klyberg）虽然没有在其访谈对象中明确甄别青年教师这一类别，但在其实证分析阶段不同程度地关注了这一群体在大学国际化进程中的参与情况。例如，该研究者发现，一些新进青年教师在是否参与国际化问题上犹豫不决的一个主要原因在于，他们并不是很清楚参与哪些活动对于一个新教师而言是有利的。尤其对于那些还未获得终身教职的青年教师，他们担心出于本能或兴趣而参与的某些国际化活动（如为学生提供国际化教学指导）可能会耗费本可用于"更有价值的"工作（如发表科研成果）的时间和精力③。类似的"隐形分类"也存在于贝蒂的研究中。该研究者指出，由于案例学院当前的终身教职考评体系主要考察教师所能获得科研经费的数量，而此类经费绝大多数来源于国内相关部门，对于尚未获得终身教职的青年教师而言，他们感觉学院并不鼓励其争取全球性或国际化的合作机会④。

总体而言，本研究发现国外相关研究中对于青年教师的关注并不十分凸显，一些研究者通常使用某些近似称谓，如非终身教职（non-tenured）或终身教职前（pre-tenured）来指称这一群体。相比之下，国内研究中围绕这一群体的探讨可谓丰富繁盛，比如针对青年教师的专业成长、教学科研以及实践能力发展、心理问题、思想政治工作、职业压力，以及师德建设等。不过，上述绝大多数研究主要基于理论探讨或思辨分析，真正以实证调查方式开展，且紧密关注这一群体国际化发展状况的研究依然十分有限。

---

① Yudkevich, M. et al. (eds.) Young faculty in the twenty-first century: International perspectives[M]. New York: SUNY Press, 2015.
② 杨光富.国际化进程中高校青年教师专业发展的现状调查：以华东师范大学为例[J].教师教育论坛, 2014,27(10): 75－79.
③ Klyberg, S. G. F. The faculty experience of internationalization: Motivations for, practices of, and means for engagement[D]. The Pennsylvania State University, 2012: 119.
④ Beatty, M. R. Factors influencing faculty participation in internationalization at the University of Minnesota's School of Nursing and Public Health: A case study[D]. The University of Minnesota, 2013: 138.

本 章 小 结

本章对相关研究基础与现状进行了系统梳理。具体内容包括：（一）从历史、理论、逻辑和政策四个方面呈现有关大学国际化的研究情况；（二）从教师参与大学国际化的形式、分类与变量、影响因素以及策略建议四个方面反映有关教师参与国际化的研究情况；（三）从基于不同研究视角的研究情况，以及针对青年教师国际化问题的研究情况两个部分反映相关实证研究现状。总之，已有研究成果为本研究明确研究内容、编制调查工具以及进行实证分析提供了重要的信息、经验和启示。

在研究载体方面，相关研究成果遍及期刊论文、硕/博士论文、专著书籍（包括会议论文集）以及会议论文等多种形式。本研究除了受惠于这些资料提供的大量信息，更从多篇硕/博士论文中获得有关如何规范撰写研究方法论，以及如何获取高信效度研究论证的范式。

在研究内容方面，有关教师参与国际化的研究就其根本可追溯到对两类关系的探讨，即教师国际化参与和教师个人因素的关系（如教师对国际化的认知、态度、信念和经历等），以及教师国际化参与和外部环境/制度因素的关系——后者通常反映在教师与其任职高校之间的互动，包括高校相关制度或政策对教师参与国际化活动的干预或推阻。不过，从已有研究反映的情况来看，当前此类研究更多关注教师在大学课程教学国际化中的角色、参与以及内/外部影响，而鲜少探讨教师在其他方面（如科研合作与交流）的参与行为。本研究拟解答的一个核心问题是，大学国际化策略是否以及以何种方式影响教师在教学、科研和服务工作中的国际化参与行为，其本质是一种中观层面的、探讨高校与教师关系的研究。已有研究对此虽有涉猎，但并不深入，这为本研究提供了在此领域深入开展研究的理据。

在研究策略和研究方法方面，案例研究是绝大多数研究者采纳的形式，一定程度上论证了"大学国际化在背景和内涵方面具有独特性"[①]的观点；而定量问

---

① Navarro, M. Analysis of factors affecting participation of faculty and choice of strategies for the internationalization of the undergraduate agricultural curriculum: The case in two land grant universities[D]. Texas A & M University. 2004: 10.

卷调查和质性访谈分析则是最常用的调查手段。在此部分,斯考曼的嵌入式双子案例研究设计[1]以及贝蒂[2]和内瓦罗[3]等人的混合研究方法为本研究提供了方法论上的理据,以弥补使用单一研究方法无法达到的研究效果。另外,本研究还从几次大规模的教师国际化调查以及施维茨等人的研究中获取了有关问卷设计和编制方面的重要参考信息。

从研究结论来看,大量研究从不同角度论证了基于教师个体的内部因素对推动教师投身国际化实践的核心作用。在外部因素方面,施维茨和普洛克特等人的研究发现不同程度地证明环境状况对教师国际化参与的非直接影响,但未进一步探讨这些外部因素如何发挥作用。针对这一问题,李碧虹等人通过结构方程模型的验证,提出了环境动因以个体动因为中介因素来推动教师参与国际化的观点。尽管如此,该研究也不否认外部因素对教师参与的直接影响。相反,研究者发现国内重点高校的国际化策略比普通高校的影响力更大,并由此推断充裕的经费支持是其中一个关键的驱动力[4]。此外,另一个有趣的发现来自李碧虹等人有关学术职业国际化的中美比较研究。研究者发现国外调查获知的影响教师参与国际化的主因大多来自内部,而国内相关研究不同程度论证了影响教师参与国际化的主要障碍来自政策和经费等机构因素[5],表明国别背景以及政策环境等宏观层面的因素都有可能影响特定教师群体的国际化行为选择。总之,以上研究结论促使本研究重点思考以下几个问题:一是国外案例研究结论(如驱动教师参与国际化的推力和阻力)是否适用于中国国情? 二是国内顶尖研究型大学的国际化策略究竟会以何种方式推动教师在学术工作中参与大学国际化?

从研究对象来看,一些研究学者虽然对国内重点和普通高校的教师进行了

① Schoorman, D. Internationalization of its pedagogical implications: Understanding and implementing global perspectives in higher education[D]. The Purdue University. 1997.

② Beatty, M. R. Factors influencing faculty participation in internationalization at the University of Minnesota's School of Nursing and Public Health: A case study[D]. University of Minnesota, 2013: 43 – 62.

③ Navarro, M. Analysis of factors affecting participation of faculty and choice of strategies for the internationalization of the undergraduate agricultural curriculum: The case in two land grant universities[D]. Texas A & M University. 2004.

④ Li, B. H. & Tu, Y. J. Motivations of faculty engagement in internationalization: A survey in China [J]. Higher Education. 2016, 71: 81 – 96.

⑤ 李碧虹,舒俊,曾晓青.中美学术职业国际化的比较研究[J].比较教育研究.2014,10: 99 – 100.

广泛调查,但其研究对象集中在中部地区某几所高校,目前尚未有触及国内顶尖研究型大学(如 C9 高校)的案例。此外,目前针对青年教师群体国际化问题的研究也还非常有限,这正是本研究可以挖掘以及探索的空间。

第三章
理论构建与研究设计

　　本章介绍的是用于指导实证研究开展的理论构建与研究设计，前者着重从理论层面对本研究的本质、理论假设以及分析框架进行系统梳理；后者侧重从实践层面就本研究的方法论、研究策略与抽样标准，以及具体研究方法进行详细陈述。

第一节　理　论　构　建

　　理论构建的目的在于形成理论基础或理论框架，为研究者从哲学、认识论、方法论或分析方法视角完成整个研究论文提供重要支撑①。选择适切的理论框架是开启一项研究必不可少、却经常被形同虚设甚至直接忽略的过程，需要研究人员对其研究背景、目的、重要性及研究问题有深度理解和思考。本节围绕研究的核心问题，重点从① 研究的本质探讨，② 理论概述与应用，③ 研究的理论框架三个方面展开讨论。

一、研究的本质探讨

　　本研究聚焦研究型大学青年教师在大学国际化进程中的参与。对于该问题的探讨，主要源自笔者对当前国内众多高水平研究型大学在建设世界一流大学目标引领下，采取的一系列国际化策略及其实施成效的思考。基于此，本研究对研究问题的本质探讨主要从历史视角、现实分析以及文献比较三个方面切入。

---

① Grant, C. & Osanloo, A. Understanding, selecting, and integrating a theoretical framework in dissertation research: Creating the blueprint for your "house"[J]. Administrative Issues Journal: Education, Practice and Research. 2014, 4(2): 12 - 25.

(一)国际化、研究型与世界一流大学存在内在联系

虽然普遍意义上的大学国际化出现于现代大学制度建立以后,但从世界历史的演进来看,符合大学国际化特征的这一现象在中世纪甚至之前便已初现端倪[1][2]。例如,意大利的萨莱诺大学、博洛尼亚大学,法国的巴黎大学,以及英国的牛津和剑桥大学等,它们从一开始就是国际化的学术机构,吸引着来自欧洲各地的教师和学生[3]。按照邱延峻的观点,广义的大学国际化因其所处时代背景以及发展需求等方面的特殊性,大致经历了万民理想、建立大学制度、增进文化理解、第三极扩张、经济驱动以及全面国际化六个演进阶段[4]。表3-1呈现了有关大学国际化各历史阶段的重要内容和关键信息。不同时期大学国际化战略的实施本质上是当时国际政治、经济形势,国家综合实力,高校学术声誉以及语言文化优势等综合因素共同作用的产物。

表3-1   大学国际化的演进阶段

演进阶段	主要特点	相关内容说明
1. 化育万民阶段（17世纪以前）	无组织的游学区域化—双中心	● 区域化:国际化活动仅限于西欧和东亚区域; ● 双中心:西欧拉丁圈(拉丁语在欧洲大学的一统地位,学位在基督教国度被普遍承认);东亚汉语圈(汉语成为东亚正规语言,科举进士制度的推动)。
2. 建立大学制度阶(1820~1920年代)	全球化—多中心（欧洲单一中心）	● 英德法顶尖大学成为世界青年才俊向往之所,本质揭示了"殖民地国家对殖民者的文化优势的认同",如美国学生在一战前通常将得到"欧洲游学"(Grand Tour)身份视为跻身上层知识界的必要条件[5]。
3. 增进文化理解阶段（一战后~1950年代）	增进文化理解	● 国际性教育组织成立,如德意志学术交流中(DAAD,1925)、英国文化协会(British Council, 1934),美国富布莱特项目(Fulbright Program,1946)等; ● 美国研究型大学的群集效应:两次世界大战致使欧洲大量世界级大师纷纷流向美国,美国超强地位确立。

①　陈学飞.高等教育国际化——从历史到理论到策略[J].上海高教研究.1997,11:57.
②　Altbach, P. G. & Teichler, U. Internationalization and exchanges in a globalized university[J]. Journal of Studies in International Education. 2001, 5(1):5.
③　罗云,刘献君.国际化:建设世界一流大学的必由之路[J].江苏大学学报(高教研究版),2002,24(2):1.
④　邱延峻.大学国际化的发展模式、演进历程与历史经验[J].西南交通大学学报(社会科学版).2010,11(2):1-7.
⑤　邱延峻.研究型大学国际化的历史演进及战略启示[J].中国高教研究.2009,7:20.

（续表）

演进阶段	主要特点	相 关 内 容 说 明
4. 第三极扩张阶段（二战后～1970年代）	2+X	• 2代表以美苏为首的两大学术阵营，即"双中心"； • 美国大学继续巩固其世界领导地位；英语作为世界学术语言的地位崛起，加拿大和澳大利亚等英语国家的大学开始跻身世界名校行列。
5. 经济驱动阶段（冷战后期）	主要受到"经济驱动"的"功利阶段"	• 吸收海外学生并收取高额学费以应对大学经济困境成为包括英国、美国、澳大利亚和新西兰等主要英语国家大学的重要治校方针； • 世界格局变化（如欧共体在世界舞台兴起、中国自主外交政策发展、亚非拉地区大国冲击帝国化世界），完成了"三次跃进的转变"①②。
6. 全面国际化阶段（21世纪以来）	全面国际化	• 随着世界贸易组织《服务与贸易总协定》（GATS）出台，高等教育被视为教育服务贸易产业的高端产品，成为各国政府积极应对的重点战略； • 制定大学国际化战略成为政府和大学的普遍共识； • 英语圈和汉语圈再次成为大学国际化的重镇。

资料来源：邱延峻.大学国际化的发展模式、演进历程与历史经验[J].西南交通大学学报（社会科学版）.2010，11（2）：1-7.

需要指出的是，对于新时代大学国际化的解读必然要置于全球化的时代背景之下，因为当前的全球化不仅"改变着国际化的世界"③，而且还是"影响国际化的变化环境中最普遍和最具影响力的特征"④。全球化意味着"科技、经济、知识、人员、价值观和想法等要素的跨境流动"⑤，强调对各国间不断增强的经济、文化、社会等各项活动的趋同与相互依赖，其本质在于强化不同文化的融合（blending）和同质化（homogenization）⑥——这与坚持并尊重多元文化和国家主权

---

① 根据德国学者泰希勒（Teichler）的归纳，"三次跃进的转变"指的是：由不平等的垂直性合作向平等的国际关系框架内的双边或多边合作转变；由松散的国际化项目向系统的国际化政策转变；由国际化核心内容和大量国际化项目相互脱节向高等教育系统而集中的国际化战略转变。

② Teichler, U. The changing nature of higher education in Western Europe[J]. Higher Education Policy. 1996, 9(2): 89-111.

③ Knight, J. Updating the definition of internationalization[J]. International Higher Education. 2003, 33: 3.

④ Forest, J. J. F & Altbach, P. G. (eds.). International handbook of higher education. Part one: Global themes and contemporary challenges[M]. The Netherlands: Springer, 2006: 208.

⑤ OECD (eds.) Quality and internationalization in higher education[M]. Paris: OECD—IMHE. 1999: 14.

⑥ Connor, G. C. et al. Internationalization of general education curricula in community colleges: A faculty perspective[J]. Community College Journal of Research and Practice. 2013, 37(12): 968.

边界的国际化形成天然对立。知识社会、信息和通信技术(ICTs)、市场经济、贸易自由化以及高校治理等要素,构成了这一时代的重要标签,也从多个方面对大学国际化造成冲击和挑战。例如,全球化时代对于知识生产和使用(方式)的日益重视使大学面临来自更多新兴教育服务提供者(包括私人团体和公司)的竞争。在教育产品的生产方面,改革或者开发具有全球化或跨文化特征的、适应多元市场需求的课程和培训项目,成为大学国际化进程中必不可少的一项重要内容。在教育产品的输出方面,通信技术的日新月异促使大学采纳一系列创新方式(如网络学习、特许经营办学,以及卫星校园等)来提高教育服务的可获取性和市场覆盖率。除了传统的师生员工跨境流动,教育和培训项目、科研、教育提供者和计划的实体和虚拟流动成为另一道风景。在此过程中,大学遭遇更多来自校内外对于教育产品质量的关注和质询;对高校教育课程项目的认证(accreditation)以及对教育资质证明的认可(recognition)亦成为大学国际化的重要议题之一①。

　　综上所述,我们可以获得以下几点发现:一是无论是中世纪意大利的博洛尼亚大学,还是到 20 世纪之后在美国崛起的哈佛和斯坦福大学,虽然不同时期的世界一流大学形成过程各不相同,但几乎都是在国际化的过程中形成和发展起来的,也都是国际化的大学。可以说没有大学的国际化,就没有世界一流大学②。二是研究型大学与世界高等教育国际化的发展历史存在紧密联系。除了以"游教"和"游学"③为特征的早期区域性国际交流阶段之外,自现代大学制度建立以来,研究型大学一直在高等教育国际化发展以及服务区域战略需求方面发挥着举足轻重的作用。而美国研究型大学的发展历程更进一步证明,研究型大学群体的集聚与崛起,是后发大国跻身世界中心舞台的重要战略前提和持续发展的创新动力源泉④。此外,相比此前的各个历史阶段,21 世纪的大学国际化更趋于商业化和市场导向。大学对于机构声誉、国际排名以及形象建设的需求和关注前所未有,其在科研、知识生产和传输方面的角色经历着

①　Knight, J. Internationalization: concepts, complexities and challenges [M]//Forest, J. J. F & Altbach, P. G. (eds.). International handbook of higher education. Part one: Global themes and contemporary challenges. The Netherlands: Springer, 2006: 210.

②　罗云,刘献君.国际化:建设世界一流大学的必由之路[J].江苏大学学报(高教研究版),2002,24(2): 1-5.

③　陈学飞.高等教育国际化——从历史到理论到策略[J].上海高教研究.1997,11: 57.

④　邱延峻.研究型大学国际化的历史演进及战略启示[J].中国高教研究.2009,7: 18.

重大变革。就其本质而言,这些冲击或变革最根本的成效或价值在于,促使大学国际化由"局部的、个体主导的活动(集合)发展成为具有战略性管理的、综合性的过程"①。

(二) 世界一流大学的国际化战略实施需要教师参与

国际化不仅是世界一流大学的内在属性,也是众多世界一流和"准一流"大学提升自身实力和影响力,应对全球竞争的必然选择。较之于国际化战略规划的制定,如何推进战略落实似乎更具现实意义,这一环节同样离不开教师群体的积极参与。冯倬琳等基于对十所世界百强大学的国际化战略文本的分析发现,世界一流大学国际化战略的成功实施不仅需要大学校长的有效引领,也需要充分发挥教师的主动性。例如,麻省理工学院在其国际化战略中明确指出要使教师发挥并保持能动性,因为教师不但是国际化战略的参与者,也是国际化战略的领导者②。

笔者基于上述研究,整理了来自七个国家、位列世界百强的若干所大学的国际化战略实施情况的重要信息。根据表 3 - 2 呈现的信息可以发现,增加在全球范围内的影响力与参与度是这些世界一流大学的普遍共识与共同目标;加强科研创新能力和国际教育水平是其主要策略选择。各高校对于教师在相关战略实施过程中的参与需求集中体现于增加国际科研合作、跨境交流以及参与国际教育三个方面。尽管仅有部分高校在其相关战略文本中明确提到需要教师参与有关国际化教学和人才培养的工作,但显然这些工作已内化为部分教师日常职能不可分割的组成部分。例如,京都大学提出使本校英语授课课程比例由当前的5.1%提升至 2020 年的 30％③的战略目标,其中显然离不开本校专任教师的积极参与。相比之下,鼓励并推动教师参与国际科研合作是所有高校无一例外都提及的要点,反映了这些全球顶尖研究型大学在引领世界前沿科技发展和创新方面的使命感与内在需求。

①　Bedenlier, S & Zawacki-Richter, O. Internationalization of higher education and the impacts on academic faculty members[J]. Research in Comprehensive & International Education. 2015, 10(2): 185.

②　冯倬琳,刘念才.世界一流大学国际化战略的特征分析[J].高等教育研究.2013,3(6): 6.

③　The Kyoto University. New International Strategy: The 2x by 2020 Initiative[EB/OL].[2017 - 10 - 01]http://www.kyoto-u.ac.jp/en/research/international/publications/documents/new-international-strategy.pdf.

表 3 - 2 世界一流大学国际化战略要点与教师参与

学 校	国际化定位/愿景	目 标 与 途 径	有关教师参与的内容/要点
[美国]耶鲁大学①	使耶鲁成为全球最重要的大学之一	发展额外的国际科研合作;理解全球/区域问题并制定解决方案;在海外开发重大学校项目;在海外推广网络课程和其他数字资产;重点关注与主要国家的合作联系;继续建设支持国际化活动的行政基础设施;使耶鲁品质得到广泛认可,通过校友推动海外工作。	与国外高校合建科研中心/实验室;参与全球、政策议题探讨;提供在线课程/项目
[英国]曼彻斯特大学②	打造国际学府	加强国际科研合作;参与国际商业活动;增加多元化学生构成;增加学生的国际化经历;推动跨境教育。	国际科研合作;提供跨境教育/培训
[加拿大]英属哥伦比亚大学③	推动各利益相关者参与本校国际化	提供国际交流项目;各部门支持教师跨境交流活动;为教师提供跨文化专业发展计划。	参加国际会议;建立国际合作关系/网络
[丹麦]奥尔胡斯大学④	科研国际化	加强国际研究人员的招聘和留用;为出境研究人员流动提供更佳机会;完善资助计划内容和国际科研议程。	跨境交流;国际科研合作
[澳大利亚]墨尔本大学⑤	国际参与	利用在线教育提高大学知名度;增加教师多样性,鼓励师生国际流动;增加国际科研合作的规模和影响力。	提供在线课程;跨境交流;国际科研合作
[日本]京都大学⑥	实现基于数字目标的"真正国际化"	促进具有全球竞争力的顶级研究;培养具有较强国际技能的人力资源;贡献于人类和生态社区的和谐共存。	多国合作发文;举办国际研讨会;英文授课教学

① Yale University. International Framework: Yale's Agenda for 2009 through 2012[EB/OL].[2017 - 10 - 01]https://world.yale.edu/sites/default/files/files/Yale_International_Framework_2009 - 2012.pdf.

② The University of Manchester. Manchester 2020: The University of Manchester's Strategic Plan[EB/OL].[2017 - 10 - 01]http://documents.manchester.ac.uk/display.aspx?DocID=25548.

③ University of British Columbia. UBC International Strategic Plan 2011[EB/OL].[2017 - 10 - 01] https://research.ubc.ca/sites/research.ubc.ca/files/vpri/UBC-intl-strat-plan-2011.pdf.

④ Aarhus University. Internationalization Strategy 2014 ~ 2019[EB/OL].[2017 - 10 - 01]http://medarbejdere.au.dk/fileadmin/www.au.dk/Thomson/int-strategi_FINAL_WEB.pdf.

⑤ The University of Melbourne. The University of Melbourne strategic plan 2015 ~ 2020: Growing esteem[EB/OL].[2017 - 10 - 01] http://about.unimelb.edu.au/__data/assets/pdf_file/0006/1462065/11364 - GROWING - ESTEEM - 2015 - FA - WEB.pdf.

⑥ Kyoto University. New International Strategy: The 2x by 2020 Initiative[EB/OL].[2017 - 10 - 01] http://www.kyoto-u.ac.jp/en/research/international/publications/documents/new-international-strategy.pdf.

（续表）

学　校	国际化 定位/愿景	目　标　与　途　径	有关教师参与的 内容/要点
［挪威］ 奥斯陆大学①	加强国际科 研参与	跨学科科研和教育；增加与欧洲及部分 特定领域战略伙伴关系；加强所有教育 项目与国外机构合作；通过特定招聘政 策增加国际招聘程度；通过投资研究基 础设施以支持尖端国际科研；通过大学 博物馆提高学校知名度。	国际科研合作

（三）教师的国际化活动不必然等同于大学国际化

成功的大学国际化离不开教师的积极参与，但教师实际涉足国际化的行为选择却不一定与大学国际化的战略步调一致。其中一个重要原因在于，作为国际化的不同利益相关者，以高校管理者为代表的大学，其发展国际化的具体战略目标与理据，与教师个体基于个人需求的国际化参与动机，即激发、引导以及维持其特定国际化行为的过程，并不完全相同。结合前述研究现状梳理可以发现，高校发展国际化的理据主要可归结为政治、经济、学术以及社会/文化四个方面的原因。尽管不同高校在实践中的战略侧重点存在差异，但其本质都是增加作为一个整体利益集团的学校在全球范围内的影响力和竞争力。相对而言，教师的国际化参与动机虽然也可以归因于上述四个方面，但更多建立在一种"有助于个体探索和适应新的世界观"的自我反思和变革意识的基础之上②。表3-3呈现的是笔者梳理的有关大学国际化理据和教师参与动机的信息。

表3-3　大学国际化理据与教师国际化参与动机

理据/动机	机构（管理者视角）	个体（教师视角）
政治	*应对全球变革、提升民族国家形象 & 　文化； *作为一种外交政策的教育产品和服 　务输出；	*国际化的意识与觉悟（如认为当前 　人类面临的一些问题是全球的)♯；

① The University of Oslo. Strategy 2020[EB/OL].[2017-10-01]https://www.uio.no/english/about/strategy/Strategy2020-English.pdf.

② Sanderson，G. A foundation for the internationalization of the academic self[J]. Journal of Studies in International Education. 2008，12(3)：283.

（续表）

理据/动机	机构（管理者视角）	个体（教师视角）
经济	＊ 树立国际化的品牌与形象； ＊ 获得多样化的收入来源； ＊ 作为一种创收手段的教育产品/服务输出；	＊ 获得外部经费奖励/资助； ＊ 获得职级晋升方面的奖励；
学术	＊ 提升高等教育质量、实现国际化标准； ＊ 加强科研和知识生产、创新能力； ＊ 推动教师和学生发展；	＊ 对未知事物的好奇心和求知欲♯； ＊ 帮助学生获取知识、提高学习效能♯； ＊ 提升个人专业知识与国际化技能♯； ＊ 提升教育和教学质量♯；
文化/社会	＊ 应对公众对知识创新和人才培养的需求； ＊ 实现校园内师生构成的多样性； ＊ 维护和提升民族国家身份＆文化； ＊ 提升师生的跨文化理解与交流； ＊ 建立战略合作联盟。	＊ 对跨境旅途的热情与渴望♯； ＊ 提升个人的跨文化理解♯； ＊ 帮助学生增广见闻、改变传统观念♯； ＊ 满足和配合院系发展需求； ＊ 寻找自我身份认同♯。

注：教师视角栏带"♯"内容表示教师源自内在需求的参与动机；其余为源自外在因素的参与动机。
资料来源：根据文献综述提供的相关资料整理形成。

　　根据表3-3呈现的信息可以发现，大学发展国际化的理据与教师参与国际化的动机在宏观层面存在诸多共通之处，比如，都强调获取经济收入和资助；肯定增强科研和知识创新的重要性；重视对学生相关国际化知识和技能的培养，以确保其能够更好地应对不断变化的全球竞争，以及表达了对于提升跨文化的理解与沟通的需求与愿望。但两者最大的不同之处在于，在微观层面，较之于大学更强调作为一个机构整体发展需求与利益保障的国际化理据，教师参与国际化的动机往往源自不同行为主体的个人和专业成长需求；其内容更聚焦且极具个体意识，既包括提升个人的跨文化理解[1]、对未知事物的好奇心和求知欲、帮助学生增广见闻[2]，以及获得专业发展（如获得新知识和技能，以及获得更多科研合作机会）和个人发展（即获得个体内在满足感，如获得跨国旅

[1]　Friesen, R. Faculty Member engagement in Canadian university internationalization: A consideration of understanding, motivations and rationales[J]. Journal of Studies in International Education, 2012: 215-222.
[2]　Klyberg, S. G. F. The faculty experience of internationalization: Motivations for, practices of, and means for engagement[D]. The Pennsylvania State University. 2012: 100-117.

行机会)①等内在动机,也包括获得外部经费奖励②,以及配合院系领导对于获得某种外部认可(如吸引更多对国际化有兴趣的学生、得到机构认证,以及实现学科发展预期)的需求③等外在动机。

不同立场和需求差异可能造成教师与高校之间的不和谐甚至冲突。例如,特纳(Turner)和罗伯森(Robson)通过对英国一所大学的案例研究发现,该校学术人员因对大学国际化议程的分歧而与学校政策制定者产生摩擦。其根源是,高校政策制定者倾向于以市场为基础的、具有竞争性的国际化发展路径;而学术人员秉持更具合作性的国际主义者意识,两者形成不同价值观与立场④。在弗里森的案例研究中,不同受访教师应对国际化参与的态度和行为选择差异很大。其中两位受访教师虽承认个人动机与学院发展国际化的理据存在分歧,但仍然选择参与其中,因为他们相信通过学院国际化获得的独特机会能为个人带来直接利益。但也有两位教师因与所在学院不同的动机,明确表示不参与学院的国际化工作。仅有一位教师因为与学院国际化理据“完全一致”(totally aligned),表现出积极参与态度⑤。可见,推动教师积极参与大学国际化的一个重要前提在于,如何维护教师在参与中的利益,使其确信个体能够通过参与大学国际化而获益。

从某种程度上说,高校实现国际化发展的一个核心问题或许正在于如何维护并保障教师个体利益和需求以推动其广泛参与;而青年教师正是其中值得重点关注的群体。尤其在新世纪的全球化时代背景下,相对于那些年长资深的学者,青年教师因其更加多元化和开放性的成长环境、教育经历以及可获取的更为丰富和及时的信息资源,积聚了参与大学国际化并推动其高效发展的巨大潜能。对于任何一所致力于国际化建设的大学而言,只有当更大比例且更具热情的青

---

① Beatty, M. R. Factors influencing faculty participation in internationalization at the University of Minnesota's School of Nursing and Public Health: A case study[D]. The University of Minnesota, 2013: 84 - 91.

② Li, B. H. & Tu, Y. J. Motivations for faculty engagement in internationalization: A survey in China [J]. Higher Education. 2016, 71: 86.

③ Klyberg, S. G. F. The faculty experience of internationalization: Motivations for, practices of, and means for engagement[D]. The Pennsylvania State University. 2012: 117 - 123.

④ Turner, Y. & Robson, S. Competitive and cooperative impulses to internationalization: Reflecting on the interplay between management intentions and the experience of academics in a British university [J]. Education, Knowledge & Economy. 2007, 1 (1): 65 - 82.

⑤ Friesen, R. Faculty member engagement in Canadian university internationalization: A consideration of understanding, motivations and rationales[J]. Journal of Studies in International Education, 2012: 215 - 222.

年教师都能够积极参与国际化实践,学校的战略目标才有可能得到切实推进。从青年教师的立场来看,尽管多数教师认同服务以及配合学校战略发展需求的必要性,但他们选择参与国际化的原因往往更具有"个人主义"特点。因此,从高校管理者视角来看,如果我们能够深入了解有效激励青年教师参与国际化的核心动力来源,以及阻碍他们参与国际化的主要症结所在,就能从根源上获得克服或者缓解青年教师非积极参与国际化的理据,研制出"对症之药",使其最终服务于大学国际化建设以及全面发展的宏大战略目标。

二、理论概述与应用

理论视角是支撑论文逻辑建构的核心所在。每个理论都有其自成一体的分析框架与理论支柱,不同理论视角下的研究呈现不同的结论。本研究以英国知名社会学家安东尼·吉登斯(Giddens)提出的结构化理论(Theory of Structuration)作为理论起点,其目的是通过其超越二元的独特观点,克服传统研究的被动描述呈现,基于一个"能动的行动者"立场来全面展现研究型大学青年教师在其日常学术工作中的国际化参与情况。本节结合实际需求,重点就相关理论概述,以及该理论的重要观点在研究中的应用两方面进行论述。

(一)结构化理论概述与反思

结构化理论是吉登斯在批判和总结经典社会学理论、结构功能主义与常人方法论等理论的基础上,于 20 世纪 80 年代中期提出的重要社会学理论思想。其目的在于试图克服客观主义和主观主义、整体论与个体论、决定论与唯意志论之间的二元对立,用结构的二重性去说明个人与社会之间的互动关系[1][2]。

结构二重性(duality of structure)作为结构化理论的基本和核心概念,体现了吉登斯对于以往二元论[3]的批判,以及对于结构和人的能动之间互相生成关系的思考。所谓结构,意指"使社会系统中的时空'束集'(binding)在一起的那

---

① 客观主义(objectivism):更倾向从结构的角度去理解社会,认为社会是一种具有明确界限的实体,社会整体相对于其个体组成部分而言具有至高无上的地位,结构凌驾于行动之上,具有明确的制约性特征。主观主义(subjectivism):更倾向从社会行动的角度去理解社会,对于阐明人的行动而言,具有首要地位的是行动与意义,认为所有的社会整体都可以化约为个人的逻辑性堆砌,社会整体无非是处于某种社会关系的个人的集合体。

② 金小红.吉登斯的结构化理论与建构主义思潮[J].江汉论坛.2007,12:94.

③ 主要针对以下两种二元论的反思,一是个体与社会或者主观与客观问题上的二元论;二是认识方式上意识与无意识的二元论。

些结构化特征"①。按照吉登斯的解释,结构并非具体实践的外显模式或系统,而是一系列变动着的规则与资源;它只有在建构行动者的具体行动中才又被行动者建构出来②。在他看来,社会现象是社会结构(structure)和行动者个体(agency)共同作用的产物,二者相互作用、互相依存。社会系统的机构性特征并不外在于行动,而是反复不断地卷入行动的生产与再生产;它既是构成这些社会系统的实践的媒介,又是其结果。因此,结构化理论抵制共时与历时、动态与静态的划分,以及将结构等同于制约③。简言之,人们在结构的制约中再生产了制约他们的结构,而结构兼具"能动性"与"制约性"这两种属性。结构本身只存在于实现行动的一些具体事例之中,存在于作为人类理解能力基础的记忆轨迹之中(即一些记忆中的原则)②。在结构化理论中,社会实践居于中心位置,是个体与社会的基础。

　　为了解答行动与结构之间是如何相互作用的问题,吉登斯从行动的概念出发,试图形成一种建立在实践基础上的行动理论。根据他的观点,行动或者个体能动性并非结合在一起的一系列孤立的行为,而是"连绵不断的行为流"④。行动中自我的"分层模式"(stratification model)就是"将对行动的反思性监控⑤、理性化及动机⑥⑦激发过程视作根植于行动中的一系列过程"⑧。行动者是行动的载体,是一个人格体系,包括无意识动机、实践意识以及话语意识。这三个意识

---

① ［英］安东尼·吉登斯.社会的构成:结构化理论纲要［M］.李猛,李康译.北京:中国人民大学出版社,2016:16.
② 金小红.吉登斯的结构化理论与建构主义思潮［J］.江汉论坛.2007,12:96.
③ ［英］安东尼·吉登斯.社会理论的核心问题:社会分析中的行动、结构与矛盾［M］.郭忠华,徐法寅译.上海:上海译文出版社,2015:77.
④ ［英］安东尼·吉登斯.社会理论的核心问题:社会分析中的行动、结构与矛盾［M］.郭忠华,徐法寅译.上海:上海译文出版社,2015:62.
⑤ 行动的反思性监控:人类行动惯有的目的性或者意图性特性,强调作为过程的"意图性"(intentionality);不仅涉及个体自身的行为,还涉及他人的行为——行动者不仅始终监控着自己的活动流,还期望他人也如此监控着自身。另外,他们还以理性方式监控着所进入情景(互动场景)的社会特性与物理特性。
⑥ 行动的理性化:人类行动者能够作出"解释"的能力,即行动者能够就其为何如此行事而提供某些理由。行动者在面对实际询问的过程中能够为自身提供的理由解释通常是有限的,一方面存在有意矫饰的可能性(行动者声称做某事的理由实际上并不是引导其行为的理由);也有可能源自实践意识的灰色地带(存在于行动的理性化与行动者的知识库存之间,或者行动的理性化与无意识之间);另外也不同程度地受制于表达的可能性,以及动机层面的无意识因素的影响。
⑦ 行动的动机:行动者需要(wants)的组织,横跨认知和情感领域中的(实践 & 话语)意识和无意识面。
⑧ ［英］安东尼·吉登斯.社会的构成:结构化理论纲要［M］.李康,李猛译.北京:中国人民大学出版社,2016:3.

层次与人的有意图的行动所包含的三个过程相对应：在行动动机激发的过程中，起作用的是无意识动机；而在行动的理性化和行动的反思性监控中，实践意识和话语意识是重要特征（见图3-1）①。个体"反思性"是吉登斯理论框架中的重要概念。根据研究者的诠释，在社会结构的生产和再生产的实践中，具有主观能动性的行动者会不断地对实践活动进行反思性监控。行动者具有对所处社会结构系统的认知能力，并能够对从事实践活动进行根由的解释；他们对环境具有自己的认知、理解和反思，并在此基础上定向自己的活动②。正是因为行动者的这种反思性，才使得行动的意外后果形成。这种意外后果是一个连接微观与宏观的桥梁，使行动得以再生产结构。吉登斯用"时空"来解释所谓的实践和结构性原则的展开。在他看来，个人行动框架中的再生产是社会再生产，即"行动者在共同在场的情境下的交互关系"；社会机构框架中的再生产是系统再生产，即"跨越一定时空范围的行动者或集合体之间的交互关系"。据此，吉登斯在宏观的社会结构框架的建构上有了一条主线。至此，他建构完成了完整的个人行动框架到社会系统的成功运转③。

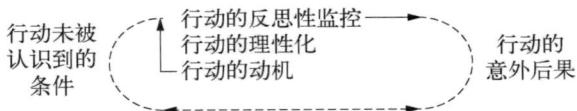

资料来源：［英］安东尼·吉登斯.社会理论的核心问题：社会分析中的行动、结构与矛盾［M］.郭衷华，徐法寅译.上海：上海译文出版社，2015：63.

图3-1　行动中自我的分层模式

在分析基本概念的基础上，吉登斯进一步提出了若干与社会变迁有关的概念；"权力"是其探讨的一个重要概念，反映了研究者对社会科学中两种主要权力观④的批判。根据吉登斯的论述，"在人类行为改造能力的意义上，'权力'是行动者干预一系列实践以改变其进程的'能力'"。在这种权力观中，权力并不是某

---

① ［英］安东尼·吉登斯.社会的构成［M］.李康，李猛译.北京：生活·读书·新知三联书店，1998：67.
② 孙玉环.二重性与反思性——对吉登斯机构化理论的一点思考［J］.学园.2015，29：3.
③ 顾楚丹.青年知识分子的日常生活研究——以上海高校青年文科教师为例［D］.华东师范大学，2015：24.
④ 两种受到吉登斯批判的权力观：一种是借助于个体实现其意愿甚至不顾其他人反对的能力；二是把权力看作社会或社会共同体的某种特征（如将权力视为凌驾于个人之上的社会特征，或将权力视为政治系统的"流通中介"，服务于集体目标的达成）。

些特定行为的特征,而是所有行动的普遍特征;就像规范一样卷入所有社会关系中。权力本身并不是一种资源,但需要资源作为媒介才能得以实施。它代表了能动者调动资源建构那些"方法"的能力——当然,这些资源能否用来达到个人的权力目的却依赖于这个人是否能从他人那里获得一切必要的遵从。权力并不必然与冲突(无论是利益分划还是各方积极的斗争)联系在一起;也并不一定是压迫性的。权力是实现某种结果的能力,并不涉及是否和纯粹的集团利益相联系;它并非自由或解放的障碍,而恰恰是实现它们的手段。权力与时空关联,某种聚集时空范围的场所构成了"权力集装器"——场所为配置性资源①和权威性资源②的集中提供了可能性;场所类型的变化体现了行政力量的差异,资源聚集程度的不同反映了权力扩张的范围的差异。包括公司、学校、医院等在内的现代社会中的组织行政管理场所,都可视为资源的聚集中心。由于资源代表着结构,作为一种转换能力(transformative capacity)的权力内在地与人类能动性相连,权力的扩张范围与其在时空中的聚集程度相关。例如,在具体分析历史中的权力扩张时,吉登斯认为这种扩张是配置性资源与权威性资源同时起作用的结果,两者之间的各种关系应是此类问题的焦点③。

　　由于社会系统通过常规性的实践得到建构,社会系统中的权力因此可视为社会互动过程中自主与依赖关系的再生产。权力关系总是双向的;在社会互动的具体情境中,即便是处于依附地位的臣属者也可以借助权力来影响居于支配地位者的活动。而在互动系统内部或者之间,维持权力关系的支配结构则涉及资源利用的不对称分配。如图 3-2 所示,在各种制度化形式的社会互动中,存在着两种不同类型的资源——无论是权威性资源还是配置性资源,都可以单独或者同时与两种类型的制裁(即强制与诱导)联系在一起。两种类型的制裁之间不存在泾渭分明

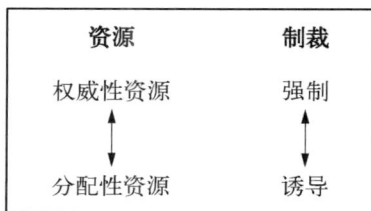

资料来源:[英]安东尼·吉登斯.社会理论的核心问题:社会分析中的行动、结构与矛盾[M].郭忠华,徐法寅译.上海:上海译文出版社,2015:103.

图 3-2　权力关系中的资源与制裁

---

① 配置性资源(allocative resources):权力生成过程中所需要的物质资源,包括自然环境与人工物质产品,来源于人对自然的支配。
② 权威性资源(authoritative resources):权力生成过程中所涉及的非物质资源,来源于驾驭人的活动的能力,是某些行动者相对于其他行动者的支配地位的结果。
③ 金小红.吉登斯结构化理论的逻辑[M].武汉:华中师范大学出版社,2008:101-103.

的分界线①,它们可能以各种不同的方式结合在一起。

　　总体而言,吉登斯基于"双重解释学"②发展形成的结构化理论为社会科学研究提供了一种新的视角。然而,也有学者指出,该理论缺乏某种系统性,给人的印象是众多概念的堆积,相关概念所形成的命题缺乏内在必然性③。而在实证研究中,该理论的运用也面临着一些挑战或质疑,比如,忽略了制度维度的重要作用——不同制度组织有着不同的文化和社会规则,该理论未深入探讨不同民族和国家的结构系统的差异性表现。另外,结构化理论只是将社会系统看作是连续的实践再生产,并非具体社区组织中规则的再生产;该理论也并未对社会教育中的职位问题提供相关理论指导④。吉登斯在回应诸如上述提到的这些批判时,特别强调结构化理论只是他全部成果的一部分,该理论的提出是为了建构一种本体论⑤意义上的对于人类社会行为的解释框架,因此在对于有关个体与社会之间关系的方法论未做深入探讨——而这也是其被诟病的一个问题。然而,在吉登斯看来,坚持结构化理论的学者会认为,社会理论在建构之始,不应该以个体或社会为出发点,而应密切留意"不断发生的社会实践及其转型"。在这个意义上,吉登斯所提出的结构化理论,就不单单是涂尔干一派的社会学家所惯常注意到的"社会的规则和资源作为一种制度对于人的行为的约束"这一面,更为重要的是,它还注意到了作为行动者的个人如何再生产或者创造出了新的社会系统或者制度,两者相辅相成,不可偏废其一⑥。

　　总之,结构化理论或许并不是最完美的社会学理论,但它比较适合应用于对社会组织现象的研究。它将社会结构与行动者个体并重,为分析某一活动或现象的多角度、多层次研究提供了重要的理论依据。

---

① "强制"与"诱导"这两种类型本质上是积极制裁与消极制裁(或奖赏与惩罚)之间的差别,但是,要取消已经答应的奖赏也属于惩罚范畴;反过来,避免遭受强制或者从强制措施中获释则属于诱导的表现。

② "双重解释学"(double hermeneutic)作为结构化理论的方法论,反映了吉登斯对于作为该理论前提的社会学元理论的核心问题(社会科学与自然科学的差异性)的深刻探讨;意味着社会科学的逻辑必然包含两套在实践中互相交织和渗透的意义框架,一是由普通行动者构成的充满意义的社会世界,二是由社会科学家创造出来的元语言;克服了社会研究方法在理论层面长期存在的主客观二分冲突,实现了二者的有机融合。

③ 沙春彦.试论吉登斯的结构化理论[J].重庆科技学院学报(社会科学版),2008,12:75.

④ 孙玉环.二重性与反思性——对吉登斯机构化理论的一点思考[J].学园.2015,29:4.

⑤ 吉登斯所指"本体论"意味着"一种对人类行动、社会制度和行动之间相互关系的本质的概念性究"。

⑥ 赵旭东.结构与再生产:吉登斯的社会理论[M].北京:中国人民大学出版社,2017:96-98.

（二）结构化理论在本研究的应用

将吉登斯的结构化理论视角与本研究议题结合，能够克服单纯依托实证调查结果来平铺直叙展开讨论所面临的理论支持不足的问题。通过选择性地借鉴吉登斯在结构化理论中提出的部分重要观点，笔者认为该理论对于本研究的理论指导意义主要体现在以下几个方面：

首先，在研究的逻辑支撑方面，本研究以大学青年教师作为研究对象，但并不意味着将这一群体视为客观和机械的存在。参照吉登斯的观点，高校青年教师对于大学国际化的认知和态度具有明确的主观性和目的性：他们的参与行为（或称之为"能动性"）是"作为肉体存在的人类对于世界中的事件过程进行的、实际的或想象的、因果性介入流"[①]，是基于原有知识经验生成意义、建构理解的过程，并且该过程是在与社会结构的互动中生成的。青年教师的反思性建构活动是持续的、无所不在的。他们的国际化参与行为并不是孤立存在的，而是由其所依托的社会结构（即规则和资源）生产，并且再生产了这一社会结构。因此他们的实践对于结构具有反射性。这为本研究从教师视角来分析和映射大学国际化发展提供了理论依据。

其次，在研究的（内在）分析框架方面，参照吉登斯的观点，高校青年教师的国际化参与现象与特征是在"结构"和"行动"的博弈中形成的。在此过程中，青年教师通过反思性监控和实践实现了策略行动者的变身，运用结构赋予的资源和规则再生产了自己的行为——这正是其国际化参与的结构化过程。他们的国际化参与既是"行动——结构"的过程，又是其结果。青年教师作为主体在其中以"受动"和"能动"的方式呈现了国际化参与这一客体，并相互建构和弥补彼此的空缺空间。简言之，青年教师的国际化行为既包含个体的能动性生成，也受到结构性制约的影响，他们的参与实践是两者共同作用下的具体呈现。上述分析为本研究由针对青年教师国际化参与形式与特征的调查，进而深入到有关青年教师国际化参与的影响因素的分析——其中既包括客观或积极的推动因素（推力），也涉及相对不利或消极的阻碍因素（阻力），提供了理论依据。

此外，本研究的核心在于探讨大学青年教师与其所服务并依托发展的高

---

① ［英］安东尼·吉登斯.社会理论的核心问题：社会分析中的行动、结构与矛盾［M］.郭忠华，徐法寅译.上海：上海译文出版社，2015：62.

校(特别是制度及其制度影响下的校园环境)之间的相互影响。参照吉登斯有关权力关系的论述,在考察社会制度中的支配结构时,我们不能把权力单纯理解为以某种方式塑造出像机器人一样的"驯服身体"①。由于社会结构中的权力关系存在"自主与依赖"的双向互动,在"资源利用的不对称分配"作用下,即使是最自主的行动者在某种程度上也是一个依赖者,即使是最依赖的行动者或者团体在权力关系中也拥有某些自主权②。结合本研究的具体问题,这意味着同处大学制度环境中的青年教师与代表高校利益的制度管理者之间的权力关系,也始终处于这种所谓的"支配"与"被支配"的变动之中。这为本研究客观认知并深入探讨高校制度因素之于青年教师国际化参与的影响提供了理论依据。

三、分析框架

基于上述理论构建本研究选择综合视角来展开研究,其中主要涉及两部分的实证探索。针对第一个问题,即 S 大学青年教师以何种方式参与国际化,本研究结合已有文献提出的分类,选择从本土教学、本土科研以及跨境交流③三个方面,对 S 大学中符合抽样条件的全体青年教师进行问卷调查,以便从整体上了解这一群体的参与行为特征。不过,从已有研究提供的信息来看,不同研究者对于如何界定这三类活动仍然存在一定分歧。由于本研究聚焦青年教师对于本土校园国际化发展的推动作用,因此在具体调查内容的构思方面——特别是针对本土和跨境国际化的界定,主要依据教师参与活动过程中的实际流动情况来决定。例如,已有研究将"独立承担国际性科研项目"和"合作开展国际性的科研项目"等内容统统作为考察教师跨境交流情况的重要内容④,而本研究则将其归入本土科研活动范畴——其主要依据是,笔者通过对 S 大学部分青年教师的预访谈发现,尽管教师在参与此类活动时需要多次跨境流动,但其实际工作场地和依托处所依然是本土校园。基于同样的理由,本研究对于青年教师

---

① 金小红.吉登斯结构化理论的逻辑[M].武汉：华中师范大学出版社,2008：102.
② ［英］安东尼·吉登斯.社会理论的核心问题：社会分析中的行动、结构与矛盾[M].郭忠华,徐法寅译.上海：上海译文出版社,2015：103.
③ Finkelstein, M. & Sethi, W. Patterns of faculty internationalization：A predictive model[M]// Huang, F. T. et al (eds.) The internationalization of the academy：Changes, realities and prospects. The Netherlands：Springer. 2014：255.
④ 李碧虹,涂阳军.论高等教育国际化中大学教师的有限参与[J].复旦教育论坛,2012,6：56.

跨境交流活动的调查仅局限于教师实质性、以会议和访学项目等为载体的海外停留行为。

本研究的第二个问题探讨的是青年教师国际化参与的影响因素,即回答这些教师在大学国际化进程中能动性生成的推动力,以及受到的结构性制约。鉴于问卷调查对于问卷题项之外的信息和观点通常缺乏灵活与深度探知能力,本研究在此阶段转而针对被调查青年教师中的部分群体进行质性访谈,以实现从研究对象视角深入了解上述问题的目的。由于被访教师往往很难尽数其行动的影响因素,但通常能"就其为何如此行事提供某些理由",笔者在此阶段首先对被访者选择参与以及不参与(包括主观不愿和客观不能)某些国际化活动的原因进行系统梳理,分别归纳出了 10 个促成以及抑制其国际化参与行为的具体理由,并据此提炼影响这一群体参与决策的客观推动因素以及结构性制约或阻碍的来源。

图 3-3 呈现的是用于指导本研究实证调查开展的理论分析框架图。

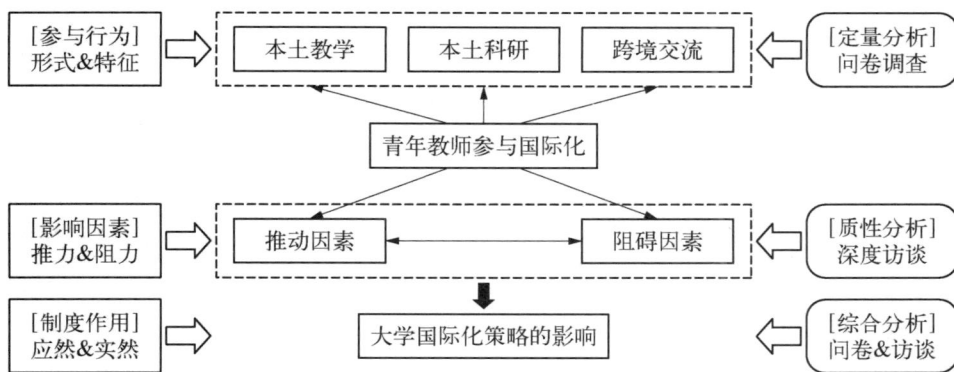

图 3-3 本研究的理论分析框架

本研究的第三个问题是对上述两个问题所获得的研究发现与结论的进一步升华,探讨的是大学国际化策略在青年教师国际化参与中的角色和作用。鉴于社会制度中权力关系以及支配结构的变化机理,笔者在此阶段主要探讨的是大学现有的、以国际化策略为表现形式的制度因素如何"支配"青年教师的国际化活动以及"被支配"(实然);以及基于现实需求,大学制度因素在推动青年教师发展(包括使学术职业国际化)的过程中应当扮演怎样的角色,发挥何种作用(应然)。

第二节　研　究　设　计

　　一项扎实的研究活动,往往需要依据特定方法论的指导,在各自遵从的研究范式下,通过选择恰当的研究方法方能得以有效开展与推进①。本节根据实证调查的具体需求,重点从① 研究范式与方法论、② 研究策略与对象、③④ 主要研究方法的应用,以及⑤ 研究的伦理问题五个方面,阐述指导本研究开展实证调查的研究程序设计。

一、研究范式与方法论

　　研究者在着手展开一项具体的研究时首先要厘清的是"要获得什么以及如何获得"的问题。这种贯穿于整个研究活动的知识观陈述也被称为研究范式(Paradigms),它对于研究项目的程序设计以及研究工具的选择(方法论)具有重要的指导作用。本研究认为任何研究总是存在于特定社会、历史、政治或其他背景中,不能孤立看待,因此对于研究目标的探寻和研究结果的解读都充分置于现实环境中,具体研究过程也充分考虑实际需求,采用多种研究方法,以达到既定研究目标。方法论考虑的是如何为科学命题及其体系的有效性提供一般的、具有通则性的根据,主要包括定量和质性研究两种类型。除此之外,混合研究设计(Mixed Methods Designs),或称混合方法研究,被认为是针对定量研究和质性研究所显现的局限性而发展形成的一种更为复杂的研究方法②或研究方式③;也有学者将其称作"第三种方法论运动"④。混合研究设计是在单个或一系列研究中收集、分析以及混合使用质性和定量研究方法以解答研究问题的一种过程⑤。使用这类研究设计可加强不同研究方法的互补性优势(complementary strengths),改善研究质量,增加研究结论的可信度并增加使用

---

① 任翔,田生湖.范式、研究范式与方法论——教育技术学学科的视角[J].现代教育技术.2012,22(1): 12,10.

② Caruth, G. D. Demystifying mixed methods research design: A review of the literature[J]. Mevlana International Journal of Education (MIJE), 2013, 3(2): 112.

③ 郑真真.社会科学研究方法的应用[M].北京: 中国社会科学出版社.2013: 20.

④ Venkatesh, V., Brown, S. A. & Bala, H. Bridging the qualitative-quantitative divide: Guidelines for conducting mixed methods research in information system[J]. MIS Quarterly. 2013, 37(1)22.

⑤ Creswell, J. W. Educational research: planning, Conducting, and evaluating quantitative and qualitative research (4th Edition)[M]. PHI Learning Private Limited, 2012: 535.

这些结论的可能性①。

　　本研究关注的研究现象(大学国际化)和研究对象(青年教师)均具有高度社会性和主观性,单一的客观定量研究方式难以包罗和呈现所有与事实相关的信息,而主观导向的质性研究方法在说服力上又略显单薄。因此,本研究在实证调查阶段采用了顺序解说型(sequential explanatory design)混合方法研究设计。该设计方法主要包括两个阶段来收集不同数据,质性数据收集在定量数据之后,以便对定量分析结果进行解释和验证②。具体而言,本研究在第一阶段主要通过调查问卷这一传统定量调查工具,针对本研究的第一个核心问题(青年教师参与国际化的形式与特征)进行大样本调查。在此基础上,通过深度访谈延续并推进第二阶段的小范围调查,重点回应研究的第二个核心问题。最后,综合比较和分析定量与质性调查所获得的数据,解答研究的第三个核心问题,得出最终的研究结论(见图3-4)。

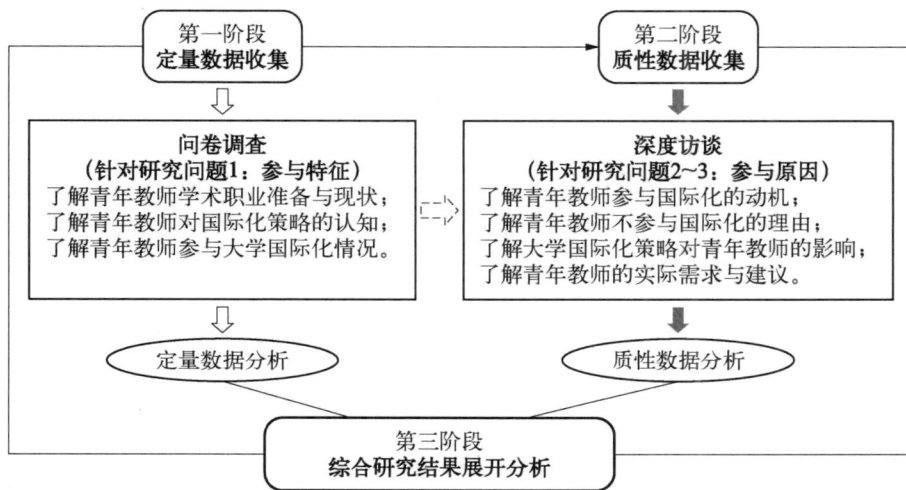

图3-4　顺序解说型混合方法研究设计框架图

　　除上述两种主要的研究方法之外,本研究同时也综合使用文本分析法、简历分析法以及案例分析法等,作为获取以及丰富研究所需信息的重要辅助工具。

---

① [美]伯克·约翰逊,拉里·克里斯滕森.教育研究:定量、定性和混合方法[M].马健生等译.重庆:重庆大学出版社.2015:50.

② Creswell, J. W. Educational Research: Planning, Conducting, and Evaluating Quantitative and Qualitative Research (4th Edition)[M]. PHI Learning Private Limited, 2012:539-545.

几种研究方法既独立实施,又紧密关联。例如,文本分析为问卷调查和深度访谈提供了重要的分析线索和信息支持;而从被调查者简历中获得的信息又与调查问卷和深度访谈的调查发现互为论证,共同服务于最终的研究结论。

二、研究策略:案例研究

案例研究是一种"能够深入探索一个项目、时间、过程,或者单个和多个个体的问询策略"①,有助于研究者理解处于当下的、存在于特定情景中的真实现象,并获取丰富而独特的案例信息。本节主要从案例选择依据以及研究对象界定两个方面阐述本研究的单案例研究策略。

(一) 案例选择

高校实现国际化既没有唯一路径,也无对错之分。对于一所高校而言,所谓"最好的"模式,不过就是那个最适合其特定文化、能力、核心价值观以及战略使命的发展方式,也就是遵循"与现实情况和目的"②相结合的原则。正因为难以发现或者根本不存在一种放之四海皆准的标准和模式,本研究选择以我国东部沿海地区的一所知名研究型大学(以下简称"S大学")进行单案例研究。S大学作为中国大陆首批进入"985"工程的研究型大学之一,同时也是国内C9③高校联盟成员,在国内研究型大学中的领先地位得到公认,这从包括世界大学学术排名(ARWU)在内的全球以及国内各类具有影响力的排名中可以得到印证。

本研究选择S大学作为分析案例,主要基于对该校国际化战略以及"人才强校"战略的综合考虑。S大学在创建世界一流大学的进程中早已明确将国际化纳入本校战略发展的规划中。在建设思路和战略重点上,S大学强调"学习借鉴世界一流大学的管理和服务经验,引进吸纳世界一流大学的学术标准,加快引进海外一流人才,努力提高人才培养国际化水平,广泛建立与海外顶尖高校的战略合作伙伴关系,主动参与高层次国际高等教育交流与合作,使学校

---

① Creswell, J. Research design: Qualitative, quantitative, and mixed methods approaches (3rd Edition) [M]. Thousand Oaks, CA: Sage. 2009: 19.

② Knight, J. The changing landscape of higher education internationalization — For better or worse? [J]. Perspectives: Policy and Practice in Higher Education. 2013, 17(3): 89 - 90.

③ 九校联盟(C9 League):中国首个顶尖大学间的高校联盟,于2009年10月启动,联盟成员包括:北京大学、清华大学、浙江大学、复旦大学、上海交通大学、南京大学、中国科学技术大学、哈尔滨工业大学、西安交通大学。

的师资队伍建设、人才培养、科学研究、校园环境的国际化程度明显提高"。同时,S大学坚持"人才强校"主战略,并将"打造一支可与世界一流大学比肩的高水平师资队伍"列为本校 2020 年的建设目标之一。在实际成效方面,S大学师资的国际化程度也比较突出。以最为直观的师资队伍的学历背景为例,根据学校官方网站提供的数据显示,截至 2018 年底,S大学拥有博士学位专任教师 2 541 人,占所有专任教师总数的 83.01%,意味着每五名教师中至少有四人拥有博士学位。而在获得博士学位者中,有将近 30%(740 人,29.12%)的教师获得的是海外博士学位。另外,在陈昌贵等学者开展的针对中国研究型大学的国际化调查中,研究者也将 S大学与北大、清华等国内若干所顶尖研究型大学并作案例进行研究[①],侧面论证了 S大学在国际化方面可被选作中国高水平研究型大学代表的适切性。

总体而言,S大学现有的国际化发展状况在一定程度上代表了国内顶尖研究型大学国际化发展的基本水准。该校在推进国际化发展过程中所采取的相关举措,对于同类型或拥有相近目标的高校的国际化发展,具有不同程度的引领和借鉴意义。当然,本研究在案例选择时也兼顾方便开展实证研究的因素——S大学所处的地理位置为笔者收集研究资料和接触研究对象提供了便利。

(二)研究对象和抽样策略

本研究的研究对象是 S大学的全职专任青年教师。截至 2018 年,S大学共有专任教师[②] 3 061 人,其中外籍教师有 150 人,约占该校专任教师总数的 4.90%,本国教师为专任教师的主体。而根据一项调查显示,15 所国内重点高校的外籍专任教师平均数量为 69 人,占专任教师总数的 2.8%[③]。除极个别高校(如延边大学的外籍专任教师占比为 17%)拥有较高比例外籍教师,该数值大致反映了我国重点高校师资队伍中外国籍构成的现状;相比之下,S大学的情况还略高于这一基准。另外,考虑到国际化议题对于研究对象的国籍背景具有一定的差异性,本研究仅针对 S大学中拥有中国国籍的青年教师开展调查,他们占据了 S大学青年教师的绝大部分比例。基于明确的研究问题和目标预设,本研究设置的抽样标准如下(见图 3-5):

① 陈昌贵,曾满超,文东茅.研究型大学国际化研究[J].广州:世界图书出版广东有限公司,2013.
② 专任教师:本研究中特指在高校任职于教学岗、科研岗以及教学科研(并重)岗的教师群体。
③ 程莹,张美云,俎媛媛.中国重点高校国际化发展状况数据调查与统计分析[J].高等教育研究.2014,35(8):48.

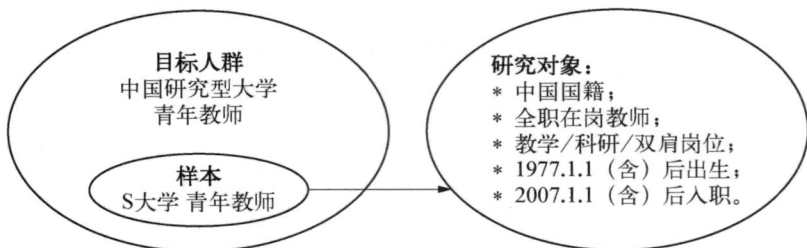

图 3-5　研究对象抽样框架

（1）岗位质性：调查对象要求为 S 大学全职教师，岗位类型为教学、科研，以及教学和科研双肩岗位。

（2）样本年龄：由于当前学界对于青年教师年龄的界定尚存争议①，为方便开展研究，本研究参考国家自然科学基金②、教育部全国教育科学规划等项目中针对青年基金项目申请人年龄的上限，将研究对象的年龄限定在 40 周岁以下。同时，为了方便取样，结合实证调查开展的时间（2016 年 6～12 月），将调查对象锁定为 1977 年 1 月 1 日（含）之后出生的群体。

（3）入职时间：本研究重点关注青年教师在大学校园中的国际化参与情况，因此不可忽略政策因素对于学术环境的影响。鉴于高校相关政策规定的时效性和覆盖范围的变化，以及教师个体所处职业发展阶段的差异性，本研究将研究对象进一步限定在 2007 年 1 月 1 日（含）至 2015 年 12 月 31 日之间入职的群体，以便对其中分别处于第一、二、三个聘期的青年教师进行差异性分析。

三、问卷调查

问卷调查法也称"书面调查法"或"填表法"，是研究者在实证研究中使用严格设计的问题或表格等书面调查工具③，间接搜集研究材料的一种调查手段④。问卷调查从确定调查目的开始，到问卷正式实施后撰写问卷调查报告，主要包括问卷编制、实施和结果报告三大步骤。本节主要从问卷设计与修订、问卷发放与回收、问卷数据的统计，以及问卷质量评估这四个方面作简要说明。

①　李宜江.关于大学青年教师身份与年龄界定的探究[J].辽宁教育行政学院学报.2013,30(2)：78-79.
②　国家自然科学基金项目（青年科学基金）要求男性申报人当年未满 35 周岁，女性未满 40 周岁。
③　Gall, M. D. et al. Educational Research: An Introduction (Seventh Edition)[M]. Pearson, 2003：222.
④　陶永明.问卷调查法应用中的注意事项[J].中国城市经济.2011,9：305.

（一）问卷设计与修订

问卷编制主要包括前期准备（理论构思）、概念操作化、初步探索、编制初稿、试用以及修订与定稿等重要环节[①]。

1. 理论构思

本研究采用自编问卷作为调查工具，主要基于以下资源发展形成。首先，本研究以施维茨和贝蒂测试后的大学教师国际化调查问卷为基础模板。上述两份问卷均以美国高校教师为调查对象，关注"在过去三年中"高校教师参与国际化活动的结果或状态，如"您是否曾赴美国以外地区从事科研活动（*Have you conducted research outside the United States? _Yes/No*）"（考察结果）[②]；或者"您是否成为某个国际协会的成员"（*Have you been a member on an international association?_Yes/No*）（考察状态）[③]。由于本研究关注的是青年教师是否已将国际化参与内化为一种学术惯习而非偶然为之的个别行为，笔者结合对 S 大学相关人员预访谈的信息反馈，采用李克特 5 点量表（Likert Scale）问卷模板进行了全方位的修订、转译和补充，如将题项"您是否曾在国际性期刊或出版社发表或投稿？"（*Have you submitted to or published in a foreign journal or press? _Yes/No*）调整为"您曾多次在国际性平台发表科研成果"。其次，本研究参考了 CAP 调查使用的问卷，采纳了其中有关工作和职业状态、个人背景与专业准备，以及与教师教学和科研有关的部分题项，作为自编问卷第一部分"个人背景与信息"的主要构成来源。此外，来自美国教育委员会（ACE）的大学国际化调查问卷中有关"大学承诺"和"教师政策和机会"的部分题项，也为本研究的问卷编制提供了重要参考信息[④]。

表 3-4 呈现的是自编问卷的构成信息。除去问卷导语，问卷主体包括三个模块，分别是：A. 个人背景与信息、B. 国际化环境与策略，以及 C. 教师参与国际化。其中，模块 A 由主观题构成，旨在了解被调查者为学术职业准备的相关

① 赵世明，王君.问卷编制指导[M].北京：教育科学出版社.2006：14.
② Beatty, M. R. Factors influencing faculty participation in internationalization at the University of Minnesota's School of Nursing and Public Health: A case study[D]. The University of Minnesota, 2013.
③ Schwietz, M. S. Internationalization of the academic profession: An exploratory study of faculty attitude, beliefs and involvement at public universities in Pennsylvania[D]. University of Pittsburgh, 2006.
④ CIGE. Mapping Internationalization on U. S. Campuses Survey: 2012 Edition[R]. Washington, DC: ACE. 2012.

教育背景,以及目前的工作和职业发展状况,内容涉及最高学位授予国家/地区、岗位性质、职称、聘期状况等。模块 B 和 C 的主体均为程度量表,分别由若干关于相应主题的态度或看法的题目构成,判断结果对应的1～5分值分别为:1 表示"完全不符合/完全不重要";2 表示"比较不符合/比较不重要";3 表示"一般/不知道";4 表示"比较符合/比较重要";5 表示"完全符合/非常重要"。上述两个模块同时包含若干多选题项,分别用于了解被调查者对于大学国际化策略环境的认知情况,以及考察被调查者在最近三年中(不满三年者从入校工作开始计算),对于与自身教学、科研及其他学术工作有关的国际化活动的参与情况。

表 3-4　自编问卷构成及信息来源

问卷结构	主体构成及说明	信息来源
问卷导语	● 问卷调查邀请/说明函 — 包括问卷名称、问候语、调查者的身份和联系方式、调查主题和调查目的的简介以及填写说明等信息; — 旨在帮助被调查者快速了解调查的相关信息,增进信任。	自拟
A 个人背景与信息	● 单选题、多选题(10 题) — 旨在了解被调查者为学术职业准备的相关教育背景及当前工作状况。	已知问卷模板(CAP 调查中被调查者背景情况题项)
B 国际化环境与策略	● 大学国际化(组织)策略量表(10 题) ● 大学国际化活动策略(多选题) —旨在了解被调查者对于所在大学国际化发展环境及相关策略的认知情况。	● 文献综述 ● 已知问卷模板 ● S 大学的国际化政策文本 ● 预访谈
C 教师参与国际化	● 教师参与(本土)国际化量表(18 题) ● 教师涉足跨境交流情况(多选题) —旨在考察被调查者在最近三年中参与国际化活动的程度。	

2. 设定操作指标

本研究主要通过参考已有文献提供的理论框架,为分表 B 和 C 提供了调查所需的基本维度和观测变量(见表 3-5)。首先,根据奈特的理论框架,大学国际化策略涉及管理调控、操作实施、人力资源建设以及服务支持四个方面并分别包含若干重要举措。而在实际情境中,各方面的内容不可避免存在交叠。例如,在针对教师的国际化策略方面,以人力资源建设为核心目标的大学国际化策略至少包括学校管理层的整体管理规划(如制定相关规划性纲领、政策和制度),以及院系层面对具体政策指示的实际操作落实(如提供各类激励性举措)两个方面。因此,本研究主要从管理规划和操作落实两个维度编制大学国际化策略量表。另外,根据已有研究经常采用的、用于分析教师国际化的三个方面,将教师的参与行为划分为本土教学、本土科研以及跨境交流三个主体维度。由于本研究重点关注本土国际化(IaH),因此在题项设置上更偏向教师在本土教学和科研领域的国际化活动;在跨境交流部分仅强调具有物理性流动特征的跨境交流形式。

表 3 - 5　问卷主体的概念维度和操作指标

量　表	维　度	操　作　指　标	指标依据
B 大学国际化策略环境	管理规划	● 大学管理层的相关政策、制度和规划;	文献综述
	操作落实	● 学校/院系层面落实政策的具体操作;	
C 教师参与国际化	本土教学	● 青年教师在本土教学国际化方面的参与情况,主要涉及课程和学生两个方面;	文献综述
	本土科研	● 青年教师在本土科研国际化方面的参与情况,主要涉及个人行为和合作活动;	
	跨境交流	● 中长期交流访学 & 短期流动(多选题)	

3. 初步探索与问卷编制

笔者主要通过专家评价法和预调查法(pre-testing)对问卷初稿进行检测、调整和修订。首先,在完成问卷初稿之后,笔者以打印和电子文档形式将问卷送交校内外相关领域的专家学者和部分校内调查对象,请他们对问卷的概念维度、总体结构、问题设计(包括题项的表述和措辞等)、选项编排等问题进行总体评价。参与这项工作的人员包括笔者的指导老师、笔者所在学院的专职研究人员、任职于大学国际合作交流部门的中高层管理者,以及校内参与了预访谈的部分专业院系青年教师。

4. 问卷预测试与修订

在完成初步探索和编制初稿之后,本研究进入问卷试用阶段,以便为问卷修订和定稿提供反馈信息。笔者在 2015 年 11~12 月期间向 S 大学之外其他同类型高校中的青年教师发放并预测试问卷,根据反馈情况对问卷结构和调查内容进行了整体性全面调整并删除冗余题项。被测试群体的人口统计学特征与实际目标人群具有高度相似性。除去两份无效问卷,该阶段共获得有效问卷 53 份,样本人群所涉及专业领域涵盖除军事学之外的其他 12 个学科门类,具有一定的代表性。其后,在正式调查的被调查者中进行 50 份小样本调查,并对问卷选项(如是否存在选择率极低/过度集中/存在错误的选项)、题项(如是否存在与专家评价法确定的概念维度不一致或区分度较低的题目)、问卷设置以及实施情况进行全方面的再次检测。

笔者在获得预调查样本后首先对问卷中的封闭式问题进行了统计意义上的题目分析,包括题目的回答率、难度、区分度等。由于预调查样本较小,难免存在样本偏差情况。为了获取更多调查信息,本研究在此阶段以最低标准尽可能多地保留了符合问卷调查基本要求的所有题项,但对于其中被检验为存在明显歧义或统计意义不相关的题项予以删除。经过各阶段的摸索,最终完成正式问卷的编制。

（二）问卷发放与回收

正式问卷调查主要以电子版形式通过"问卷星"网站平台发放与回收。该网站是一个专业在线问卷调查、测评、投票平台,适用于国内范围的调查研究,功能强大,界面美观,使用便捷。除了在线电子问卷,问卷星平台同时提供手机微信填答问卷功能。手机问卷本质上也是一种电子问卷形式,被调查者通过扫描问卷网页上方的二维码可随时、随地通过手机填答并提交问卷。

正式问卷的发放时间为 2016 年 6～10 月。笔者通过系统梳理抽样样本在学校和院系网站上的个人简历信息获取被调查者的有效邮箱地址,同时联络学校人事部门以及各院系综合办或负责人事工作的主管,征求其同意和协助,并据此剔除在 2015～2016 春季学期结束之前确认已离职或正在办理离职手续的部分被调查者,最终确认抽样样本数量为 708 人。在此基础上,笔者通过电子邮件形式向被调查者发送问卷调查邀请函,告知被调查有关本次问卷调查的基本情况以及被调查者的各项知情权利。为了确保问卷的有效回收,在首轮发送问卷的电子链接和手机二维码之后,笔者定期跟踪问卷的填答情况,通过三轮跟进邮件(follow-up email)提醒未提交问卷的被调查者查收并回复邮件。

表 3-6 问卷样本的特征分布

特 征 类 别		数量（单位：人）	占总数的比重
性别	男	169	67.60%
	女	81	32.40%
年龄（出生年份）	1977~1980 年	117	46.80%
	1981~1985 年	118	47.20%
	1986 年之后	15	6.00%
学术职称	教授	15	6.00%
	副教授	121	48.40%
	讲师	112	44.80%
	助教	2	0.80%
聘任类别	教学为主岗	5	2.00%
	科研为主岗	76	30.40%
	教学 & 科岗并重岗	169	67.60%
最高学历	博士	248	99.20%
	硕士	2	0.80%
最高学位授予国/地区	中国大陆	147	58.80%
	大陆以外国家/地区	103	41.20%
学科门类	哲学	4	1.60%
	经济学	11	4.40%
	法学	14	5.60%
	教育学	9	3.60%
	文学	8	3.20%
	历史学	2	0.80%
	理学	54	21.60%
	工学	134	53.60%
	农学	2	0.80%
	医学	1	0.40%
	管理学	9	3.60%
	艺术学	2	0.80%

（续表）

特 征 类 别		数量（单位：人）	占总数的比重
工作年限	3 年及以下	102	40.80%
	4～6 年	75	30.00%
	7～9 年	73	29.20%
总　　计		250	100%

　　截至 2016 年 10 月 31 日，笔者共回收有效问卷 250 份，回收率为 35.3%。回收的问卷样本与抽样样本在几个主要指标的对照情况如表 3-7～表 3-9 所示：

　　（1）性别分布：抽样样本中的男性（68.22%）和女性（31.78%）比例接近 2：1，问卷回收数据中的性别分布与抽样数据非常接近。

表 3-7　问卷样本与抽样样本的性别分布情况

样　本	总　数	男　性		女　性	
		数量	占总数的比重	数量	占总数的比重
抽样样本	708	483	68.22%	225	31.78%
问卷样本	250	169	67.60%	81	32.40%

　　（2）最高学位授予国别/地区分布：抽样样本中的绝大多数被调查者拥有博士学位，其中超过一半的被调查者在中国大陆的高校获得最高学位。海外学位授予国别/地区根据对应教师数量从多到少的排列为：北美（美国和加拿大）位居其首，紧跟其后的依次是欧洲（奥地利、比利时、丹麦、德国、法国、荷兰、瑞典、瑞士、意大利、英国）、中国香港、东亚（日本、新加坡、韩国）以及大洋洲。

表 3-8　问卷样本与抽样样本的最高学位授予国家/地区分布情况

样　本	总　数	最高学位授予国别/地区					
		中国大陆	中国香港	北　美	欧　洲	东　亚	大洋洲
抽样样本	数　量	439	48	99	74	43	5
	百分比	62.01%	6.78%	13.98%	10.45%	6.07%	0.71%
问卷样本	数　量	148	10	43	32	16	1
	百分比	59.20%	4.00%	17.20%	12.80%	6.40%	0.40%

（3）职称分布：在抽样样本中，具有讲师和副教授职称的被调查者分别占据总样本数量的 50% 和 42.66%，仅有超过 5% 的群体具有教授职称，不到 1% 的群体为助教。问卷样本中不同职称被调查者所占问卷样本总数的比例与抽样样本数据分布基本一致。

表 3-9　问卷样本与抽样样本的学术职称分布情况

样　本	总数	教　授		副教授		讲　师		助　教	
		数量	百分比	数量	百分比	数量	百分比	数量	百分比
抽样样本	708	46	6.50%	302	42.66%	354	50.00%	6	0.85%
问卷样本	250	14	5.60%	119	47.60%	115	46.00%	2	0.80%

综上对比，尽管问卷回收样本数量不尽理想，但基本上能够反映抽样样本数据的总体特征。因此，本研究通过对问卷样本数据的分析来考察目标群体对大学国际化策略的认知以及参与国际化活动的状况，其分析结果具有一定的参考性。

（三）问卷数据的统计

对问卷调查所得数据的统计分析涉及问卷格式标准化、制作数据文件、数据统计处理以及分析决策[①]。在此过程中，如何根据研究目的和数据特征确定适切的数据统计工具与分析方法，是确保研究资料得到简化和恰当描述的关键。本研究主要使用 SPSS 22.0 软件对定量问卷数据进行探索性因子分析（Exploratory Factor Analysis，EFA）、独立样本 T 检验（Independent T Test）、单因素方差分析（One-way ANONA）以及卡方检验（Chi-square Test，χ^2）等。

1. 探索性因子分析

探索性因子分析是因子分析的一类重要组成，在某种程度上可以被看作是主成分分析[②]的推广和扩展。它将具有错综复杂关系的变量综合为数量较少的几个因子，以再现原始变量与因子之间的相互关系，探讨多个能够直接测量、并且具有一定相关性的实测指标是如何受少数几个内在的独立因子所支配，属于多元分析中处理降维的一种统计方法。假设有 N 个样本，P 个指标，$X = (X_1, X_2, \cdots, X_p)^T$ 为随机向量，要寻找的公因子为 $F = (F_1, F_2, \cdots, F_m)^T$，则

① 赵世明,王君.问卷编制指导[M].北京：教育科学出版社.2006：215.
② 主成分分析(Principal Component Analysis，CPA)：将多个变量通过线性变换以选出较少个数重要变量的一种多元统计分析方法,也称主分量分析.

模型称为因子模型。矩阵 $A=(a_{ij})$ 称为因子载荷矩阵,a_{ij} 为因子载荷,其实质就是公因子 F_i 和变量 X_j 的相关系数。ε 为特殊因子,代表公因子以外的影响因素,实际分析时可以忽略不计[1]。本研究主要通过探索性因子分析法对量表 B 和量表 C 进行降维处理,使之成为由少数核心因子代表的可观测变量。

$$X_1 = a_{11}F_1 + a_{12}F_2 + \cdots\cdots + a_{1m}F_m + \varepsilon_1$$

$$X_2 = a_{21}F_1 + a_{22}F_2 + \cdots\cdots + a_{2m}F_m + \varepsilon_2$$

$$\cdots\cdots$$

$$X_p = a_{p1}F_1 + a_{p2}F_2 + \cdots\cdots + a_{pm}F_m + \varepsilon_p$$

2. 独立样本 T 检验、单因素方差分析

独立样本 T 检验和单因素方差分析(又称"一维组间方差分析")本质都是一种用于检验独立样本均值差别的显著性的统计方法。其共性在于两者均只有一个包含若干"组间变量"的自变量,而因变量是正态分布的。不同之处在于:前者仅用于比较两个独立样本均值的差异性,后者可用于检验两个及以上样本均数差别的显著性。本研究主要通过这两种统计方法对具有不同个体特征的青年教师的国际化参与情况进行差异性分析。相关数据赋值情况如下:

表 3 - 10　独立样本 T 检验与单因素方差分析的变量信息

变　量		赋　值　情　况	分析方法
个人背景	性　　别	"男性"=1;"女性"=2	独立 T 检验
	学术背景	"海外博士(含博后)"=1;"海外博后(非海外博士)"=2[2];"本土毕业教师"=3	
	职前经历	"曾在海外接受高等学历教育"=1;"曾在海外工作(无求学经历)"=2;"访学及其他"=3;"职前无海外经历"=4	
专业背景	入职时间	"3 年以下"=1;"4~6 年"=2;"7~9 年"=3	单因素方差分析
	岗位类型	"教学岗"=1;"科研岗"=2;"教学科研并重岗"=3	
	学术职称	"正高职称(教授/研究员)"=1;"副高职称(副教授/副研究员)"=2;"其他职称(讲师 & 助教)"=3	
	学科领域	"工科"=1;"其他自然学科"=2;"人文社科"=3	

---

[1]　张文彤(主编).SPSS统计分析高级教程[M].北京:高等教育出版社.2004;218-219.
[2]　赋值说明:1 代表海外博士学位拥有者,以及兼有海外博士学位和海外博后工作经历者;2 代表在大陆高校获得博士学位,同时具有海外博后工作经历者。

3.卡方检验

卡方检验主要用于比较两个及两个以上样本率(构成比)以及两个分类变量的关联性,其根本思想是比较理论频数和实际频数的吻合程度或拟合优度问题。本研究主要通过建立不同个体因素与青年教师跨境国际化参与之间的卡方独立性检验来考察具备哪些特征的青年教师更有可能涉足跨境交流。

(四)问卷质量的评估

科学评价问卷质量的高低主要看问卷的效度(validity)和信度(reliability)两个指标[①]。本研究主要通过对问卷的内容效度(content)、结构效度(construct)以及内在一致性信度(internal consistency)这三个方面来评估自编调查问卷的质量。

1. 内容效度

问卷的内容效度指一份问卷对所要调查内容的覆盖程度或代表性程度。本研究对内容效度的评估主要通过专家评定法,检测问卷题项是否与所欲调查内容具有相关性和代表性[②]。在具体操作层面,笔者将纸质问卷或电子问卷送交了解问卷内容的专家,请他们根据专业经验判断题目能否代表所欲调查内容的属性。

2. 结构效度

问卷的结构效度也称"构想效度",指问卷在多大程度上反映了所要假设的理论构想。研究主要结合探索性因子分析和相关分析来检验问卷量表的结构效度[③]。探索性因子分析的先验性指标包括 KMO(Kaiser-Meyer-Olkin)样本测度(KMO>0.7)和巴特利特(Bartlett's)球形检验(Sig.<0.005)两部分数值。KMO 检验统计量是用于比较变量间简单相关系数和偏相关系数的指标,取值范围在 0~1 之间,KMO 值越接近 1,意味着变量间的相关性越强,原有变量越适合作因子分析。在实际分析中,KMO 统计量在 0.7 以上时,效果比较好;当 KMO 统计量在 0.5 以下时,则认为不适合应用因子分析法。[④] Bartlett's 球形检验用于检验各变量之间相关性程度,其统计量根据相关系数矩阵的行列式获得,

① 赵世明,王君.问卷编制指导[M].北京:教育科学出版社.2006:173.
② Hubley, A. M. & Zumbo, B. D. A dialectic on validity: Where we have been and where we are going [J]. The Journal of General Psychology. 1996, 123(3): 210.
③ 赵世明,王君.问卷编制指导[M].北京:教育科学出版社.2006:208-209.
④ 张文彤(主编).SPSS统计分析高级教程[M].北京:高等教育出版社.2004:220.

如果该值较大且其对应的相伴概率值小于用户心中的显著性水平,则拒绝"相关系数是单位矩阵"的零假设,认为原始变量之间存在相关性,适合作因子分析。

本研究问卷中原初包含 28 道测量题,归属两个分量表中。根据统计数据显示,各分量表的 KMO 值都大于 0.7,Bartlett's 球形检验值显著(Sig.<0.001),表明量表数据符合因子分析的前提条件。在此基础上,研究采用主成分分析法进行因子提取,并以特征根(Eigenvalue)大于 1 为标准提取公因子,用最大方差正交旋转(Varimax with Kaiser Normalization)进行因子旋转。在具体操作层面,对量表因子的筛选主要基于以下三个条件:各因子负荷量大于 0.5;各因子在不同公因子上的交叉载荷量小于 0.4;各测量题项均落在符合的构面中。基于结构效度检测基础上的量表修正主要通过缩减测量题项的方式实现,本研究根据上述标准删除了无法满足上述条件的少量题项,最后将量表测量题数缩减至 23 题,共提取了 6 个公因子(表 3-11)。另外,本研究通过检测潜变量之间的相关系数来评价结构效度:显著的相关系数说明理论模型假设成立,具有较好的结构效度。

表 3-11　问卷量表的 KMO 和 Bartlett's 检验(删减后)

量表(题项数目)		量表 B(9 题)	量表 C(14 题)
取样足够度的 KMO 度量		.807	.809
Bartlett 的球形度检验	近似卡方	1 514.114	1 541.082
	df	36	91
	Sig.	.000	.000

3. 内在一致性效度

问卷的内在一致性信度也称"内在一致性系数",指的是问卷内部(即题项之间)的一致性程度。本研究选择科隆巴赫(Cronbach)Alpha 系数(α)作为评估指标。α 系数的取值范围通常是 0~1,取值越高表明题项的内部一致性越强。一般情况下,当 α 系数在 0.90 及以上时,表明量表题项内部一致性优秀,0.80~0.89 表示内部一致性良好,0.70~0.79 表示一般,0.60 为可量表内部一致性可接受的边缘;若 α 系数在 0.59 及以下时,有必要对量表题项进行重新检测[①]。

_____

① ［美］罗伯特·F·德威利斯.量表编制:理论与应用(第 2 版)[M].魏勇刚等译.重庆:重庆大学出版社,2003:60.

本研究问卷量表中包含 6 个因子,笔者通过对每个构面进行信度分析发现,除"项目合作"(0.683)和"科研活动"(0.761)两个因子处于可接受范畴,量表中其余变量的 Cronbach's α 系数都大于 0.8,且两个分量表各自的 α 系数均达到 0.8 以上,证明这些题项之间具有较好的内部一致性。测量结果如表 3 - 12 所示。

表 3 - 12 问卷中各分量表的因子提取、题项和 Cronbach's α 系数检验

因　　子	题项数(N)	Cronbach's Alpha
激励支持	5	.883
政策规划	4	.859
量表 B	**9**	**.857**
课程教学	4	.876
科研探索	4	.761
学生指导	3	.805
项目合作	3	.683
量表 C	**14**	**.865**

四、深度访谈

深度访谈(in-depth interview)通常主要指的是半结构式访谈(semi-structured),是社会科学质性研究的一种主要方法。它是调查者通过与被调查者深入交谈来了解某一社会群体的生活经历和生活方式,探讨特定社会现象的形成过程,并提出解决社会问题的思路和方法[①]。深度访谈的关键在于"深度",以实现从研究对象视角深入了解研究主题的目的。其核心包括访谈提纲设计、与受访者建立关系、技巧性提问并激励受访者讲述等重要环节[②]。本节重点从访谈提纲设计、访谈资料收集、访谈资料分析和访谈质量评估四个方面对深度访谈在本研究的应用作简要说明。

(一) 访谈提纲的设计

访谈提纲(interview protocol)是采访者使用的问题清单,在访谈时能起到提醒采访者的作用。访谈提纲虽不同于调查问卷,但根据研究问题的类型、研究目标、研究目的以及所采用的实地调研途径,依然或多或少具有一定的结构性。

① 孙晓娥.深度访谈研究方法的实证论析[J].西安交通大学学报(社会科学版).2012,32(5):101,102.
② [美]莫妮卡·亨宁克,等.质性研究方法(引进版)[M].杭州:浙江大学出版社.王丽娟,等译.2015:93.

本研究的访谈提纲主要包括以下几个部分：① 基本情况：介绍性要点，以提醒采访者在访谈开始时要告知受访者的内容；② 开场问题：包含一些简单的问题，旨在继续促进采访者与受访者之间的融洽关系，并引导受访者以相对平顺自然的方式进入访谈的核心问题；③ 关键问题：包含研究主题的必要问题，其目的在于采集关键信息，从而解答研究问题；④ 结束问题：笔者通过询问受访者"您目前最希望从学校或者外部获得哪些资源、帮助或者支持"以及"您个人觉得学校在哪些方面的具体策略方面能再改进一下会比较好"等比较通俗易懂的问题，使受访者慢慢从深度叙事的状态中抽离出来，"淡出"访谈。

访谈提纲的设计并非一蹴而就，其内容也不可能一成不变，要求研究者始终保持开放和灵活的态度。虽然访谈提纲的设计包含上述所有要点，笔者在实际访谈过程中仍然保持着对访谈提纲的及时修改，前一次访谈结果都不同程度地为下一次（或下一个受访者）的访谈设计提供依据[①]。

（二）访谈资料的收集

通过在前一阶段问卷调查末尾的访谈邀请，笔者在问卷调查结束时共回收并确认 79 名潜在受访谈者的联系方式，包括邮箱地址和（或）电话号码。在访谈对象的选择上，笔者采用了非概率抽样（non-random）中的最大变异抽样法（maximum variation sampling）[②]，通过发送电子版访谈邀请函、电话及短信确认等多种方式，从中选取了 25 名具有不同背景特征的青年教师进行深度访谈。这些受访者在年龄、入校时间、隶属学院、职称、岗位、学历授予国别、学科背景等多个方面呈现差异性。具体抽样和访谈实践包括三个阶段。首先，笔者在 2016 年 9 月至 10 月中旬期间从拟参与调查者中选取了 15 名青年教师进行深度访谈。在完成对这些受访者反馈信息的初步整理之后，笔者于 2016 年 10 月下旬邀请了另外 6 名青年教师加入访谈调查。在此基础上，笔者在 2016 年 11 月中旬至 12 月初进一步收集了 4 名青年教师的访谈资料。笔者在决定访谈对象数量时遵循"意义饱和"（meaning saturation）原则，即通过不断挖掘新的访谈对象以最大可能获取新的观点与信息，直至确认"不会再有新的惊奇或洞察出现"[③]。笔者在后两个

---

① 陈向明.质的研究方法与社会科学研究[M].北京：教育科学出版社.2000：176-177.
② Gall, M. D. et al. Educational research: An introduction (Seventh Edition)[M]. Allyn & Bacon, 2002：179.
③ ［英］鲍尔·马丁，盖斯凯尔·乔治.质性资料分析：文本、影像与声音[M].罗世宏，等译.台北：五南图书出版社公司.2008：53.

阶段不断增补新的访谈对象的目的正是为了"选择那些有助于进一步修正、完善理论的调查对象进行访谈"[①],以实现最大程度上对不同类型青年教师的深度了解。

本研究采用半结构式、一对一的个别访谈形式。笔者在确认受访对象接受访谈邀请之后进一步通过短信或邮件方式与其确定具体访谈时间和地点(以受访者便利为优先)。笔者在得到受访者允许后对访谈全程进行录音,并在访谈过程中随时记录访谈要点。本研究累积访谈时长1 010分钟,人均单次平均访谈时长为40分钟,其中最短访谈持续20分钟,最长为80分钟。除了与一名身处海外访学的青年教师使用视频语音访谈之外,其余访谈都采用面对面访谈方式。

访谈录音首先通过在线语音文本转译平台进行初步转译。在此基础上,笔者通过逐句听译的方法,对文本初稿进行二次校对和修订,最终形成累计24万字的逐字转录抄本。该抄本完整记录了受访者的措辞、短语和表达方式,以方便作者发掘其文化意义;同时移除了涉及受访者个人信息的所有显著标识,以确保其匿名性和隐私权。

表3-13呈现的是笔者结束一场访谈后即时写下的备忘录。为了最大限度地保留、还原和记录每一场访谈的内容及其中的相关细节,笔者在此过程中始终坚持"随访随译"的原则,即在单次访谈结束的当天或至多1~2天内上传访谈录音进行机器转译、手动听译校对、补充访谈记录,并做好访谈备忘录。

表3-13 访谈备忘录片段

2016年9月22日　　上午11:00~12:00
本次访谈对象是一名入职时间不足3年的年轻女教师(Q),为人谦和有礼,语言表达流畅,思路清晰。笔者在访谈调查的准备阶段就收到了Q老师的邮件。该教师目前在本学院承担了相当一部分国际化工作,对相关问题具有深入思考和认识。笔者在访谈中能明显感受到Q老师对于当前工作状态的一种焦虑。在访谈过程中,她多次提到学校对于青年教师国际发表论文要求的问题,并指出该要求针对其所在学科的不合理之处。笔者在访谈过程中注意到一个细节:当Q老师表达对当前工作压力(主要是国际发表压力)的无力感而叹息"只能等着学校解聘"时,邻座另一位女老师几乎异口同声地附和,说明这一现象或困境并非Q老师特有,也有可能是其所在学院或者学科内部不少青年教师共同面临的困境。

---

① 孙晓娥.扎根理论在深度访谈研究中的实例探析[J].西安交通大学学报(社会科学版).2011,31(6):88.

(三) 访谈资料的分析

访谈资料是质性数据的一种主要形式,对这类数据的分析实质上是研究人员浸濡于数据中的过程,是其通过数据来了解和诠释研究参与者的体验。研究者既要遵循既定的程序,采用得到认可的方法和技术来分析文本数据,同时也要了解、解释和诠释被访者的体验,揭示隐藏在其行为背后的个体、社会和文化意义①。质性资料的分析往往既与资料的整理工作有重合之处,又有其独立的环节。陈向明将质性资料的分析分为资料的整理和初步分析、归类和深入分析、理论建构和写作成文四步②。哈特和亨宁克(Hutter & Hennink)①则把数据准备和确定代码、数据描述和比较、数据分类和概念化以及构建理论视为质性数据分析周期中的关键环节。本研究结合多方观点,主要通过如下步骤对访谈资料进行分析。

1. 建立编号系统

在正式分析资料之前,笔者对每一份访谈资料进行编号,建立服务于本研究的编号系统。所搜集的资料以人为单位,每位受访者对应一份资料。为了在后续分析中呈现受访者个体之间的区分度,笔者将受访者的岗位(教学岗-1,科研岗-2,教学科研并重岗-3)、职称(教授-1,副教授-2,讲师-3)、最高学位授予国别/地区(中国大陆-C,大陆以外其他地区-O)、学科门类③,以及性别(男-M,女-F)信息综合纳入编码。具体编码方式为:

F[代表"教师"]＋访谈号-学科门类＋岗位＋职称＋性别＋最高学位授予国别

需要说明的是,上述编号系统主要服务于笔者本人回溯和比对资料使用。由于编码字符过长,下文仅以简明编号(如 F01)来指代对应青年教师。

表 3-14   质性访谈样本及编号表

编　号	访谈号	学科	岗位	职称	性别	取得学位国别
F01-0722MC	1	理学	科研岗	副教授	男	中国
F02-0833FC	2	工学	教学科研岗	讲师	女	中国

① [美]莫妮卡·亨宁克,等.质性研究方法(引进版)[M].王丽娟,等译.杭州:浙江大学出版社.2015:176,2.
② 陈向明.质的研究方法与社会科学研究[M].北京:教育科学出版社.2000:269-373.
③ 根据国务院学位委员会、教育部提供的学科门类代码:哲学-01,经济学-02,法学-03,教育学-04,文学-05,历史学-06,理学-07,工学-08,农学-09,医学-10,军事学-11,管理学-12,艺术学-13。

（续表）

编　号	访谈号	学科	岗位	职称	性别	取得学位国别
F03－0132MO	3	文学	教学科研岗	副教授	男	美国
F04－0723MC	4	理学	科研岗	讲师	男	中国
F05－0723MO	5	理学	科研岗	讲师	男	加拿大
F06－0833MO	6	工学	教学科研岗	讲师	男	美国
F07－0832MC	7	工学	教学科研岗	副教授	男	中国
F08－0833FO	8	工学	教学科研岗	讲师	女	英国
F09－0833FC	9	工学	教学科研岗	讲师	女	中国
F10－0832MC	10	工学	教学科研岗	副教授	男	中国
F11－0832FC	11	工学	教学科研岗	副教授	女	中国
F12－0833MO	12	工学	教学科研岗	讲师	男	法国
F13－0822MC	13	工学	科研岗	副教授	男	中国
F14－0832MC	14	工学	教学科研岗	副教授	男	中国
F15－0732MC	15	理学	教学科研岗	副教授	男	中国
F16－0833FO	16	工学	教学科研岗	助理教授[1]	女	美国
F17－0232MO	17	经济学	教学科研岗	副教授	男	美国
F18－0932MC	18	农学	教学科研岗	副教授	男	中国
F19－0533FO	19	文学	教学科研岗	讲师	女	德国
F20－0832MO	20	工学	教学科研岗	副教授	男	日本
F21－0823FC	21	工学	科研岗	讲师	女	中国
F22－0731MO	22	理学	教学科研岗	特别研究员[2]	男	美国
F23－0513MC	23	文学	教学岗	讲师	男	中国
F24－0333FO	24	法学	教学科研岗	讲师	女	日本
F25－0433FO	25	教育学	教学科研岗	讲师	女	德国

---

[1]　编号 F16 的教师任职于 S 大学中外合作办学院系，学院采用与国外高校同步的学术职称，等同于讲师。

[2]　编号 F22 的教师以 S 大学长聘轨（即终身教职体系）教师身份入职，其学术职称为本校特设，本研究将其等同于教授职称。

　　2. 开放式编码

　　编码(coding)也称"登录",是搜集质性数据和形成解释这些数据的生成理论之间的关键环节①,其目的在于找到对本研究问题有意义的登录码号(code)。"码号"或"代码",即数据中显而易见的议题、主题、想法和意见等,是资料分析中最基础的意义单位。研究者可通过判断相关词语或内容出现的频率来寻找码号。如果某些现象在资料中反复出现,形成了一定的"模式"(pattern),说明这些现象是资料中最为重要的部分,需特别关注和重点登录②。针对此阶段及其后续相关工作,笔者使用 MAXQDA12.0 Plus 质性文本分析软件,对访谈资料进行编码分析。

　　码号寻找的最初阶段通常都是开放式的,因此这种开放式编码过程也被称为"一级编码"③或"开放式登录"④。本研究主要通过多次仔细阅读数据来发掘原始资料中表达与研究问题有关的独立意义的词语或短语。在此基础上,通过不断修正确定契合数据的码号,用相应的数字代表。这一阶段的工作经历了不断修正实践,直至发现已无法从数据中识别新的主题方才停止。

　　表3-15 呈现的是笔者在登录码号过程中的一个实例。最初标注的码号会

表3-15　访谈资料登录实例

资料编号：F03-0132MO
对于一个青年教师来讲,尤其是一些外地来的老师,除了吃饭睡觉,组建家庭,他们在本市还有生活方面的压力[1]。这里房价高,对很多人是有压力的[2]。然后进校后各种事务性工作还要耗费他们大量的精力[3]。其实我们学校的人文社科,跟一些世界顶尖的牛校比起来还是有差距的[4]。有差距不是问题,只要你的"加速度",就是冲劲比他们足就可以了[5]。但是冲劲要有足够的时间,去搞科研搞教学,如果我们连这个时间都没有,那是很难赶超人家的[6]。我们的氛围也不够好[7],科研投入资助也不是足够多,这又是一个问题[8],然后那些世界顶尖名校还有一大批大师在那坐镇[9]……我们在这些方面相对薄弱,如果投入时间还不够的话,你怎么去赶超呢[10]? 那最后其实就是一句空话了。

码号说明：
1=生活压力　　2=房价高　　　3=行政事务　　4=先天差距　　5=加速度
6=时间投入　　7=学术氛围　　8=科研资助　　9=学术大师　　10=基础薄弱

①　[英]凯西·卡麦兹.建构扎根理论:质性研究实践指南[M].边国英,译.重庆:重庆大学出版社,2014:59.
②　陈向明.质的研究方法与社会科学研究[M].北京:教育科学出版社.2000:269-373.
③　陈向明.教师如何作质性研究[M].北京:教育出版社,2001:207-217.
④　文军,蒋逸民.质性研究概论[M].北京:北京大学出版社,2000:234.

在随后反复登录过程中出现变更,包括因出现频率过低被删除,或因意义重复被合并。同时,随着登录和分析的推进,一些码号之间的关联性逐渐显露。如在表3-15中,1(生活压力)、2(房价高)和6(时间投入)存在联系,可归为影响教师国际化参与的内部(个体)因素;3(行政事务)、7(学术氛围)、8(科研资助)和9(学术大师)存在联系,可归为影响青年教师参与国际化的"外部(制度)因素"。

　　3. 建立编码框架

　　经过上述开放式登录实践,本研究针对"参与"和"不参与"两个维度,共形成了45个初步码号。在此基础上,根据这些码号出现的频次以及重要程度进行综合权衡,最终归纳了两组分别包含三个维度10个要素的编码系统。以此为基础,作者结合这套编码系统对资料作进一步归类,构建了用于指导后续分析开展以及研究结果组织的编码框架。具体信息如图3-6所示:

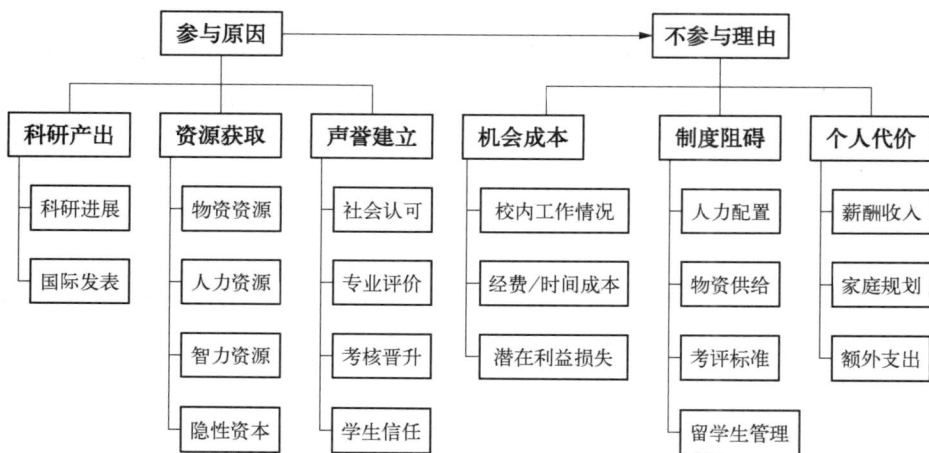

图3-6　质性分析的编码框架图

（四）访谈质量的评估

　　针对一项质性访谈研究的质量评估相对不易,原因之一是此类调查通常在自然环境中进行,很难原景重现和复刻。亨宁克(Hennink)等人认为访谈研究的品质主要可以通过诠释性、适应性、连贯性以及饱和性等标准进行判断[1]。科

---

[1]　［美］莫妮卡·亨宁克,等.质性研究方法(引进版)[M].杭州:浙江大学出版社.王丽娟,等译.2015: 113-114.

恩(Cohen)等人也指出质性研究同样涉及信度与效度的问题[①]。殷(Yin)归纳了四种判定案例研究质量的标准,包括建构效度、内在效度、外在效度和信度[②]。本研究结合多方观点,重点从结构效度、外在效度和内在信度这几个方面来评估深度访谈的质量。

建构效度(Construct validity)也称"结构效度",指的是对所要研究的概念形成一套正确的、可操作性强的且成体系的研究指标[②],强调应用于某个案例研究的测量方法能准确操作对被试概念的程度。本研究在访谈调查部分的主要被试概念是教师参与行为的原因;测量的方法是通过与受访者的一对一面谈来获取第一手资料与信息反馈。为了增强研究的建构效度,本研究多次检测所选取的研究视角和理论基础的合理性,同时查询并比较其他相关研究中采用的测量方式以及所获得的研究结论。

外在效度(External validity)是研究成果可以被推广到更广阔人群、事件或情境中的程度。也有研究者认为,对于一个具有质性特征的案例研究的目标不在于使其研究结果具有概括性,而是希望通过提供详尽的、有助于其他人理解类似情境的描述,扩展对该研究的理解[③]。为了增强外在效度,本研究在研究过程中尽可能及时并且详尽地记录访谈过程中的细节以及参与者的个体特征,并在研究中以微妙的方式呈现所研究现象与同类一般现象的共通与形成反差的维度。

内在信度(Reliability),也就是研究过程的一致性(consistency)以及研究能在多大程度上被重复(replicability)[④],强调的是研究结果的稳定性、精确性和准确性;其目的是确保当同一研究被重新按原来步骤操作之后能呈现同样的结果,降低、减少研究中的错误和偏见[⑤]。本研究中,笔者在开展深度访谈调查的同时将详细记录研究过程中的每一个步骤、程序以及所有基于访谈调查获得的相关

① Cohen,L et al. Research Methods in Education (5th Edition)[M]. London:RoutledgeFalmer,2000:105 - 133.
② [美]罗伯特·K·殷.案例研究:设计与方法[M].重庆:重庆大学出版社.周海涛、史少杰等译.2017:46 - 50.
③ Burriss,A. P. An analysis of institutional effectiveness in internationalization:A case study of internationalization at three higher education institutions[D]. The George Washington University,2006.
④ Cohen,L et al. Research Methods in Education (5th Edition)[M]. London:RoutledgeFalmer,2000:117.
⑤ 吕力.管理案例研究信效度分析:以 AMJ 年度最佳论文为例[J].科学学与科学技术管理.2014,35(12):21.

数据,确保各项工作有迹可循,所有记录有据可查。

五、研究伦理

迪恩纳(Diener)和克兰德尔(Crandall)指出,研究者在开展一项具体研究时需要明确以下几个问题,包括:研究是否对参与者造成伤害? 是否缺少知情告知? 是否涉及个人隐私,以及是否涉及骗局[①]。本研究旨在了解 S 大学中青年教师的国际化参与情况,以及做出不同参与决策背后的心理活动过程。其关注焦点属于意识形态范畴而不涉及具体实践或操作;其研究内容并不直接涉及被调查者个人隐私;其预期结果也不会对受访者造成任何伤害。

本研究在开展实证部分研究之前,通过发送《问卷调查邀请函》以及出示《知情告知书》等方式,将具体的研究目的、调查内容等信息清晰、毫无保留地告知受访者,以确保他们获得必要的知情权。

本研究承诺妥善保管和处理从受访者处获得的所有数据和信息,这些数据仅用于与本研究直接相关的活动。受访者在问卷调查部分使用匿名回答的方式参与。

此外,本研究在 S 大学范围内开展,调查所获得数据仅用于社会科学研究用途,不涉及任何其他之用。

---

① Bryman, A. Social research methods[M]. Oxford: Oxford University Press. 2001: 479.

第四章
研究型大学青年教师如何参与大学国际化

成功的大学国际化实践,或者说创造和维持大学向国际性和开放性发展模式转变的过程①,离不开富有国际化使命感的教师群体,尤其是青年教师群体的倾心参与。那么,当前我国研究型大学的青年教师究竟是如何使其学术工作国际化,又在多大程度上将个人发展规划与学校战略目标结合在一起的呢?本章以S大学为案例,主要通过针对该校青年教师国际化问卷调查的定量数据统计分析,探究该校青年教师参与学校国际化的形式与特征。

第一节　青年教师在本土范围的国际化参与

当前高等教育国际化在其概念的发展上出现了两股潮流,一是原有的"跨境教育",二是"本土国际化",后者主要关注国内大学校园所发生的国际化②。对于S大学青年教师在本土校园的国际化参与的调查主要借助自编问卷C部分的"教师参与国际化量表"(以下简称量表C),重点考察被调查者在本校工作的最近三年间(2014~2016),在教学和科研工作相关领域涉足全球性或跨文化活动的情况。

一、青年教师国际化参与的行为表现

在国际化教学领域,调查包含了七个相关题项。表4-1呈现了S大学青年

---

① Green, M. F. & Olson, C. Internationalizing the Campus: A User's Guide[R]. Washington, DC: ACE, 2003: 69.

② Knight, J. Internationalization remodeled: Definition, approaches and rationales [J]. Journal of Studies in International Education. 2004, 8(5): 16 - 17.

教师近三年来在本校教学领域涉足国际化的情况。根据对各题项均值和标准差等数据的统计和计算发现,被调查者①在"积极帮助学生提升有关其他国家知识、文化或全球性议题的知识技能"($n=145$②,58.0%),以及"对已有课程进行修订,使之更具全球化视角和内容"($n=144$,57.6%)这两个方面的表现最为突出($M>3.5$)③,超过55%的被调查给予相应题项5分(完全符合)或4分(比较符合)的分值。相对而言,被调查者在"使用外语教授专业课程"($n=98$,39.2%)、"开设包含国际化要素的新课程"($n=101$,40.4%),以及"参与留学生教学或相关辅导工作"($n=99$,39.6%)这三个题项上的打分都比较低($3.02<M<3.06$),仅有不到2/5的被调查者认为他们在相关工作或活动中具有较高的参与度。与之共存的另一个现象是,在这三个题项上给予否定回复(选择"比较不符合"和"完全不符合")的被调查者数量,几乎与在对应题项上打出4分及以上分值者数量持平,表明不同群体在此类活动方面的分歧或者差异较大。

表 4-1　"教师参与大学国际化"量表各题项的均值和标准差(本土教学)

题　项	完全符合	比较符合	一般	比较不符合	完全不符合	均值 M	标准差
您对已有课程进行了修订,使之更具全球化视角和内容。	23.6%(59)	34.0%(85)	24.8%(62)	8.0%(20)	9.6%(24)	3.54	1.21
您积极帮助学生提升有关其他国家知识、文化或全球性议题的知识技能。	23.6%(59)	34.4%(86)	22.8%(57)	8.0%(20)	11.2%(28)	3.51	1.25
您所授课程中包含了大量有关其他国家知识、文化或全球性议题的内容。	23.2%(58)	29.2%(73)	24.8%(62)	12.0%(30)	10.8%(27)	3.42	1.27
您积极为本土学生与留学生的交流互动创造机会。	17.6%(44)	24.4%(61)	26.0%(65)	14.0%(35)	18.0%(45)	3.10	1.34
您经常使用外语教授专业课程(外语语言课程除外)。	25.2%(63)	14.0%(35)	24.8%(62)	14.0%(35)	22.0%(55)	3.06	1.47

① 本书中出现的被调查者特指接受问卷调查的S大学青年教师,受访者特指接受深度访谈的青年教师。从范围来看,受访者(25人)是被调查者(250人)中持续参与本课题研究的群体,实际占比10%。
② n 代表选择"比较符合"和"完全符合"选项的所有被调查者人数总和。本节下文其他相似处用法同。
③ M 代表题项均值。本研究采用1~5分赋值,数值大表示赋值高,M 值越大表示在对应题项的表现越好。

（续表）

题　项	完全符合	比较符合	一般	比较不符合	完全不符合	均值 M	标准差
您经常与留学生接触（包括参与留学生教学或相关辅导工作）。	20.8%（52）	18.8%（47）	23.2%（58）	16.0%（40）	21.2%（53）	3.02	1.43
您开设的新课程包含大量有关其他国家知识、文化或全球性议题的内容。	15.6%（39）	24.8%（62）	25.6%（64）	13.6%（34）	20.4%（51）	3.02	1.35

　　整体而言，S大学青年教师在本土教学领域的国际化参与程度处于一般水平（$3.02 < M < 3.54$）。进一步锁定各题项赋值 5 分的被调查者会发现，仅有不足 1/4（完全符合，$15.60\% \sim 25.20\%$）的青年教师表示他们在题项涉及范围内具有实质性和深入的参与实践。相反，在排序最末三位的题项上给予 1 分（完全不符合）赋值的群体数量却接近甚至高于在同一题项给出 5 分赋值的群体数量。这一现象背后可能存在的一个原因是，本研究所调查的青年教师群体，由于其任职于 S 大学这样一所国内排名前列的研究型大学，他们日常主要职能在于科研；并非所有青年教师都会涉及与教学相关的工作。

　　在国际化科研领域，调查包含了 11 个相关题项。根据表 4－2 显示，被调查者在"定期查阅国外相关学科领域的研究成果"（$n = 209, 83.6\%$）、"使用外语开展科研活动"（$n = 198, 79.2\%$）、"在国际性平台发表科研成果"（$n = 192, 76.8\%$），以及"与海外同行保持紧密合作关系"（$n = 186, 74.4\%$）这四个方面的表现最为突出（$M > 4$）。超过 70% 的被调查者给予相应题项 5 分（完全符合）或 4 分（比较符合）的分值，且该比值远远高于其后任何一个题项，表明上述行为是青年教师在本土科研领域最普遍和占绝对主导的国际化参与形式。相对而言，青年教师在该领域参与程度较低的活动包括："独立承担国际性科研项目"（$n = 54, 21.6\%$）、"参与学术成果翻译"（$n = 51, 20.4\%$）以及"国际性期刊建设"（$n = 44, 17.6\%$）。每五名青年教师中，大约只有一人曾独立申请到国际性科研项目，或者在本校学术成果翻译和期刊建设方面发挥了积极的作用。

表 4-2　"教师参与大学国际化"量表各题项的均值和标准差(本土科研)

题　　项	完全符合	比较符合	一般	比较不符合	完全不符合	均值	标准差
您定期查阅国外相关学科领域的研究成果(每周至少一次)。	61.2% (153)	22.4% (56)	7.2% (18)	4.8% (12)	4.4% (11)	4.31	1.09
您在科研工作中经常使用外语。	46.0% (115)	33.2% (83)	13.6% (34)	2.8% (7)	4.4% (11)	4.14	1.04
您至少与一名海外学者保持密切学术合作关系。	48.8% (122)	25.6% (64)	15.6% (39)	6.0% (15)	4.0% (10)	4.09	1.11
您多次在国际性平台发表科研成果。	50.4% (126)	26.4% (66)	10.4% (26)	7.2% (18)	5.6% (14)	4.09	1.18
您参与合作性项目,其中涉及大量有关其他国家知识、文化或全球性的议题。	18.4% (46)	22.0% (55)	24.4% (61)	12.4% (31)	22.8% (57)	3.01	1.41
您积极参与国际性组织或协会(包括国际期刊编委、国际性组织顾问)。	16.8% (42)	20.4% (51)	24.8% (62)	13.6% (34)	24.4% (61)	2.92	1.41
您在学校的国际性会议筹建方面发挥了重要作用。	9.2% (23)	15.2% (38)	40% (100)	14% (35)	21.6% (54)	2.76	1.21
您积极参与涉及其他国知识、文化或全球性议题的活动(讲座、培训)。	7.6% (19)	16.4% (41)	36.0% (90)	16.8% (42)	23.2% (58)	2.68	1.21
您多次独立承担科研项目,其中涉及其他国家知识、文化或全球性的议题。	10.8% (27)	10.8% (27)	27.6% (69)	17.6% (44)	33.2% (83)	2.48	1.34
您参与翻译了大量国外的学术科研成果。	8.4% (21)	12.0% (30)	28.8% (72)	17.6% (44)	33.2% (83)	2.45	1.29
您在学校的国际性期刊建设方面发挥了重要作用。	8.0% (20)	9.6% (24)	35.6% (89)	16.4% (41)	30.4% (76)	2.48	1.24

二、青年教师国际化参与的维度构成

为了进一步了解这些青年教师在本校工作期间究竟是如何落实或者说呈现他们的国际化参与行为,笔者通过探索性因子分析(EFA)对上述量表进行了降维处理。根据计算结果显示,KMO 值为 0.840(>0.8),Bartlett's 球形检验值显著(统计量为 2 157.704[df=153],$p<0.001$)①,说明问卷数据符合因子分析的前提要求,适合进行探索性因子分析。原量表 C 设计了 18 个题项(7 个教学、11 个科研),采用主成分分析正交旋转法进行因子提取和分析后发现量表 C 包含 4 个因子,累积方差解释能力达到 63.599%,表明筛选出来的这 4 个因子具有较好代表性。但其中涉及"国际化培训""国际期刊编委""国际期刊建设"以及"国际会议筹办"的四个题项在两因子上的交叉载荷均大于或接近 0.5,经考虑后予以删除。删题后的量表 C 包含 14 个题项,重新检验后的相关信息如下:KMO 值为 0.809(>0.7),Bartlett's 球形检验值显著(统计量为 1 541.082[df=91],$p<0.001$),依然适合进行探索性因子分析。在此基础上,重新对保留题项做方差最大化正交旋转(Varimax orthogonal rotation)后获得 4 个新的因子,累积方差解释能力达到 68.230%,表明筛选出来的这 4 个因素具有良好的代表性。通过检验这些因子的信度系数都处于可接受范围($0.68<\alpha<0.88$),说明用这 4 个因子来测量青年教师在本土校园的国际化参与具有一定的可靠性。

    图 4-1、表 4-3、表 4-4 呈现了各因子的聚合和载荷情况。结合图表数据信息可以发现:① 本研究涉及两个与本土教学相关的因子,一是以课堂为中心的国际化课程建设(T1~T4),将其命名为"课程教学";二是以学生为核心的国际化教育和指导(T5~T7),将其命名为"学生指导"。② 包含两个与本土科研相关的因子,一是以个人为核心或主导的各类探索性科研活动,包括定期查阅国际前沿学术动态,以及在国际性平台发表科研成果等(R1、3、4、9),命名为"科研探索";二是以项目为中心的国际性科研合作和交流(R5、6、8),包括参与或者独立承担国际性科研合作项目,命名为"项目合作"。③ 从各因子均值来看,青年教师在个人主导或可独立支配的探索性科研活动方面的参与程度是最高的($M=4.157$);在项目合作方面的参与程度较低,其均值未达到平均值($M=2.648$)。其中可能存在的原因是,国际性科研合作项目对于人员、物资甚至设备场地等要素的需求通常较多,此类资源和活动往往具有一定的稀缺性。此外,青年教师在国际化教学相关领域的表现一般,且呈现积极参与者与非积极参与者比例相近的"两极化"趋势。

———————————

① p 值为用于确定假设检验结果的参数。当 $p<0.05$ 时表示各变量间具有相关性,可以做因子分析。

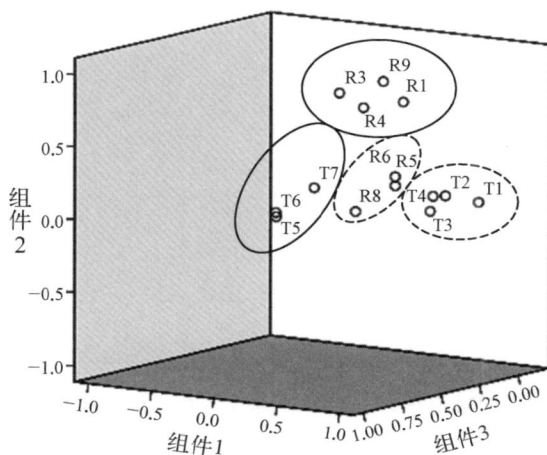

图 4-1 "教师参与大学国际化"题项的
主成分分析载荷图(本土校园)

表 4-3 "教师参与大学国际化"题项内容与维度划分(本土校园)

题 项	因子 1 课程 教学 T	因子 2 科研 探索 R	因子 3 学生 指导 T	因子 4 项目 合作 R
T1 您在所授课程中融入大量有关其他国家的知识、文化或全球性议题。	0.886			
T2 您对已有课程进行修订,使之更具有全球化视角和内容。	0.819			
T4 您积极帮助学生提升有关其他国家、文化或全球性议题的知识和技能。	0.774			
T3 您开设了包含大量其他国家知识、文化或全球性议题的新课程。	0.743			
R9 您定期查阅国外相关学科领域的研究成果(每周至少 1 次)。		0.794		
R3 您多次在国际性期刊(出版社)发表科研成果。		0.771		
R1 您在科研工作或活动中经常使用外语。		0.704		
R4 您至少与一名海外学者保持密切学术合作关系。		0.685		
T6 您积极为本土学生与留学生的交流互动创造机会。			0.858	
T5 您经常参与留学生的教学或相关辅导工作。			0.851	
T7 您经常使用外语教授专业课程(非外语语言课程)。			0.631	

（续表）

题 项	因子1	因子2	因子3	因子4
	课程教学 T	科研探索 R	学生指导 T	项目合作 R
R6 您多次承担涉及其他国家的知识、文化或全球性议题的科研项目。				0.850
R8 您参与翻译了大量的科研学术成果。				0.704
R5 您经常与他人合作开展涉及其他国家知识、文化或全球性议题的科研项目。				0.693

表 4-4　"教师参与大学国际化"维度划分及内部信度（本土校园）

因 子	题数	均值	题 项 示 例	特征值	累积贡献率/%	信度系数/α
课程教学 T	4	3.372	修订课程,增加国际化要素	5.082	21.689	0.876
科研探索 R	4	4.157	定期查阅国外前沿研究成果	1.838	38.771	0.761
学生指导 T	3	3.061	参与留学生教学指导工作	1.460	54.712	0.805
项目合作 R	3	2.648	参与国际性科研合作项目	1.172	68.230	0.683

　　通过对定量和质性两部分信息的比较可以获得以下判断：青年教师将国际化视角和知识融入日常课程教学，定期查阅国外学术前沿动态，以及与国外同行保持交流联系等行为，通常源自一种经由学术训练逐渐发展形成的本能或者无意识举措。他们虽然在问卷调查中呈现了类似参与表现，但往往并不自知——这在一定程度上可以解释为什么他们在半开放式质性访谈中，很少有人会谈到个人在这些方面的行为。另一种解释是，多数青年教师对于"什么是国际化"以及"为何参与国际化"的理解还比较狭隘和拘谨。根据奈特提出的概念界定，国际化的本质是将具有全球化或跨文化意识的内容融入高校的各项职能。对于多数国家的实际发展需求来看，其核心在于强调学习和借鉴更具开阔视野和先进知识的内容。不过，从反馈信息来看，结果或目的导向是多数教师对国际化的重要界定标准，即国际化必须要有与外界的实质性交流接触，或者能在短期内产生具体效果。以下一位人文社科领域青年教师的陈述佐证了上述观点：

　　　　我们写文章的时候都会看外文文献，这个算不算国际化？我觉得不算。

　　　　这怎么会算国际化呢？我们现在只是自己看外文的文献，这不是国际化，这只是写文章最基本的搜集文献的方式。国际化至少要有,比如说跟外方教授要有沟通,比如说我要做这个课题,你能就这个课题给我推荐一些文章和书籍,这才叫国际化。就是要有实质性的合作,而不只是我们单方面去看别人的文章。我们看国外的文章,跟我们看国内的判例没有实质性的区别。并不能因为这个文章是用外语写的,这就叫国际化,我觉得不能这么定义。(F24)

　　当然,另一个更重要的原因可能源自我国高等教育制度环境投射到大学中的影响——这一点在青年教师有关国际化科研参与的陈述中似乎更能得到印证。已有研究指出,中国学术职业国际化本质上是偏重于科研的,这在很大程度上体现了中国高等教育国际化战略的主旨,即建设世界一流大学[1]。以论著发表和大型研究项目为表征的科研工作,往往能够在提升大学国际地位方面发挥关键性的作用[2]。因此,为打造具有国际影响力的大学,我国的高等教育制度环境往往偏向于支持大学的科研国际化,并间接地对教师在国际性期刊发表论文(简称"国际发文")以及参与国际性项目合作传递更为明确的需求与期待。

第二节　青年教师在跨境方面的国际化参与

　　考虑到海外交流对于教师在时间和精力方面的特殊要求,以及教师是否参与海外交流通常可以通过更加客观的方式进行测量,本节重点从"跨境类型"和"跨境频次"两个方面考察青年教师在涉及实质性流动方面的国际化参与情况。

一、基于参与类型的统计分析

　　本研究首先对被调查者自入职以来是否以及如何涉足跨境流动的整体情况进行统计分析。对于参与类型的判定主要以参与者在境外停留时长作为主要依据。根据图 4-2 显示,在 250 名被调查者中,超过 30%($n=77$,30.8%)[3]的青年教师反馈自入职以来未曾赴境外交流或访问。而在所有参与跨境交流活动的青年教师中,最普遍的参与形式是单次时长在两周以内的短期流动,大约 30%左

[1]　Huang, F. Policy and practice of the internationalization of higher education in China[J]. Journal of Studies in International Education. 2003, 7(3): 225-240.
[2]　李碧虹,舒俊,曾晓青.中美学术职业国际化的比较研究[J].比较教育研究.2014,10: 101.
[3]　n 代表被调查者中符合对应指标或类别的人数。本节下文其他相似处用法同。

右的青年教师曾以这种方式实现跨境流动($n=77,30.8\%$)。紧跟其后的其他参与形式,按照参与人次从多到少依次为:单次时长在一年以上的海外交流($n=47,18.8\%$),单次时长在 6 个月以内(但超过 2 周)($n=33,13.2\%$),单次时长在 6 个月至 1 年之间($n=23,9.2\%$)。另外,被调查对象中有 7 名青年教师曾参与两类不同类型的跨境交流活动。

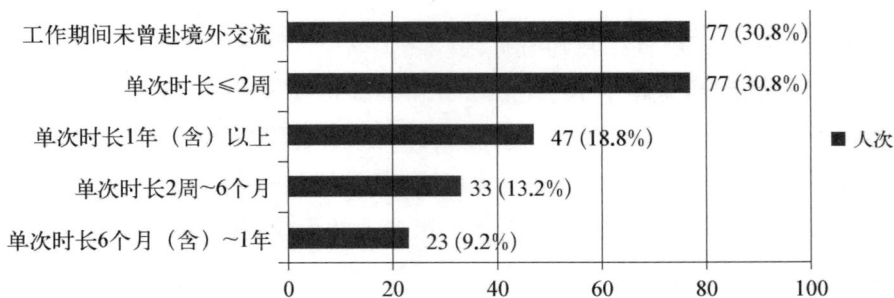

图 4 - 2   青年教师在职期间的跨境交流情况

二、基于参与频次的统计分析

针对青年教师跨境交流频次的调查主要以教师赴海外参加国际性会议的情况为例。国际会议也是教师国际化发展中十分重要,并且最为常见的参与形式之一。根据图 4 - 3 显示,在 250 名被调查者中,接近一半($n=124,49.6\%$)的青年教师表示自己每年平均至少有一次赴海外参与国际会议(包括发布研究成果)的经历。其中,接近 1/3($n=73,29.2\%$)的青年教师年均出行 1~2 次,接近 1/5

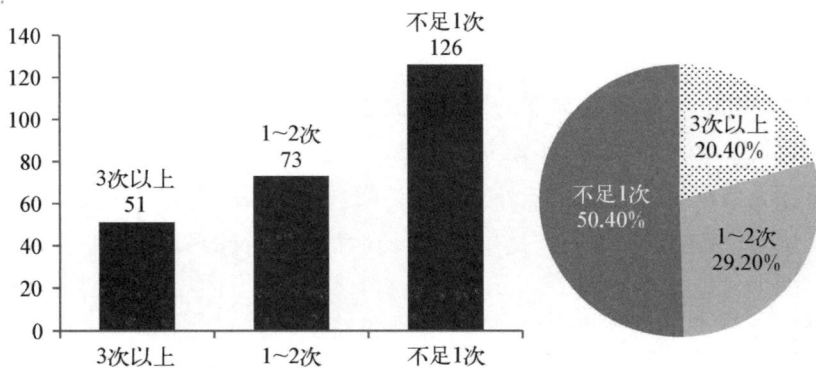

图 4 - 3   青年教师年均赴海外参加国际会议情况

($n=51,20.4\%$)的青年教师每年至少有 3 次出国参加国际会议的记录。尽管如此,依然有半数以上($n=126,50.4\%$)青年教师表示自己年均出行不足 1 次,表明他们的跨境交流很大程度上是偶然性行为:偶有个别年份有出行记录,而其他年份没有。另外,结合前述"入职以来未曾出国交流者"的统计情况可知,在这 126 名自评为非积极参与国际会议的青年教师中,实际拥有海外国际会议经历(三年内至少参加 1 次国际会议者)的青年教师比例不足 40%($n=49,38.89\%$)。

第三节　不同类别青年教师的差异性分析

作为具有高度主观意识的行为主体,教师的国际化参与行为不可避免会与多种因素存在关系。已有研究将影响教师行为的主要个体特征归纳为两个方面:一是背景因素,包括年龄、性别、获得最高学历国家,以及是否具有海外经历等。二是专业因素,包括学科类型(硬科学、软科学)[①]、职称等级、学术倾向、岗位类型(教学、科研)等,其本质是对不同类别教师群体的差异性分析。为验证"教师的国际化参与因其个人背景因素不同会侧重不同的参与实践"的研究假设,本研究从个人背景因素和专业因素中选择了七个有代表性的变量进行考察。其中,背景因素的自变量包括:性别、海外学历背景,以及入职前的海外经历。专业因素的自变量包括:入职时间、岗位类型、学术职称以及学科背景。

一、不同个人背景青年教师的本土国际化参与

为了了解教师个人背景与其本土国际化参与程度之间的关系,本研究提出以下三个(原)假设:

$H_0: \mu_{男} = \mu_{女}$ 　　　　　　　　　(性别)

$H_0: \mu_{海外博士} = \mu_{海外博后} = \mu_{本土毕业}$ 　　(学历背景)

$H_0: \mu_{无海外经历} = \mu_{学历教育} = \mu_{海外工作}$ 　　(入职前的海外经历)

假设 1:男性和女性青年教师在本土国际化参与各维度(课程教学、学生指导、科研探索、项目合作)的均值相等,即性别不影响青年教师本土国际化参与程度。

---

① 硬科学(hard)和软科学(soft)是科研工作者或学者对于科学领域的一种分类。前者包括物理学和计算机科学等,后者包括社会科学及其相关领域。

假设 2：拥有不同海外学历背景（1＝海外博士学位［含博后经历］;2＝仅拥有海外博后经历;3＝在本土高校获得最高学历）的三类青年教师,在本土国际化参与各维度的均值相等。

假设 3：入职前拥有不同海外经历（1＝入职前无海外经历;2＝入职前在海外接受了学历高等教育［含博后经历］;3＝入职前曾在海外工作、培训或生活［不包括接受学历高等教育］）的三类青年教师,在本土国际化参与各维度的均值相等。

表 4－5 呈现了有关上述三个假设的论证过程,具体信息与论证结果如下：

表 4－5a 不同类别青年教师的国际化参与
均值和标准偏差值（个人因素）

个人背景变量	组　间	数量	统计量	本 土 教 学		本 土 科 研	
				课程教学	学生指导	科研探索	项目合作
性别	男	169	均　值	3.335 8	3.053 3	**4.202 7**	**2.706 2**
			标准差	1.081 52	1.244 66	0.844 70	1.058 29
	女	81	均　值	**3.447 5**	**3.074 4**	4.061 7	2.523 1
			标准差	1.092 39	1.112 49	0.842 74	1.040 79
学历背景	海外博士	103	均　值	**3.473 3**	**3.456 5**	4.152 9	**2.686 1**
			标准差	1.111 39	1.195 55	0.950 51	1.070 30
	海外博后	44	均　值	3.289 0	3.045 7	**4.340 9**	2.626 1
			标准差	0.941 52	1.065 67	0.715 47	0.965 47
	本土毕业	103	均　值	3.305 8	2.669 9	4.082 5	2.618 4
			标准差	1.114 70	1.141 02	0.776 80	1.082 18
职前经历	学历教育	110	均　值	3.475 0	**3.442 5**	4.145 5	2.694 0
			标准差	1.102 51	1.196 66	0.930 73	1.073 44
	海外工作	48	均　值	3.224 0	3.007 1	**4.291 7**	2.542 1
			标准差	1.026 56	1.062 03	0.770 70	0.941 30
	访学及其他	42	均　值	**3.553 6**	2.754 0	4.077 4	**2.817 9**
			标准差	0.983 92	1.201 08	0.758 06	1.154 73
	无海外经历	50	均　值	3.135 0	2.526 8	4.120 0	2.500 2
			标准差	1.147 55	1.075 47	0.790 96	1.026 84

表 4 - 5b　不同性别青年教师的国际化参与的
差异性分析(个人因素)

个人背景	维度	Levene 方差相等性检验		平均值相等性的 t 检验		结论
		F	显著性	t	显著性(双尾)	
性别	课程教学	0.016	0.898	−0.762	.447	无显著差异
	学生指导	1.571	0.211	−0.130	.896	无显著差异
	科研探索	0.000	0.987	1.236	.218	无显著差异
	项目合作	0.082	0.775	1.287	.199	无显著差异

表 4 - 5c　不同海外经历青年教师的国际化参与的
差异性分析(个人因素)

个人因素	维度	方差同质性检验		ANONA		Welch (W)	事后程序	结论
		Levene	显著性	F	显著性			
学历背景	课程教学	2.330	0.099	0.767	0.466	/	/	无显著差异
	学生指导	1.553	0.214	12.023	0.000	/	Turkey	1&2>3
	科研探索	3.182	0.043	/	/	0.153	Dunnett's T3	无显著差异
	项目合作	0.417	0.660	0.121	0.888	/	/	无显著差异
职前经历	课程教学	1.074	0.361	1.837	0.141	/	/	无显著差异
	学生指导	1.583	0.194	8.676	0.000	/	Turkey	1&2>3&4
	科研探索	1.419	0.238	0.567	0.638	/	/	无显著差异
	项目合作	0.704	0.550	0.922	0.431	/	/	无显著差异

1. 性别因素与本土国际化参与

由于不同性别青年教师在各维度上的 p 值都大于 0.05(表 4 - 5b),两组均值相等的原假设不能被拒绝,表明性别差异对于青年教师的本土国际化参与不具有显著性影响。后续访谈调查进一步证实了上述结论,虽然青年教师个体间的国际化能力和参与态度存在细微差异,但几乎没有反映出因性别原因造成的参与行为差异。

2. 学历背景与本土国际化参与

拥有海外高校授予的最高学位(通常是博士学位)的教师通常被誉为"海龟"(以下简称"海归教师"),他们被视为具有高度国际化特质的高校智力精英。相对地,在国内高校毕业的教师常常自嘲为"土鳖"(以下简称"本土教师");为了追求更好的发展空间,部分教师毕业后也会选择去国外从事博士后工作(以下简称"海外博后")。根据表4-5的相关数据显示,海归教师($M=3.46$,$SD=1.20$)[①]和海外博后($M=3.05$,$SD=1.07$)在学生指导方面的国际化参与程度明显高于本土教师($M=2.78$,$SD=1.13$),但前两者之间不存在显著差异,表明拥有海外学术经历者更频繁参与"留学生指导"以及"本土学生国际化教育"的相关工作。相关统计信息如下:$F(2,247)=12.023$,$p<0.001$,$\eta^2=0.09$[②](>0.06,属于中等效应量)。

3. 职前经历与本土国际化参与

对于青年教师入职前海外经历与其在职期间国际化参与情况关系的考察,实际上是对研究假设2的进一步论证。原因在于,从问卷反馈情况来看,超过半数拥有海外经历者($n=200$)的职前跨境交流与接受学历(及同等学力)高等教育有关($n=110$,55%);绝大多数拥有单独海外工作经历者($n=48$)的职前跨境交流主要是从事博后工作($n=44$,91.67%)。根据上表的相关数据显示,在海外接受了学历高等教育(主要是博士教育)的青年教师($M=3.44$,$SD=1.20$),以及拥有海外工作经历者(含博后及其他工作类型)的青年教师($M=3.01$,$SD=1.06$),他们在学生指导方面的国际化参与程度明显高于职前无海外经历者($M=2.53$,$SD=1.08$),以及职前涉及非学历教育(包括访学或接受培训等)的海外经历者($M=2.75$,$SD=1.20$)。前两者不存在显著差异;后两者之间也不存在显著差异。相关统计信息如下:$F(2,247)=8.676$,$p<0.001$,$\eta^2=0.10$。

综上所述,个人背景因素(包括性别、学术背景以及入职前的海外经历)与青年教师在本土国际化参与的表现之间不存在显著关系。具体表现在,不同性别、学术背景以及不同职前海外经历者在课程教学、科研探索以及项目合作方面的参与程度无明显差别。不过,总体而言,拥有海外博士学位及博后工作经历的青年教师,他们在学生指导方面的参与程度明显高于其他类型同行。

二、不同专业背景青年教师的本土国际化参与

为了了解教师专业背景与其在本土范围内国际化参与程度之间的关系,研

---

① 标准差(Standard Deviation,SD):方差的算术平方根,反映组内个体间的离散程度。在概率统计中最常使用作为统计分布程度(statistical dispersion)上的测量。

② 效应量 $\eta^2=\dfrac{\text{组间平方和}}{\text{总平方和}}$。科恩(Cohen,1988)约定小、中和大效应量的 η^2 值分别对应 0.01,0.06 和 0.14。

究提出了另外四个(原)假设。对立假设是各类群体对应的均值都不相等,即不同组间群体在本土国际化参与方面存在显著差异。

$$H_0: \mu_{\text{不足3年}} = \mu_{4\sim6年} = \mu_{7\sim9年} \qquad (\text{入职时间})$$

$$H_0: \mu_{\text{教学岗}} = \mu_{\text{科研岗}} = \mu_{\text{教学科研岗}} \qquad (\text{岗位类型})$$

$$H_0: \mu_{\text{正高职称}} = \mu_{\text{副高职称}} = \mu_{\text{其他职称}} \qquad (\text{学术职称})$$

$$H_0: \mu_{\text{文科}} = \mu_{\text{社科}} = \mu_{\text{工科}} = \mu_{\text{理科}} \qquad (\text{学科背景})$$

假设4:不同入职时间(1=3年及以下;2=4~6年;3=7~9年)[①]的青年教师在本土国际化参与各维度的均值相等,即在校工作时间与青年教师本土国际化参与程度不存在显著关系。

假设5:不同岗位类型(1=教学岗;2=科研岗;3=教学科研岗)的青年教师在本土国际化参与各维度的均值相等,即日常工作中偏重何种学术职能与青年教师本土国际化参与程度不存在显著关系。

假设6:处于不同学术职级[1=正高职称;2=副高职称;3=其他职称(讲师和助教)]的青年教师在本土国际化参与各维度的均值相等,即学术职称与青年教师本土国际化参与程度不存在显著关系。

假设7:隶属不同专业领域(1=工科;2=其他自科;3=人文社科)[②]的青年教师在本土国际化参与各维度的均值相等,即学科方向与青年教师本土国际化参与程度不存在显著关系。

表4-6呈现了有关上述四个假设的论证过程,具体信息和分析结果如下:

表4-6a　不同类别青年教师的国际化参与均值和标准偏差值(专业因素)

学术因素	组　间	数量	统计量	本 土 教 学		本 土 科 研	
				课程教学	学生指导	科研探索	项目合作
入职时间	3年以下	102	均　值	**3.382 4**	**3.202 6**	4.110 3	**2.754 9**
			标准差	1.115 10	1.217 34	0.907 60	1.074 31
	4~6年	75	均　值	3.373 3	3.071 2	4.130 0	2.578 0
			标准差	1.088 46	1.184 69	0.908 26	1.085 50

---

① 结合本书的抽样标准,分别对应青年教师的三个职业发展阶段,即职业初期、职业前期、职业中期。

② 由于S大学中绝大多数专业院系基于学科分类设置,本研究在此处的实际分类结合专业院系的划分。

（续表）

学术因素	组　间	数量	统计量	本　土　教　学		本　土　科　研	
				课程教学	学生指导	科研探索	项目合作
入职时间	7～9 年	73	均　值	3.356 2	2.849 6	**4.250 0**	2.566 7
			标准差	1.049 90	1.181 17	0.673 15	0.992 15
岗位类型	教学岗	5	均　值	3.050 0	3.068 0	2.900 0	1.734 0
			标准差	0.990 58	1.211 89	0.518 41	0.829 93
	科研岗	76	均　值	3.088 8	2.732 5	**4.200 7**	2.565 9
			标准差	1.118 56	1.177 97	0.772 46	1.066 58
	教学科研岗	169	均　值	**3.508 9**	**3.207 2**	4.174 6	**2.710 3**
			标准差	1.049 69	1.189 09	0.858 61	1.044 35
学术职称	正高职称（教授）	15	均　值	**3.600 0**	**3.555 3**	**4.700 0**	2.356 0
			标准差	1.186 98	1.110 94	0.519 27	0.801 35
	副高职称（副教授）	121	均　值	3.382 2	3.060 8	4.229 3	2.631 3
			标准差	1.056 76	1.229 51	0.783 68	0.921 88
	其他职称（讲师＆助教）	114	均　值	3.331 1	2.994 2	4.008 8	**2.701 7**
			标准差	1.104 84	1.176 64	0.905 94	1.204 85
学科领域	工科	134	均　值	3.410 4	3.114 6	**4.292 9**	2.557 5
			标准差	1.018 35	1.214 82	0.776 49	0.997 84
	其他自然科学	57	均　值	3.004 4	2.865 1	4.188 6	2.467 7
			标准差	1.150 98	1.061 82	0.736 91	1.064 67
	人文社科	59	均　值	**3.639 8**	**3.124 7**	3.817 8	**3.022 9**
			标准差	1.086 03	1.293 68	0.998 74	1.094 71

表 4 - 6b　不同类别青年教师的国际化参与的差异性分析（专业因素）

个人背景	维　度	方差同质性检验		ANONA		Welch（W）	事后程序	结　论
		Levene	显著性	F	显著性			
入职时间	课程教学	0.277	0.758	0.012	0.988	/	/	无显著差异
	学生指导	0.184	0.832	1.855	0.159	/	/	无显著差异

（续表）

个人背景	维　度	方差同质性检验		ANONA		Welch (W)	事后程序	结　论
		Levene	显著性	F	显著性			
入职时间	科研探索	3.931	0.021	/	/	0.451	/	无显著差异
	项目合作	0.553	0.576	0.906	0.405	/	/	无显著差异
岗位类型	课程教学	0.400	0.671	4.270	0.015		Turkey	无显著差异
	学生指导	0.244	0.784	4.199	0.016		Turkey	无显著差异
	科研探索	0.476	0.622	5.894	0.003		Turkey	2&3>1
	项目合作	0.810	0.446	2.433	0.090			无显著差异
学术职称	课程教学	0.204	0.816	0.416	0.660			无显著差异
	学生指导	0.511	0.600	1.452	0.236			无显著差异
	科研探索	3.783	0.024	/	/	0.000	Dunnett's T3	1>2&3
	项目合作	7.498	0.001	/	/	0.355		无显著差异
学科领域	课程教学	0.643	0.526	5.342	0.005		Turkey	无显著差异
	学生指导	2.052	0.131	0.974	0.379	/	/	无显著差异
	科研探索	4.758	0.009	/	/	0.007	Dunnett's T3	1&2>3
	项目合作	0.882	0.415	5.230	0.006	/	Turkey	3>1&2

1. 入职时间与本土国际化参与

本研究设定的工作年限包括三类：工作时长为 3 年及以下、4～6 年、7～9 年，分别对应教师的三个职业发展阶段，即职业初期、职业前期和职业中期。基于单因素方差分析的结果显示，处于不同职业发展阶段的青年教师，他们在本土课程教学、学生指导以及项目合作对应维度均值的 Levene 检验不显著（$p>0.05$），在科研探索对应维度的 Welch(W)检验也不显著（$p>0.05$），因此不能拒绝各类青年教师在本土国际化参与各维度均值相等的原假设，表明工作年限对于青年教师参与国际化的积极程度不具有显著影响。后续访谈调查进一步验证了上述发现：虽然青年教师个体间的国际化能力和参与态度存在差异，但笔者并没有明显感受到被访教师因在校工作时间及所处聘期影响而造成的参与行为差异。

2. 岗位类型与本土国际化参与

当前 S 大学青年教师聘任的学术岗位主要有三类：教学岗、科研岗、教学科研并重岗。根据单因素方差分析的结果显示,受聘于不同岗位的青年教师在项目合作对应均值的 Levene 检验中显示 $p>0.05(p=0.446)$,且方差 F 检验 $p>0.05(p=0.90)$,表明这三类教师在该维度不存在显著统计差异。研究同时发现,三类岗位的青年教师在课程教学、科研活动以及学生指导对应均值的 Levene 检验中的 p 值都大于 $0.05(0.068<p<0.784)$,但方差 F 检验值都小于 $0.05(0.003<p<0.022)$,表示不能拒绝三组均值相等的原假设,但对立假设并不明确。为进一步验证可能存在的组间差异,研究使用 Tukey's 事后检验程序(Post Hoc)分别对上述三个维度分别进行独立检验。结果发现,在偏于个体导向的科研探索方面,科研岗青年教师($M=4.20$,$SD=0.77$)和教学科研并重岗青年教师($M=4.17$,$SD=0.86$)比教学岗青年教师($M=2.90$,$SD=0.52$)表现更为活跃,但前两者间不存在显著差异。不过,由于本研究包含的教学岗青年教师的样本量太小($n=5$,2%),此类差异对于整体研究结果的影响较小,因此可以基本认为岗位类型对于 S 大学青年教师的国际化参与不存在显著影响。

3. 学术职称与本土国际化参与

当前 S 大学不同学院在教师的职称定名方面存在一些差异,例如,个别院系直接使用或借鉴国外高校终身教职轨系列中的一些职称头衔,包括助理教授、长聘教授(tenure track)等。另外,学校还推出诸如"特别研究员"和"特别副研究员"等职称。基于统计分析的实际需要,笔者在咨询了校人事管理者的意见后,将问卷样本划分为四个职称类别,分别是:教授及同等职称(包括长聘教授、研究员、特别研究员)、副教授及同等职称(包括长聘副教授、副研究员、特别副研究员)、讲师(助理教授、助理研究员)、助教(包括研究实习员)。由于问卷样本中仅包含 2 名助教,为了方便分析和说明,笔者在统计时将被调查者分为教授、副教授以及讲师和助教三类,分别对应正高、副高和其他职称(中初级职称)三个类别。从各类人群占比来看,接近半数的青年教师具有副高职称(48.4%),是四类群体中占比最大的;超过四成青年教师为中级和初级职称,其中 44.8% 为讲师,0.8% 为助教;仅有 6% 的青年教师已获正高职称。

基于单因素方差分析的结果发现,具有正高职称的青年教师($M=4.70$,$SD=0.52$)比具有副高($M=4.23$,$SD=0.78$)和中初级($M=4.01$,$SD=0.91$)[1]

---

① 题项(Mean)M 代表均值,SD 为标准差(Standard Deviation)。

职称的青年教师在个人主导的科研探索方面的国际化参与程度更高,但后两者之间不存在显著差异。基于后期访谈获得的反馈信息,笔者认为这种差异性与教师个人所拥有的学术竞争资本紧密相关。相对于副高及以下职称的青年教师,具有教授职称的青年教师在国际化学术资源(如国际知名度、学术人脉和国际化科研能力等)的积累方面更具优势,也更有可能在国际性平台发表科研成果,并获取与海外学者保持长期合作交流的资源。不过,由于问卷样本中包含的正高职称青年教师的样本量($n=15$,6%)较小,因此在本研究中也可以认为职称类型对 S 大学青年教师的国际化参与不存在显著影响。

4. 学科背景与本土国际化参与

本研究结合被调查者最高学位及其任职学院的所属学科门类情况(特别是对于实际样本数量的考虑),将问卷样本中的青年教师划分为三类,分别对应工科、其他自然学科(本研究主要涉及理科和生命科学),以及人文社科(包括经济、法学、哲学、语言和文学等)。

根据单因素方差分析的结果显示:① 工科($M=4.29$,$SD=0.78$)、理科以及生命科学类($M=4.19$,$SD=0.74$)青年教师比人文社科类同行($M=3.82$,$SD=1.00$)在个人主导的科研探索方面的国际化参与程度更高,但前两者之间不存在统计意义上的显著差异,可纳入自然学科大类统一考察。② 人文社科类($M=3.02$,$SD=1.09$)比工科($M=2.56$,$SD=1.00$)、理科以及生命科学类($M=2.47$,$SD=1.06$)青年教师参与国际性项目合作的程度高,但后两者之间不存在统计意义上的显著差异,可纳入自然学科大类统一考察。

根据后期访谈获得的反馈信息,笔者认为形成上述差异的原因主要有以下几点。第一,在国际性期刊发表学术论文(以下简称"国际发文")是青年教师在科研探索维度最重要的参与表现之一。与人文社科相比,学校对于自然科学类青年教师国际发文的要求更为明确,客观上促使这一群体更加积极寻找开展国际化科研工作的机会。另外,由于自然学科整体上更具有国际性、全球可比较的特点,自然科学类青年教师对于了解和把握国际学术前沿动态的内在动机也更为明确和强烈,并且更加倾向在国际性平台发表科研成果。如一位来自理学院的青年教师强调国际发文是其所在学科领域的"标配","除了 SCI 论文,其他论文没有什么价值,在我们这个领域,SCI 论文是最基本的"(F15)。第二,与高度依赖实验室以及各类实体研究器材的大多数自然学科相比,作为一种"软科学"

的人文社科在研究场地、研究工具甚至参与研究人员的选择方面都更为灵活,能够更好地适应并开展各类以团队主导的项目合作,并且克服在国际交流合作过程中面临的时空阻隔。

综上所述,入职时间与青年教师在本土国际化参与的表现之间不存在显著关系,但基于院系设置的学科领域对于青年教师在本土科研国际化领域的参与程度具有显著影响。具体表现在,自然科学领域的青年教师在科研探索方面的参与程度明显高于人文社科领域同行;但在项目合作方面的参与程度低于后者。此外,不同岗位类型以及学术职称的青年教师在科研探索方面的参与程度亦存在一定差异,不过由于本研究中所涉及相关类别青年教师的样本数量有限,这一差异并不显著。

三、不同类别教师群体的跨境国际化参与

有关青年教师个人因素及其跨境国际化参与之间关系的探究,其目的在于了解具备哪些特征的青年教师更有可能涉足跨境交流,而另一些则不然。研究对此提出的、针对青年教师个人背景与跨境国际化的原假设和对立假设如下所述:

H_0:青年教师的背景因素(性别、学历背景、入职前的海外经历)与其跨境国际化参与的选择之间没有联系;

H_1:背景因素与跨境国际化参与的选择之间存在某种联系。

针对青年教师专业背景与跨境国际化的原假设和对立假设如下所述:

H_0:青年教师的专业因素(入职时间、岗位类型、学术职称、学科领域)与其跨境国际化参与的选择之间没有联系;

H_1:专业因素与跨境国际化参与的选择之间存在某种联系。①

本研究针对青年教师跨境参与选择的分类主要依据实际交流时长而定。出于对长期稳固交流实践的鼓励与导向,单个参与者如果在职期间同时涉足几种类型的跨境活动,只计算其单次跨境时间最长的一次。

表4-7呈现了有关上述假设的论证过程。研究通过建立上述个体因素与青年教师跨境国际化参与之间的卡方(χ^2)独立性检验,获得如下具体信息与分析结果:

---

① 为了便于理解和说明,本书指的背景因素包括青年教师入职前的自有属性(性别、学历背景、入职前的海外经历);专业因素强调其入职后呈现的相关属性(入职时间、岗位类型、学术职称、学科领域)。

表 4 - 7a　青年教师个体因素与跨境国际化参与的交叉表

个体因素	性　别	跨境国际化参与(预期数值)				总计
		无跨境经历	6 个月及以上	2 周～6 个月	2 周及以内	
性别	男性	45(52.1)	48(47.3)	21(22.3)	55(47.3)	169
	女性	32(24.9)	22(22.7)	12(10.7)	81(81.0)	81
学历背景	海外博士	38(31.7)	11(28.8)	18(13.6)	36(28.8)	103
	海外博后	14(13.6)	10(12.3)	5(5.8)	15(12.3)	44
	本土毕业	25(31.7)	49(28.8)	10(13.6)	19(28.8)	103
职前经历	学历教育	40(33.9)	12(30.8)	19(14.5)	39(30.8)	110
	海外工作	17(14.8)	11(13.4)	6(6.3)	14(13.4)	48
	访学及其他	10(12.9)	19(11.8)	3(5.5)	10(11.8)	42
	无海外经历	10(15.4)	28(14.0)	5(6.6)	7(14.0)	50
入职时间	3 年以下	53(31.4)	9(28.6)	9(13.5)	31(28.6)	102
	4～6 年	17(23.1)	12(21)	19(9.9)	27(21)	75
	7～9 年	7(22.5)	49(20.4)	5(9.6)	12(20.4)	73
岗位类型	教学岗	3(1.5)	1(1.4)	1(0.7)	0(1.4)	5
	科研岗	29(23.4)	22(21.3)	4(10)	21(21.3)	76
	教学科研岗	45(52.1)	47(47.3)	28(22.3)	49(47.3)	169
学术职称	正高职称	4(4.6)	1(4.2)	2(2.0)	8(4.2)	15
	副高职称	29(37.3)	45(33.9)	16(16.0)	31(33.9)	121
	其他职称	44(35.1)	24(31.9)	15(15.0)	31(31.9)	114
学科领域	自然科学	59(56.1)	56(51.0)	18(24.0)	49(51.0)	182
	人文社科	18(20.9)	14(19.0)	15(9.0)	21(19.0)	68

表 4 - 7b　青年教师个体因素与跨境国际化参与的 χ^2 独立性检验

变　量	卡方检验(皮尔逊卡方)			对称度量值 Cramer's V	结　论
	值	自由度	渐进显著性(双向)		
性　　别	7.063	3	0.070	0.168	无关系
学历背景	36.454	6	0.000	0.270	存在关系
职前经历	43.298	9	0.000	0.240	存在关系

（续表）

变 量	卡方检验（皮尔逊卡方）			对称度量值 Cramer's V	结 论
	值	自由度	渐进显著性（双向）		
入职时间	101.745	6	0.000	0.451	存在关系
岗位类型	10.534	6	0.104	0.145	无关系
学术职称	15.930	6	0.014	0.178	存在关系
学科领域	8.232	3	0.041	0.181	存在关系

1. 性别因素、岗位类型与跨境国际化参与

性别与青年教师在跨境交流方面的表现不存在统计意义上的显著相关性，$\chi^2(1, 250) = 7.063$，$p = 0.07(> 0.05)$，Cramer's V = 0.168。这一结果一定程度上表明，随着社会的发展以及接受优质高等教育的女性比例的提升，女性在职场的行为表现已趋近男性，性别不再是判定个人工作表现的主要依据——至少在本案例中的调查情况如此。另外，岗位类型与跨境国际化参与的选择也不存在显著相关性，$\chi^2(1, 250) = 10.534$，$p = 0.104(> 0.05)$，Cramer's V = 0.145。对于这一结果的初步分析是，岗位分类的实际意义更多呈现于学校针对教师的分类考核，但就本案例来看，绝大多数青年教师日常工作重心仍以探索性科研活动为主，他们在职期间的实际工作内容不因岗位存在显著差异，岗位类别并不显著影响他们的国际化参与表现。

2. 学历背景、职前经历与跨境国际化参与

学历背景，即是否在海外高校获得博士学位或从事博士后工作，与跨境国际化参与的选择之间存在显著相关性，$\chi^2(1, 250) = 36.454$，$p < 0.05$，Cramer's V = 0.270。总体而言，具有海外博士学位的青年教师在职期间更倾向涉足短期海外交流活动。在其所在组群中，超过半数（$n = 54, 52.4\%$）海外博士在职期间曾有过 6 个月以内的短期跨境经历，其中 35% 的参与者涉足 2 周以内的跨境交流，且实际参与人数（$n = 36$）明显高于预期值（$n = 28.8$）[①]。另外，超过其所在组群 1/3 的海外博后经历者（$n = 15, 34.1\%$）在职期间拥有 2 周以内的跨境交流记录，且实际参与人数（$n = 15$）多于预期值（$n = 12.3$）。相比之下，由本土高校

① 拥有 6 个月以内跨境交流的海外博士数（$n = 54$）为两类群体总和（2 周～6 个月，$n = 18$；2 周及以内，$n = 36$），52.4% 是这一群体占据海外博士总数（$n = 103$）的比例。数据信息详见表 4-7a。本节其他各处分析方法类同。

培养的青年教师在职期间更多参与中长期跨境交流,接近半数($n=49,47.6\%$)的该组群内教师曾有过单次时长在 6 个月及以上的海外经历,其实际参与人数明显高于预期值($n=28.8$)(图 4-4)。类似的分析结果也呈现于有职前海外经历与在职期间跨境交流的卡方独立性检验中。表 4-7a 的相关数据显示,在国外接受了高等学历教育(主要是博士教育)的青年教师在职期间或者无跨境经历($n=40,36.4\%$),或者更偏向中短期(6 个月以内)的海外交流($n=58,52.7\%$);而仅有非学历教育跨境经历($n=19,45.24\%$)或者无跨境经历者($n=28,56\%$)在入职后涉足中长期(6 个月以上)海外交流的人数明显高于对应预期值。

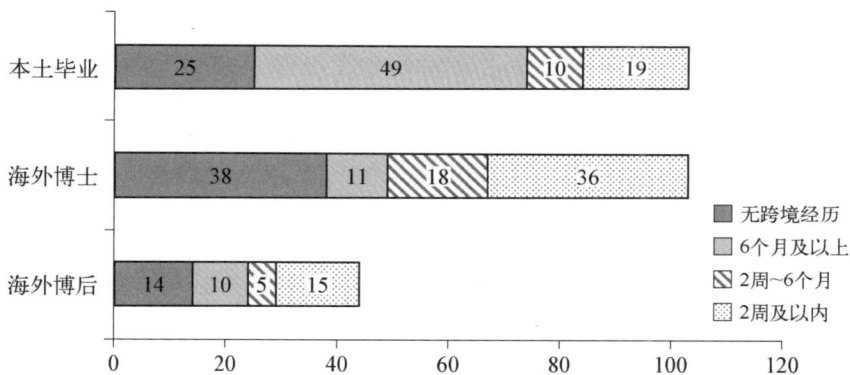

图 4-4　不同学历背景青年教师在职期间的跨境交流情况

结合后续调查反馈来看,上述结果与学校鼓励和推动教师赴海外交流的政策规定存在较大关联。根据 S 大学教师职级评聘中有关海外交流经历的明确规定,自 2010 年起,申请教学科研型以及科研为主型副教授及以上职称者须具有累积一年(教授)或六个月(副教授)以上相关学科领域的海外学习工作经历[①]。不过,从政策落实情况看来,其目标群体主要是本土高校培养的教师;海归或海外博后经历者在职级评聘过程中可免于此项要求。根据部分青年教师的访谈信息反馈,中长期的跨境交流对于教师的时间、空间以及应对本校工作需求的压力都比较大,往往是需要慎重考虑后做出的选择。在此情况下,学校对于教师必须具备海外经历的晋升要求无疑起到了推波助澜的作用,客观上促使更多本土毕业的青年教师投身于中长期的海外交流实践中,并在这一领域呈现出本土和海

---

① 　上述资料来源于 S 大学教师职务聘任实施办法(学校内部政策文件)。

归学者参与选择的明显差异。

3. 入职时间与跨境国际化参与

入职时间与青年教师跨境交流经历存在显著相关性,$\chi^2(1, 250) = 101.745$,$p < 0.05$,Cramer's V $= 0.451$。 在 S 大学的被调查对象中,接近 70% 的($n = 173$,69.2%)青年教师在工作期间有不同程度的跨境交流经历,这也意味着约有 30% 的青年教师未曾涉足这一领域。对于这一参与比例高低的客观评价,需要进一步结合被调查对象的具体情况。从这 77 名未参与跨境交流的青年教师的入职时间来看,超过 2/3($n = 53$,68.83%)未参与跨境交流者入职时间不满 3 年,且实际人数远高于期望值($n = 31.4$),而工作超过四年的未跨境参与者数量则明显低于期望值。总体而言,入职时间越短者,在职期间无跨境经历或者仅涉足短期跨境交流(如 2 周及以内的国际交流)的比例越高,而随着工作年限的增加,他们参与中长期跨境交流的比例更高。例如,在入职时长 7 年及其以上的被调查对象中,超过 2/3($n = 49$,67.12%)的青年教师拥有单次时长 6 个月以上的跨境交流经历,且实际参与人数明显高于预期值($n = 20.4$)。初任教师①实际参与跨境交流的比例低这一现象背后可能包括以下原因:一是这些新进教师通常需要一段时间来适应和安排新的工作,短期内选择出国交流无益于他们快速融入新环境。另外,相比在校多年的资深教师,初任教师通常相对较难在短时间内获取可用于支持跨境交流的各类学术资源(如出行经费)。

4. 学术职称与跨境国际化参与

学术职称与青年教师跨境国际化参与的选择存在显著相关性,$\chi^2(1, 250) = 15.930$,$p < 0.05$,Cramer's V $= 0.178$。 具体信息如下:① 中初级职称青年教师中包含较高比例的($n = 44$,38.60%)无跨境经历者,且实际人数高于预期值($n = 35.1$)。 这一结果在一定程度上论证了入职时间与跨境国际化参与选择的相关性,原因在于,在隶属该组群的 44 名未涉足跨境交流的青年教师中,超过 70%($n = 32$,72.73%)教师实际入职时间不满 3 年,他们通常较少有可能在适应工作的初期阶段就选择出国交流。② 副高职称青年教师更多涉足中长期的跨境交流($n = 45$,37.2%),且实际参与人数明显高于预期值($n = 33.9$)。 这一结果部分受到学校有关教师海外交流的晋升规定影响,同时也与教师在此职业

①   初任教师指的是被调查青年教师中处于第一个聘期(在 S 大学任职时长 3 年及以下)的教师群体。

阶段的个人发展需求相关,如有青年教师指出,"对于个人来说,到了一个阶段,就是觉得应该出去看看(F10)。"③正高职称青年教师主要涉足单次时长较短的跨境活动(如国际性会议)($n=8$,53.33%),但较少参与中长期跨境交流。一方面,已获得教授或研究员职称的青年教师已不再受到职级晋升政策限制;另外,这些教师通常需要承担更多或者更具挑战性的工作与任务,很难长时间停留海外。

5. 学科背景与跨境国际化参与

学科背景与青年教师跨境国际化参与的选择存在显著相关性,$\chi^2(1,250)=8.232$,$p<0.05$,Cramer's V=0.181。总体而言,自然科学类青年教师更有可能涉足中长期跨境交流($n=56$,30.8%),而人文社科类青年教师参与中短期跨境交流的比例更高($n=36$,52.9%)。形成这种差异的原因可能依然与学科内在属性存在较大关系。如上文部分提到的原因,多数自然科学更具有国际性和全球可比较特质,从事相关科研工作的青年教师更需要、也更有可能实现跨境的中长期交流。相对而言,人文社科类教师可能因其研究课题所涉及的内容或领域特点,在无外力强制推动的情况下,并不一定需要在海外停留较长时间。

综上所述,不同性别与岗位类型的青年教师在跨境交流方面不存在统计意义上的显著相关;但其他个体因素都不同程度地与青年教师在职期间的跨境交流选择存在相关性。整体而言,随着工作年限的增加,以及学术职称的提升,青年教师涉足中长期跨境交流的比例更高;与人文社科类同行相比,自然科学类青年教师也更有可能涉足中长期跨境交流。

第四节　基于学科院系差异的子案例分析

已有研究发现,学科以及以学科为基础组建的基层组织——院系部门,对于教师国际化参与的选择具有一定的影响。其主要原因在于:第一,除少数学科具有国际性、全球性或可比较的特点,大部分学科的知识基础仍然基于本土的观点构建。教师通常基于他们被教授的方式来理解其所在学科并开展学术工作,这种影响一般不容易改变①。其次,教师对其所在学科部门的忠诚度往往高于其任职学

---

① Maidstone, P. International literacy: A paradigm for change: A manual for internationalizing the curriculum[M]. Victoria, British Columbia: Centre for Curriculum, Transfer and Technology. 1996: 37.

校,教师通常缺乏动力去参与学校层面鼓励、但在本学科部门并未受到重点关注的国际化活动①——换言之,学科部门对教师国际化参与的影响力(或推动力)显著高于广义机构层面的影响。第三,当前高校中多数专业院系设置的学科壁垒都很高,既难以跨越,也很难推倒并实现跨学科课程、项目、团队教学和教师合作②,教师基于现实状况往往更多依托其所在学科部门来开展相关国际化活动。

　　基于学科分类设置的专业院系是当前 S 大学组织管理制度中的重要构成,也是教师得以开展相关国际化工作的主要载体。整体而言,本研究中被调查青年教师的最高学位所属学科门类与其任职学院所属学科门类基本上保持一致。鉴于当前高校"院办校"改革举措的不断推进与发展,本节选择以 S 大学中若干具有一定代表性的专业院系作为子案例,对其中被调查群体的部分国际化参与情况进行分析与讨论。具体而言,由于本研究重点关注青年教师在本校范围内的国际化活动,因此选择"学生指导"和"国际发文"③两个方面,分别用于考察相关青年教师在本土教学和本土科研领域的国际化参与情况。

一、以学生指导为例的参与情况

　　以留学生④为主要服务对象的专业指导是 S 大学中不少青年教师集中强调的一项重要的国际化工作。基于前文分析结果,本研究以问卷中的三个题项(T5～T6)所对应因子"学生指导"的均值为考察对象,分别从工科、除工科以外的其他自然学科(简称"其他自科")和人文社科⑤三个类别中遴选若干所专业院系作为子案例来考察被调查青年教师在该领域的国际化参与情况。为了便于客观分析和比较,同时也考虑到问卷调查的实际样本回收情况,作者选择的专业院系至少满足以下任一条件:① 被调查单位中至少包含 10 名被纳入本研究调查范围的

① Green,M. F. & Olson,Christa. Internationalizing the campus:A user's guide[R]. Washington,DC:ACE,2003:71.
② Childress,L. K. Faculty engagement in the operationalization of internationalization plan[D]. The George Washington University,2008:82.
③ 国际发文:本书中作为在国际性期刊发表学术论文的简称,前文已作约定和说明。下文近似处均法同。
④ 中文语境下的来华留学生也称国际学生,即本国大学招收的非本国国籍的外来学生。本案例中几乎所有被调查者和受访者普遍使用留学生一词,为了便于理解和表述,本书统一使用"留学生"指代该群体。
⑤ S 大学案例中工科背景青年教师占比较大,结合本节分析需要,此处将自然科学分为工科和其他自科。

青年教师,以确保实际统计数据的有效性和可信程度;② 被调查单位中实际回收的问卷样本数占调查样本数的 40% 以上。实际上,除了化学化工学院、数学系和马克思主义学院符合其中一个标准,其余被调查单位同时满足上述两个条件。

表 4-8 反映了 10 所子案例院系中被调查对象在校近三年内任职期间在学生指导方面的国际化参与情况。总体而言,人文社科领域的青年教师在以留学生为主要服务对象的专业指导方面,较之自然科学领域(包括理、工、农、医科)的青年教师更为活跃。包括外国语学院($M=3.89$, $SD=1.15$)和经管学院($M=3.61$, $SD=1.13$)在内的文科院系的青年教师,他们在学生指导方面所应对的均值明显高于隶属上述任何一所理工科院系的青年教师所对应分值($2.64 < M < 3.30$)。尽管如此,此类积极参与表现在人文社科领域各学院中似乎并不具普遍性。比如,作为典型文科院系的马克思主义学院在学生指导方面呈现非常有限的教师参与($M=1.50$, $SD=1.00$);法学院的整体表现也差强人意,该院青年教师在相应题项的赋值($M=2.04$, $SD=1.36$)仅略高于马克思主义学院,但明显低于其他各专业院系同行。

表 4-8　部分专业院系青年教师的学生指导情况统计

专 业 院 系	调查样本	问卷样本	学生指导（均值）	最小值	最大值	标准差
材料学院	61	49	3.299 4	1.00	5.00	1.187 2
船建学院	38	19	3.140 0	1.00	5.00	1.085 2
环境学院	13	11	2.636 4	1.00	5.00	1.286 8
♯工科大类	**386**	**134**	**3.114 6**	**1.00**	**5.00**	**1.214 8**
系统生物医学研究院	20	11	2.514 5	1.00	4.33	1.088 3
化学化工学院	25	8	2.833 8	1.00	4.67	1.309 5
数学系	20	7	3.095 7	2.00	4.00	0.658 6
♯其他自然科学	**190**	**57**	**2.865 1**	**1.00**	**4.67**	**1.061 8**
经管学院	30	17	3.608 2	1.67	5.00	1.130 8
法学院	13	9	2.036 7	1.00	4.00	1.135 5
外国语学院	13	6	3.890 0	2.33	5.00	1.148 2
马克思主义学院	7	4	1.500 0	1.00	3.00	1.000 0
♯人文社科	**132**	**59**	**3.124 7**	**1.00**	**5.00**	**1.293 7**

造成上述差异的原因显然是多方面的。从问卷题项提供的信息来看,可以确认的一点是,青年教师在学生指导方面的表现积极与否,很大程度上与他们是否有更多机会接触留学生有关。因此,不同专业院系在留学生招收和培养方面的影响力,或许是决定本院青年教师在学生指导方面参与程度的一个重要因素。进一步结合上表数据背后的相关信息,我们可以获得以下额外信息:

首先,专业院系的学科特色与研究方面,可能会影响一所学院实际吸纳留学生的数量。例如,在人文社科领域,外国语学院与马克思主义学院的青年教师在学生指导方面的参与情况形成了鲜明的反差。这两所学院虽然都定位为 S 大学的普通本科型院系,但在人才培养目标以及学科研究方向等方面显然存在较大差异。与外国语学院相比,马克思主义学院在 S 大学的主要职责在于"承担全校博士生、硕士生及本科生的思政理论教学和管理,负责马克思主义理论学科建设,以及组织开展马克思主义理论教学和研究等"①;其研究更多关注马克思主义思想及其原理的本土化应用(如与我国当前政治需求相结合并应用于指导现实工作),直接与本研究所定义的"国际化"有关的内容较少。相应的,与外国语学院在接纳留学生方面的天然优势相比,马克思主义学院因其专业设置方面的本土化导向,在留学生招收与培养方面也存在某些客观限制,这对该学院青年教师在此方面的国际化参与具有一定影响。

其次,专业院系在国际化发展方面的态度与举措,与该院系实际吸纳留学生的成效存在一定关联。例如,与上述两所人文社科类学院所呈现的情况相比,经管学院或许可称之为另一种案例类型。作为中国大陆率先获得 AACSB、EQUIS 和 AMBA② 全部三项国际顶级认证的商学院,该学院始终以建设成为一所世界知名的国际化商学院为目标,致力于培养具有全球视野和国际竞争力的经济管理人才③。除了学科自身具有国际可比性特征,该学院也积极推广各种形式的学位授予型联合培养项目,以及非学位授予型的交流学习项目(如以学分认证为凭据的国际交换项目,以及海外游学项目)。这些项目不仅为本学院的全日制学

---

① S 大学马克思主义学院.学院简介[EB/OL].[2017－11－25]http://ma.X.edu.cn/college/profile.
② AACSB(The Association to Advance Collegiate Schools of Business):美国国际商学院联合会;EQUIS(European Quality Improvement System):欧洲质量发展认证体系;AMBA(Association of Master of Business Administration):工商管理硕士协会。
③ S 大学 A 经管学院.学院简介[EB/OL].[2017－11－25]http://www.acem.X.edu.cn/intl/overview.html.

生创造了赴海外交流的机会,同时也为来自世界各地的海外学生提供了来本院学习的平台。如该学院的一位中层管理者所言:"我们学院每年接收大概 110 个左右的交换生,他们是纯粹的、汉语零基础的学生,过来拿学分的,涉及 15 个国家,70 多所高校……"[①]这些留学生的到来显然对本院青年教师参与国际学生指导工作提出了客观需求。

另外,在针对 S 大学的案例中,专业院系的机构定位(或性质)也在一定程度上决定着一所学院可能吸纳留学生的数量。例如,在理、农和医学领域,化学化工学院($M = 2.83$,$SD = 1.31$)和数学系($M = 3.10$,$SD = 1.15$)的青年教师在学生指导方面的参与情况基本处于其所在学科领域的平均值($M = 2.87$,$SD = 1.06$)水平。与之相比,系统生物医学研究院的青年教师在学生指导方面的活跃程度略显不足,这或许与该学院作为一所直属研究型机构、不承担本科生培养工作的基本定位存在一定关联。较之普通本科型院系,该机构目前在读研究生规模并不大。笔者虽未能获取其准确留学生数据,但从相关教师的访谈信息中获知,该学院当前招收的留学生数量还比较有限,一定程度上限制了本院青年教师在日常工作中更多接触这一群体的可能性。

综上所述,部分专业院系内青年教师在学生指导方面的国际化参与表现,与其所在院系部门的机构定位、学科特征,以及在国际教育方面的相关举措存在千丝万缕的联系。就表 4-8 反映的主要问题来看,在本案例中,普通本科型学院的青年教师相对于研究型院系同行更有可能接触与留学生有关的国际化工作,其中的一个主要原因是,当前 S 大学招收的留学生集中于本科层次。具有明显国际化特征或导向的学科专业(如外语和经管)更易于为留学生提供来校交流学习的机会;相应地,这些院系中的青年教师也更有可能被委任与留学生指导相关的工作。相反,一些具有明显本土导向或者中国特色的专业学科(如马哲),在留学生的招生和培养方面存在客观局限,从事此类科研工作的青年教师相对较少有机会接触与留学生相关的学生指导工作。当然,上述差异在 S 大学之外的另一所高校或许会因为被调查院系的独特背景而呈现不同结果。虽然笔者难以尽数分析上述各子案例院系所呈现数据的差异背后的所有原因,但值得关注的一点是,高校在针对教师的相关教学工作评估时,不应局限于对数据本身的横向比

① 欧阳玉湘.S 大学 A 学院的国际化策略——一个案例研究[D].上海交通大学,2013:32-33.

较,而应充分考虑不同院系设置与发展的特殊性和差异性,基于"一院一策"原则为其提供更加客观和合理的考评标准,以确保教师的实际工作付出能够得到相对公正的评价和充分的认可。

二、以国际发文为例的参与情况

在国际性核心期刊发表学术论文(简称"国际发文")是 S 大学中多数青年教师普遍涉足的国际化活动之一,也是几乎所有被访教师普遍提及的重要国际化参与形式。鉴于不同学科教师在国际发文难度方面的客观差异,以及不同专业院系可能会对专任教师的国际发文提出一些区别性要求,本节选择从 S 大学人文、社科、工科和理科四个类别中分别抽取两所专业院系,并对这些院系中被纳入调查范围的青年教师的简历信息①进行梳理,从中获取其国际发文情况的数据。为了便于客观分析和比较,笔者对于专业院系的选择主要依据以下标准:① 被调查单位为本科型院系,原因是这类学院总体设置比较规范,不同岗位青年教师的分布相对比较均衡,同时也代表着包括 S 大学在内的多数中国高校的典型院系模式。② 被调查单位中至少包含 10 名被纳入本研究调查范围的青年教师,以确保实际统计数据的有效性和可信程度。根据 S 大学三年为期的聘期设置规定,本研究仅统计青年教师在最近 3 年内(2014~2016 年)的国际发文情况。不过,考虑到科研成果产出通常具有一定的延后性,笔者实际统计的是教师自 2014 年以来的所有国际发文情况(统计的时间窗口为 2014 年至 2017 年8 月)。除此之外,鉴于当前学界对于如何计算一名学者在学术论文发表中的实际贡献量的问题尚存争议②,笔者基于实际调查需要和综合因素的考量,对国际发文的计数标准作如下约定:① 以第一作者(包含共同署名第一作者)发表计1 分;② 以二人合作中的第二作者(包括通讯作者)发表计 0.5 分;③ 作为多名共同作者中的非第一作者(但是通讯作者)发表计 0.5 分;④ 作为多名共同作者中的非第一作者(非通讯作者)发表计 0.25 分。

表 4 - 9 反映了 8 所案例院系中的调查对象自 2014 年以来的国际发文情况。总体而言,自然科学领域内的青年教师整体发表论文数量明显高于人文

---

① 简历信息主要来自各专业院系官网发布的教师信息,以及被调查者在网络平台公开的个人简历信息。
② 贾贤,等.科技论文中等同贡献作者和共同通讯作者的署名问题[J].中国科技期刊研究.2012,23(4): 603 - 605.

社科领域同行,但不同专业院系内部教师个体之间国际发文数量存在较大差别。例如,在船建学院,少数青年教师三年多来未曾显示产出过国际性科研成果,但个别教师的个人产出却高达9篇以上,超过了该学院至少7名教师在同一时期国际发文数的总和(7名教师没有发表论文或低于2篇)。相比之下,人文社科领域青年教师国际发文的数量整体上比较有限,但同时个体间差异也较小($0.5879 < SD < 1.9348$),表明这种相对"低产"的国际发文情况并非某几位教师所独有,很大程度上反映的是该学科领域内青年教师普遍的国际科研产出状况。进一步结合这些数字背后的相关信息,我们可以获得额外的一些重要信息:

表4-9　部分专业院系青年教师的国际发文情况统计

学科类别	专业院系	调查样本	简历样本	无发表记录	2篇及以下	2~4篇(含)	4篇以上	均值	标准差	最大值
人文	文史哲	23	17	13	4	0	0	0.29	0.587 9	2.00
	外　语	13	8	3	5	0	0	0.81	0.842 5	2.00
社科	经　管	30	28	11	12	4	1	1.13	1.307 9	4.75
	法　学	13	13	10	1	1	1	0.92	1.934 8	6.00
理科	数　学	20	13	1	4	5	3	2.92	1.929 4	7.00
	化　学	25	25	4	6	7	8	3.16	2.460 0	8.75
工科	材　料	61	54	27	11	14	2	1.20	1.521 1	6.25
	船　建	38	24	3	4	9	8	3.79	2.693 3	9.50

说明:上表中的"简历样本"指的是笔者通过网上简历搜索实际获得的有效样本数量。

　　首先,青年教师在最近三年多来的国际发文数量与该教师本身的学术产出能力可能并不存在直接关联。其中一个重要支撑依据是,多名青年教师简历信息中的国际科研成果发表情况止于2014年之前的某一个时间段,但在此之前却拥有相当丰硕的成果产出。对此情况的推测和解读主要包括以下几点:① 这些青年教师已获得一定数量的学术资本累积,国际发文对其个人学术发展的价值已临近边界或不再有明显提升作用;他们现阶段的工作重点可能已逐渐转移至其他更重要或者当前需要承担责任的领域(如主持重大科研项目,指导学生或者担任院系部门的行政管理工作等)。② 科研工作的实际产出本身具有一定延后性或不确定性,部分教师在被调查期间可能正处于等待科研成果成长和成熟的阶段,短期内暂时还没有新的科研成果产出。这一点在人文社科领域可能更为明显。与大多数自然学科相比,人文社科领域的科研产出周期往往更加漫长,学者们在应对某一课题时通常需要更多时间去沉淀、酝酿和准备。③ 另外还有极小可能性是被调查者未能及时更新个人简历信息,导致这一时期的国际发文情况未能为纳入统计。

其次,人文社科领域青年教师国际科研产出数量与该教师本身的学术产出能力可能也不存在必然关联。其中两个重要支撑依据是:① 多名青年教师的简历信息中呈现了在国内学术平台发表的丰硕科研成果,表明这些教师并非没有科研产出能力,但仅是国际发文这部分的表现不够突出。其中可能包含的原因如下:一是部分学者的某些研究方向(或选题)具有本土特色,其相应科研成果可能更适宜在国内平台发表,以飨国内读者。此外,也有部分青年教师可能因为个人教育经历以及已形成的研究范式影响,尚不具备在国际性平台发文的经验。② 多名青年教师的简历信息中包含多种其他类型的科研产出,包括以中文或外语撰写的专著(包括合集中的章节)、科技报告以及书评等。尤其是在外语和法学两个专业院系中,笔者发现,由于被调查对象的海外求学背景以及研究方向的差异性,他们选择国际科研产出的形式更加多元化,仅用于撰写学术著作的语言就涉及英语、法语、德语、日语,意大利语和西班牙语等。可见,与多数自然学科相比,人文社科类学者的国际科研产出方式更难客观比较。甚至对于部分学科以及其中部分研究方向(如中文、历史等传统人文学科)的学者而言,国际发文也许并非最理想或者在其学科领域内最有影响力的科研产出方式。

综上所述,人文社科领域青年教师的国际发文数量整体上低于自然科学领域同行,但个体间论文发表的数量的差异相对较小,表明这种相对有限产出的情况在人文社科领域具有一定普遍性。造成这种客观差距的原因很大程度上来自学科自身产出规律特征以及具体研究方向等因素的影响。当然,不同学科对于科研成果产出方式的要求和需求也存在差异。从这个意义上说,仅仅凭借国际发文数量(脱离相关背景)来衡量教师国际化参与程度的做法是有缺陷且存在争议的。例如,对于 A 学科的青年教师而言,每年能在学科领域内顶尖学术期刊上发表 1~2 篇高水平论文已属相当高产的表现;但对于 B 学科的同行而言,这样量级的科研产出水平可能连进入学术圈的资格都达不到。这也提醒高校在针对教师的科研产出考评时,应当充分考虑到这种学科之间的特殊性和差异性,提供更加灵活和适切的考评标准,以确保教师能够获得更加宽松的成长土壤。

本 章 小 结

本章从"本土国际化"和"跨境国际化"两个方面统计并分析了被调查青年教师在职期间的国际化参与情况,探讨了被调查者的背景因素、专业因素与其参与选择之间的关系。在此基础上,笔者从三个学科类别中分别遴选出若干所专业院系作为子案例,以青年教师在"学生指导"和"国际发文"这两个方面的表现为例,对有关被调查者的国际化参与情况作了进一步分析与比较。本章的主要研究结论如下:

(一)个人主导的科研探索是青年教师最重要的国际化参与形式

从整体参与情况来看,青年教师的国际化参与集中体现于个体主导的科研探索,包括定期查阅国际前沿学术动态、在国际性学术平台发表科研成果等,表明科研工作及其成果产出对于青年教师的学术职业发展具有极其重要的影响。这与青年教师所处研究型大学的基本定位(综合性、研究型、国际化)、发展需求(建设世界一流大学),以及学校对于教师学术成果产出的客观要求存在内在一致性;也体现了我国当前的高等教育制度环境——更多支持科研国际化并以此提升高校国际影响力,投射于青年教师日常学术工作的影响。

(二)本土与海归青年教师在跨境交流方面的参与度差别较大

相对于在本土校园的国际化参与情况,青年教师在跨境交流方面呈现更大的组间差异。例如,从单次跨境的时长来看,海归博士和博士后经历者整体上更少涉足 6 个月及以上的中长期海外访学,而本土高校毕业的青年教师则反之。这一情况在很大程度上与学校鼓励教师"走出去"的晋升考评政策有关。由于中长期跨境交流对教师在时间、空间以及应对本校工作需求方面的压力都比较大,多数青年教师通常需要慎重考虑后才能做出选择。在此情况下,学校对于本土毕业的教师必须具备海外经历的晋升要求无疑起到了推波助澜的作用,客观上促使更多本土青年教师参与中长期海外访学,并在该领域呈现本土和海归青年教师参与选择的明显差异。事实上,该政策的影响亦可从多方面得到体现。如研究发现,入职时间越长、学术职称越高的青年教师(相对于初任青年教师)涉足中长期海外访学的比例越高。这一现象与教师在特定职业发展阶段的个人需求相关,也不同程度受到上述政策推动。多名青年教师在陈述跨境交流动机时提到晋升目的,强调"本土毕业的教师在评职称前需出国访学"(F15)是硬性条件之一。

(三) 青年教师服务学科的国际化参与度高于服务高校表现

处于大学中的学者和学术单元既与所在的大学建立纵向隶属关系,也与所属的更大范围的学科发生横向联系。学者(教师)往往更注重与学科之间的关系,或者说对学科的忠诚度要高于对大学的忠诚度[①]——此类现象在本案例中亦有所体现。本研究发现,相对于背景因素,基于院系设置的专业因素[②],对青年教师的国际化参与呈现更为明显的影响。从组间差异分析来看,青年教师所属学科领域及其对应的专业院系,对其在本土国际化科研(科研探索、项目合作)以及跨境交流方面的整体表现都呈现较大影响。从院系子案例的对比情况来看,青年教师在"学生指导"和"国际发文"方面的表现,与其所依托的学科专业(包括研究方向),以及基于学科设置的院系部门,也呈现出比广义高校更加紧密的关联。这也提醒高校管理者在制定相关政策规定时,应充分考虑不同学科及其所依托专业院系的特征,进行差异化评估和管理。

---

① 阎凤桥.立功与立言可否融通:综合大学中教育学科发展的机遇与挑战[J].清华大学教育研究.2019,40(4):11.

② 本书中的背景因素特指青年教师入职前的自有属性(性别、学历背景、入职前的海外经历),专业因素强调其入职后呈现的相关属性,前文已作约定和说明。此处专业因素强调的是青年教师入校后所属学科领域、从事的研究方向及其隶属的专业院系背景。

第五章
激情背后的理性：青年教师缘何参与
大学国际化

　　作为具有高度主观意识和能动性的个体,青年教师的国际化参与决策往往是复杂且具有一定独特性的。多种因素的相互作用,以及由此产生的"化学反应"是其中不可忽视的关键变量。换言之,对于独立行动者而言,是否参与以及选择参与何种国际化活动,很难仅凭某一原因支配,往往是多种因素混合作用的最终产物。从吉登斯有关"主客体互动生成"的基本观点出发,我们必然需要去关注影响青年教师国际化参与的社会结构与行动者之间相互作用的情况——其中涉及的一个比较关键的问题是,究竟是怎样的推动因素支撑着青年教师投身国际化实践的热情。为了解答上述问题,本章主要通过对 S 大学中 25 名青年教师质性访谈数据的分析,系统梳理了这些教师参与某些国际化活动的具体原因。在此基础上,基于已有研究提供的信息,重点从社会结构(外部环境)和教师个体两个方面探究推动青年教师参与国际化的外部与内部因素及其运作机理。对于这一问题的探讨,有助于高校管理者和高等教育学者更好地理解为什么一些青年教师相比其他同事更有可能参与某些国际化活动,以及高校制度在引导和影响教师参与决策时所扮演的角色。

第一节　青年教师参与大学
国际化的原因分析

　　教师参与国际化的原因[或"动机"(motivations)],回答的是行为主体"为什么国际化"的问题;其本质是一种激发、引导和维持个体行为的内部过程,影响着教师参与过程的自觉性、积极性和主动性[①]。本研究围绕质性访谈中有关"您参与(某项)国际化活动的原因是什么"的问题,基于对被访者提供的相关质性数据,通过自下而上的三级编码分析,归纳了青年教师参与国际化的三大类 10 种具体原因,分别是科研产出(推动科研工作进展与成果产出)、资源获取(吸纳学术发展所需的各类资源),以及实现某种广义上的声誉建立(获得来自社会、学界、高校以及学生的认可和信任)(见表 5-1)。

表 5-1　青年教师参与大学国际化的原因

维　度	原　因　陈　述	具体说明/体现
科研产出	(1) 推进科研工作进展	● 为科研工作提供助力;
	(2) 推动科研成果产出	● 促进高水平科研成果产出;
资源获取	(1) 获得经费资助/奖励	● 获得经费资助(如海外交流); ● 获得经费奖励(如国际发文);
	(2) 获得经费以外资源	● 获得学生资源助力; ● 增加海外学术经历; ● 追求简单人际氛围;
	(3) 获得基于信息的智力资源	● 了解学科前沿方向; ● 提升学术视野和见识; ● 启发学术思维; ● 维护/拓展学术人脉; ● 巩固学科发展平台;
	(4) 获得立足院系的隐性资本	● 履行学术职能; ● 配合学校战略; ● 服务院系规划;
声誉建立	(1) 成果获得社会认可	● 使科研成果服务于社会发展需求;
	(2) 成果接受学界评价	● 避免因外行评价而无法获得客观认定;
	(3) 符合学校制度规定	● 完成聘期考评要求; ● 获得职级晋升资格;
	(4) 获得学生信任/认可	● 为学生提供优质教育服务。

一、科研产出：推动科研工作进展与成果产出

从访谈调查反馈的信息来看,S 大学青年教师基于科研产出的国际化参与

[①]　Murphy, P. K. & Alexander, P. A. A motivated exploration of motivation terminology[J]. Contemporary Educational Psychology. 2000, 25: 3-53.

原因主要体现在两个方面：① 推动科研工作进展（F05、F08、F18、F22）；② 促进科研成果产出（F04、F10、F15、F17、F18、F24）。

前者关注学术工作的过程推进，其运作机理在于青年教师因感知国际化对其科研工作潜在或直接的积极作用而将其纳入日常学术工作。例如，一位来自生命科学（后简称"生科"）领域的青年教师，通过分享个人参与院系搭建的、与美国南加州大学的科研合作经历指出，通过国际合作将自己在国外的研究延续至学院内的工作，"就是和我们学院的特点结合起来，相当于是（个人）和我们学院的研究都有发展了"（F05）。另一位农业生物（以下简称"农生"）领域的青年教师则强调个人的国际化参与和当前研究工作的实际需要相关，因此"主要是个人在推，跟研究方向有关，为了目前的研究发展"（F18）。

后者更强调基于学术工作付出的成果转化，特别是促进以 SCI 等国际学术期刊论文为代表的科研成果的产出，以及提高这些科研产出的质量和影响力。如一位来自理学院的青年教师认为，与国际学者合作"可能会更加保证论文质量"（F15），也是实现由科研产出数量向质量转变的关键。通过进一步挖掘该教师的相关背景信息发现，由于该教师所在专业院系、甚至国内学术圈中也较少有与其研究方向相近的同行，因此参与国际合作从某种程度上说也是该教师促进科研发展的一个重要突破口。另有来自工学和社科领域的青年教师认为，"你认识的国外同行越多，文章也更好接收一点"（F10）；参与国际交流合作对于学术论文的"推销（marketing paper）"不无裨益，因为教师自身"不可能整天待在海外去跟别人做沟通，你有一个国际合作者的话，他能够比较方便地去别的学校做演讲，或者跟期刊编委谈，帮助是蛮大的"（F17）。

二、资源获取：吸纳学术发展所需的各类资源

教师的国际化参与离不开各种外部资源的支持或配合。广义上的学术资源不仅包括显性的物质资助（如经费和学生资源），也包含各种形式的隐性资源（如专业学习机会、学术网络、学科信息以及人文环境等）。

（一）获得经费资助和奖励

基于经费目的的参与原因主要体现在获取外部经费资助和奖励两个方面（F01、F11、F19）。在经费资助方面，例如，对于来自生科领域、编号 F01 的青年教师而言，促使其前往美国加州伯克利大学交流访学的最大"诱因"是该校提供

了"非常非常高的奖金"。如该教师所述,"其实你说我为什么要出国呢,我自己感觉没有必要,但是一个原因是因为拿到了这个奖,钱真的是很多"(F01)。另一位工科学院的青年教师分享了个人申请某个校际合作的种子计划的经历,指出"申请这个计划,一个是得到经费的支持,另外就是扩展了跟国外教授的合作机会。因为你没有这个经费的资助,可能就没有机会去和国外知名教授继续深入地合作"(F11)。

在经费奖励方面,一位文科领域的青年教师表示,由于学院对教师在 SSCI 和 A&HCI 等核心期刊发表学术论文能够给予一定的支持与奖励,很大程度上刺激了本学院教师追求国际发表的热情和积极性。按照该教师的描述,"我们现在就是狂发文章,文章就是硬道理"(F19)。

(二) 获得经费以外的其他资源

青年教师对于经费以外资源的需求主要体现在,获得推进科研工作进展的学生助力(F06、F09、F20),增加个人的海外交流或工作经历(F04),以及获得一种有助于学术工作开展的、成熟和高效的学术环境和氛围(F20)。

在学生资源方面,通过指导留学生来获得科研助力代表了部分青年教师对于学术人力资源的需求。在本案例中,这一情况在工科类青年教师中出现较多,原因在于相比众多理科以及人文社科类教师所从事的偏于独立性的科研工作,工科类教师在应对实验类科研工作过程中,对于作为科研助手的学生的需求更为明确和迫切。一位工科领域的青年教师指出,由于学校规定"讲师一年只能招一个学生,我的那些重点研发计划很难推进",指导留学生成为其获取学生资源的一种变通之策,因为"招收留学生不算名额(不占用正规带学生指标),可以多招一个学生,有学生总比没有强"(F06)。基于近似的原因,一些初任青年教师在尚不具备"招生吸引力"(F20)或"招生资格"(F09)的情况下,也会选择参与留学生指导工作——尽管此类工作往往始于团队领导的工作安排或任务分配。

在学术经历方面,通过中长期海外交流来增加个人的国际化经历,以便获得更好的晋升机会和竞争资本,反映了一位本土毕业的、来自工科领域的青年教师参与国际化的重要心理动机。该教师当前面临的一个重大挑战是很难获得晋升名额。按照他的陈述,其本人已"百分之五百(500%)"完成了学校规定的所有考评要求,但由于专业领域内申请者基数大、而实际晋升名额十分有限,晋升通道狭窄且充满不确定因素。在此情况下,增加海外学术经历成为其突破晋升瓶颈的关键。该教师接受访谈期间正在海外交流，当被问及出访原因时，他多次强调"要争取在国外的经历更长，拿到更多成果，然后从国外直接申请（教职）①"（F04）。

在学术氛围方面，希望在相对简单的人际环境中开展科研工作，反映了少数青年教师参与国际化的一种内在需求。例如，一位工科领域的青年教师指出，国际合作过程中相对轻松、简单的沟通方式，是吸引其投身国际化活动的一个重要原因，原因是"这个时候你想的事情更加单纯，不用考虑太多人际关系"（F20）。

（三）获得基于信息的智力资源

获得一种广义上的学习交流机会，以便了解本学科内国际前沿的研究方向和动态（F06、F25），并提升个人在学术工作方面的视野（F10），启发/拓展见识（F14）与思维（F07、F12），拓展/维护学术人脉资源（F01、F13、F15），以及巩固学科发展平台（F23），是青年教师选择投身国际化实践的一大重要原因。

从了解学科前沿方向的目的来看，一位工科领域的青年教师指出，国际性学术交流有助于年轻学者把握学科发展方向，发掘未来科研领域的探索空间，因为"大家（通过）跟外面的圈子去交流，能够知道一些关键性的问题……比如跟外面（国外学者）合作一些项目，主要就是做问题（发现学科前沿问题），做了问题，那后面就有可能变成中国的一些大的项目了"（F06）。另一位人文社科领域的青年教师指出，与国外学者保持紧密的沟通与交流是实现知识共享的双赢互动模式，比如"他（国外同行）知道我的研究领域和兴趣点，那他看到本国的一些相关东西就会告诉我。我虽然也会关注，但没有办法像他作为本国人那样耳濡目染，也不可能那么及时地了解这些。当然，他也会问我一些关于中国的情况，比如看到一些材料或文件不太明白，那我也会尽量给他提供信息"（F25）。

从提升学术视野和见识的目的来看，一位工科领域的青年教师认为"出国走一走"是个人寻求自我拓展的一种内在需要，因为"对于个人来说，到了那么一个阶段，就是觉得应该出去看看，还是有必要的"（F10）。持类似想法的另一位工科领域的青年教师也表示，其选择出国交流的一大原因是"想去国外的实验室学习"（F14），以便更好地了解国际同行的研究情况和实验室运作模式。

从启发和拓展学术思维的目的来看，一位工科领域的青年教师认为，参与一

---

① 该教师认为，在学校当前的职级晋升制度下，本土教师想要从内部获得晋升的难度远远大于海归教师，甚至比不上离职后重新求职所能获得的职业发展机会。因此他希望增加个人的海外工作经历和背景，为个人职业发展多留一个选择——如在本校无法获得晋升机会，则以海外学者身份跳槽到其他学校或者重新应聘。

些高质量的国际性交流或合作,比如"跟国际上的顶级的这种组(科研团队)有切实的合作,或者参加领域内非常重要的会议",其主要价值在于能够接触本学科领域内的顶尖学者,并从他们的报告和思想中获得灵感、资讯或启示,因为"在这种会议上,这个领域内的大佬们会做很好的报告"(F07)。另一位工科领域的青年教师表示,对于学院邀请的一些国外专家的讲座,他通常都会去听,理由是"我们现在做科研做了多一点之后,就有一个问题,就是感觉科研越做越窄,所以年轻人去听一些讲座还是有帮助的。它的作用不一定立竿见影……我们去听的话,主要是去了解他当时做这些科研工作时怎么会有这些想法,可以给我们一些启发"(F12),以获得思维方面而非具体研究内容上的启发。

从拓展和维护学术人脉的目的来看,保持与本学科或研究领域主流学术圈的联系,对于青年教师具有积极的内在吸引力。一位来自理学院的青年教师指出,他选择赴海外交流的一个主要原因在于结识更多与其研究方向有共通之处、能够进行深层次交流的国际同行,因为"我这个研究方向的国外同行多,但国内(从事相关研究)的人比较少,所以出去的话氛围完全不一样……就是(跟同行在一起)共同话题会比较多,兴趣点也比较一致。"(F15)。另一位工科领域的青年教师表示,由于其工作内容"比较偏军工项目",平时并不需要经常接触国际同行,但每年参加国际会议是其保持与主流学术圈接触的一种重要途径与方式,因为"即便你现在的工作(性质)是这样,你在学术上也还是需要再继续发展,所以还是需要跟国外同行有所接触,就是说你肯定要进入这个学术圈"(F13)。

从巩固学科发展平台的目的来看,个别青年教师认为其投身国际交流的重要动力源自为其专业发展建立一个更加稳固的依托或支点——其本质是获得有助于教师学术发展的、有影响力的信息交流与沟通途径。以人文学院的一位青年教师为例。当前,由于该教师所在学科团队仅有两名全职教师,其学术影响力和成果均还处于积累阶段,因此他一直积极投身邀请和接待境外专家学者来访的相关工作。在他看来,"这是我们真的要为我们这个学科做的事,否则这个学科生长不起来。我们需要得到同行的认可,需要请一些外面的专家来,包括开一些讲座或者交流活动,去获得国外或者国际水准的同行认可"(F23)。

(四)获得立足院系的隐性资本

青年教师参与国际化的原因还包括获得某种得以在院系立足的隐性学术资本,比如,通过承担特定的国际化工作和任务而成为能够胜任相关岗位职责的、在院系内具有一定影响力甚至不可替代的存在。这一深层次的参与动机往往隐含于青年教师履行教师工作承诺的实践中，主要可以通过以下三方面的具体参与理由得以体现，包括：履行必要的学术工作职能（F02、F16、F19、F23），配合机构间战略合作项目的需要（F05、F09、F11），以及服务于院系发展需求（F02、F10、F12、F16、F21、F23）。

履行学术工作职责，是多名承担国际化教学相关任务的青年教师明确自陈的、参与此类国际化活动的一个主要原因。例如，一位来自中外合作办学院系的青年教师指出，由于其所在学院的国际化属性与追求，国际化的教学工作，如"所有专业课程统一用英文授课"，对其而言是"日常学术工作中的常规任务，大家会认为这是你应该做的"（F16）。类似的观点也存在于一位来自外语学院的青年教师的陈述中。在她看来，"国际化教学，针对本科生和研究生的都有，教学量非常大，都是学院安排的，也是我工作的一部分……我都可以做一些，所以尽量、尽力而为地做一些事"（F19）。另外，对于一位来自人文学院的青年教师而言，"负责国际合作交流处（提供）的留学生课程"是另一种形式的国际化。该教师认为，他在此方面的积极投入很大程度上也源自作为一名教学专任岗教师的职责所在，因为"这是我工作的一部分，我一来（从入职开始）就接手了留学生教学工作"（F23）。

配合学校或院系战略，将个人学术工作与机构发展规划或契机相结合，是驱动青年教师参与国际化的另一个重要原因（F05、F09、F11）。从工作内容来看，这类国际化活动主要涉及科研项目合作；从工作性质来看，这类活动对于青年教师具有一定激励性，参与者通常也能从中获得一些收益。例如，一位生命科学领域的青年教师陈述了个人参与所在院系与悉尼大学合作的科研项目的经历，认为这项工作虽是为了配合学院战略发展需求，但"没有学院牵头的话，也不知道能这么合作。而且也合作得蛮愉快的，对个人也挺有好处的"（F05）。另一位工科领域的青年教师指出，通过参与校际战略合作的契机，其本人"去新加坡工作了一年"（F11），不仅丰富了个人国际化合作的经验，也增加了海外工作经历。不过，与上述主动或者说积极参与的个案相比，也有少数初任青年教师属于被动参与，但他们同时也承认，这对个人在S大学的学术工作发展而言也不失为一个重要的开端。例如，一位工科领域、参与了其所在课题组的某项重大国际科研项目的青年教师指出，"对我来说目前主要还是靠项目推动。因为我现在需要集中力量发论文，然后申请基金，那主要就是通过（参与）项目先带动起来"（F09）。

服务院系发展规划,服从院系部门的某些非常规性工作分工或任务安排,是多名青年教师提到的、参与部分国际化教学工作或跨文化交流活动的一个重要原因。这些工作通常不被正式纳入青年教师的岗位职能范畴,但确实是其所在院系为了提升国际化形象、或应对学校任务分配所必须完成的,因此也被受访教师视为"服务院系需求"的一部分额外工作。大部分青年教师在这类活动中属于被动式参与,即主要受到来自院系部门的外部力量推动。

三、声誉建立:获得来自外界的专业和学术认可

"学术声誉"指的是学术共同体对从事学术活动的人在增进和发展知识方面所做出的贡献给予的承认和尊敬[①]。广义上的学术声誉也泛指一切来自外界的、对于教师个体学术能力及其学术成就的认可和肯定。在本案例中,青年教师参与国际化的原因也包含获得这种基于学术声誉的混合学术资本的主观诉求,包括:使科研成果获得社会认可;使科研成果接受学界评价;符合学校制度规定,以及获得学生的信任和肯定。

(一)使成果获得社会认可

使科研工作及其成果更具有社会价值,能够更好地为社会发展提供推动力,反映了青年教师服务社会的公民意识,以及增加个人及其成果的社会影响力的内在需求;而国际性科研合作是实现这一目标的重要助力之一。一位工科领域的青年教师认为,获得社会认可比单纯得到学术认同(如文章获得高被引)更为重要,也更有现实价值,因为它是成就学术生涯发展、甚至实现个人在其他领域的职业成就的根本保障:

参与国际化,这肯定不是学校驱动,而是我们老师自己要驱动的,就是想着为社会做事。因为你有成果,最终是为了做贡献。就像拿什么奖的那些人,(获奖原因)不是说他发的文章被引用的次数高,最关键的是推动了社会进步,为社会服务了。再然后(获得社会声誉)他才可能评什么杰出青年,或者院士,对吧?(F06)

(二)使成果接受学界评价

确保个人的科研成果产出能够得到国际同行的专业评价,反映了部分青年

---

① 廖榕楠,庄丽.学术声誉:一种质的大学学术评价标准[J].河北师范大学学报(教育科学版).2015,17(2):89.

教师追求学术卓越和国际认可的一种强烈的自我激励意识，这同时也是其获得某种隐性学术资源（如国际知名度）的重要渠道。例如，一位来自文科领域的青年教师认为，"目前国内的体制，它有的时候可能还缺乏国际上的那种鉴赏力，经常找一些外行来进行评议……这些外行在我这个学科，他们的权威性是远远及不上国际同行的，他也看不懂我的东西，所以只有国际同行（评价），而且是权威的，才有参考价值"。由于其研究领域在国内尚处于起步阶段，该教师认为，其个人作为国内少数从事此类研究的学者，应肩负向国际一流水平看齐、为本国学者发声的责任：

> 我现在基本上都是用外语发表论文，我所有的发表全部都是国际的。因为我个人觉得在国内期刊发表科研文章的，有成千上万的人，但是能够在国际顶尖刊物发表的人还是凤毛麟角。就是说我们更需要能够在国际最顶尖刊物、在国际上最顶尖的那个学术圈发出我们声音的学者……像我研究的领域，在国内还处于起步阶段，国际上现在已经搞得非常非常先进，我们想要迎头赶上，就要跟他们互动交流，向他们学习，同时发出中国学者在国际学术界的声音，相当于体育运动奥林匹克吧，所以还是要国际发表。（F03）

（三）符合学校制度规定

获得来自高等教育机构层面的、源自某些政策或制度（对于教师学术能力和表现）的专业认可，是青年教师参与国际化的一个重要原因。具体体现在两个方面，一是完成或满足聘期考核要求（F21、F23），二是获得职级晋升资格。两者在逻辑上存在一定的紧密联系。

首先，满足科研发表的考核要求是部分青年教师选择在国际性权威学术期刊发表学术论文的一个重要原因——尽管不同个体所面临的情况可能存在细微差别。例如，对于来自工科学院、编号 F21 的青年教师而言，国际发文是完成考评要求的硬性指标，因为"我们老师发国内核心期刊，他的工作量基本上是不计的，大家都是往 SCI 那里发表"（F21）。而这一规定在 S 大学似乎也已经覆盖了除人文社科大类之外的所有院系，成为自然科学大类各领域教师的"标配"。

其次，应对职级评聘中有关（至少 6 个月）海外交流经历的明确规定，是青年教师个人选择赴海外中长期出访的重要原因之一（F10、F14、F15）；而获得职级晋升资格本质上也是对教师专业能力和学术成就予以认可的一种体现。从被访教师的信息反馈情况来看,这一政策显然对于多数本土毕业的青年教师在此方面的国际化参与决策产生了直接的影响。例如,来自工科学院、编号F14的青年教师指出,"出去交流的话,原则上跟晋升要求是有关系的。特别是本土老师,就是没有出过国的老师,像我评副高(之前)是要出去一次的,这是一个硬性规定"(F14)。另一位来自理学院的青年教师指出,个人在职期间参与的首次为期一年的海外访学也是为了"评副高",因为"学院评职称要求国内博士毕业的教师有出国访问经历"(F15)。

(四) 获得学生信任和认可

"使学生得到良好的教育和指导"反映了青年教师对于获得来自学生群体、对其专业能力的信任和肯定的一种心理诉求(F02、F10、F12、F23、F25)。这种心理诉求在很大程度上源自这些教师对于以"传道授业"为核心的传统教师职能的深切认同感。虽然多数教师在访谈中没有明确指出这一本质,但其言谈举止间都不同程度地流露出对于获得这种基于传统教师职能的声誉或认可度的倾向,一定程度上证实了这种内在动机的运作机理以及产生的积极影响。

在针对本土学生的教学方面,一位工科领域的教师指出,虽然学校一直在强调国际化教学,但"我们的教学方式却完全没有变,课堂上依然是一个老师在前面吧啦吧啦讲,底下的学生爱听不听,完全形不成一种开阔的思路和方式",因此很有必要借鉴和学习国外看到的"别人好的授课方式"(F02)。另一位社科领域的青年教师认为,将国际化的知识和信息纳入课堂教学,可以帮助本土学生获得更多国际化视野,因为"我们不可能把所有的学生都送出去。但我自己在国外学习过,也看到了很多东西,我可以把自己看到的分享给学生"(F25)。

在针对留学生的指导方面,一位工科领域的青年教师分享了指导境外合作院校留学生的情况,虽然他认为这是一项额外工作,但也表达了积极的参与意愿:

指导留学生对我来说算是一项工作,但也是自愿参与的,因为学院或者学校都不算工作量,没有直接的回报或好处,相当于是公益性的,也要花一些时间。比如前阵子我们日本合作院校的一位老师带了学生过来。他们的学生要选导师,他就把学生领过来,问我愿不愿意带,我完全可以拒绝,因为他们的专业方向和我们的相关性不是特别强;另外这个学生怎么样,我们也不清楚。但关键是他的学生要选我,学生说了解到我,要想选我,所以我就同意接收了。(F10)

另一位工科领域的青年教师认为,个人接触留学生工作的积极性很大程度上源自他对于教学工作的兴趣，以及对留学生所在国家教育体制和文化的了解：

　　学院里面会有一些外国学生来申请学位，学院会给所有老师发申请者的个人资料，我一般看到差不多可以接收的，我就会带。一方面因为我喜欢跟人打交道，这是我的性格……另外，这些留学生一般都有自己的特点，你基本要顺着他。像我带的这个法国学生，我了解他们的教育体系……我知道怎么去指导他学习。(F12)

　　除了工作职能所在，一位来自文科领域的青年教师也强调个人对于汉语国际教育的兴趣和热情是驱动其不断探索理想教学模式的重要推动力：

　　其实有一部分外国学生是想来提高汉语口语的，这方面我也可以做到。我出国访过学也教过学，对把汉语作为第二语言的这些受众还是比较了解的，一些课程我都讲过，对我来说没那么大难度，再加上我本身和他们年龄相差的不是那么大，我愿意教学，在教学当中会有很多新奇的小点子，运用新的教学方式。(F23)

四、分析与讨论

　　本案例中青年教师选择参与国际化的原因，究其核心追求而言，很大程度上与获得一种广义的"学术资本"（即一切有利于学术工作发展的资源总和）紧密相关，具体体现在"科研产出""资源获取"和"声誉建立"三个方面。具体而言，他们在科研产出方面关注的焦点始终与国际发文息息相关，充分反映了这一因素对于这些身处研究型大学的青年教师的重要影响。其次，青年教师在学术资源方面的需求既涉及经费和生源等显性保障因素，也包含信息、人脉、平台以及学术氛围等隐性资源，表明国际化参与是基于多种因素和条件促成的。另外，国际化参与也折射出S大学的青年教师对于获得外部认同的潜在心理诉求，其评价主体包括社会、专业院系、本学科领域的国际同行以及学生群体。

　　与已知研究发现相比（主要出现在北美地区），S大学的青年教师与其国外同行一样，都强调了为学生提供优质教育、提升高等教育/教学质量，以及获得自我发展（包括获得新知识、技能以及学术信息和资源）等具体理由；同时也对获得外部经费资助、通过国际化参与为职级晋升和考核争取竞争资本，以及服务院系发展需要等参与动机给予了特别的肯定。不同之处在于：

　　第一，与国外（尤其是北美地区）高校教师相比，本案例中的青年教师在其动机陈述中更强调"使科研成果获得国际同行认可"和"获得基于信息的智力资源"

的重要性,凸显了多数参与者对于学习和借鉴国外先进学术知识、范式和技能的客观和迫切需求;而国外教师在相关调查中并没有特别强调这一点——这或许与这些教师自身已处于世界学术中心有关,表明两者基于国别差异的国际化参与在起点上还是存在一定差距。相反,国外教师更强调融入全球社区、结合多方力量来解决一些全球性问题的重要性,但这一点似乎并未在 S 大学青年教师的陈述中出现,他们当前的焦点依然集中于个人在本校范围内与学术工作密切相关的部分。

第二,本案例中的青年教师强调了"获取学生资源"的国际化参与动机,但此类原因并未在已知的国外相关研究中出现,反映了不同文化背景和学术生态下大学教师与学生之间关系的某种微妙差异。

第三,本案例中的青年教师也强调了"获得立足院系的隐性资本"的参与动机,这一点也未在针对国外教师的调查中出现。其中一个客观原因在于,目前已知的相关研究中并没有特别针对青年教师的实证调查,因此无法进行深入比较。另外,受到多方面因素影响,国内学术圈或多或少仍然存在某种论资排辈的"风习",新教师入职后通常需要从事相关服务性工作以适应新团队、新环境,这在国外高校中似乎还没有发现类似规定。

另外,个别青年教师还提到了"获得简单人际氛围"的参与动机,此类原因也未在国外研究中被提及。其原因可能是,大多数此类研究出现在北美地区,该区域因政治、历史等原因,本身就是多元文化、民族甚至种族汇聚之地,具有天然的跨文化交流与沟通的基础。人们为了方便交流合作,往往更具包容和变通态度。相比之下,当前我国本土校园内的人员构成更加同质化,与本国同行的交流沟通可能会因某些固有风气或制度阻碍而难以顺利推进。不过,与之相关的是,国外教师特别提到了寻找(作为移民及其后裔)自我身份认同的国际化参与动机,这在本研究的调查中并未发现。

第二节　推动青年教师参与大学
国际化的外部因素

根据吉登斯"结构化理论"的基本观点,高校教师的国际化参与是在"结构"和"行动"的博弈中形成的:教师在此过程中通过反思性监控和实践实现了策略行动者的变身，运用结构赋予的资源与规则再生产了自己的行为。结合上述基本研究发现，以及相关质性资料的获取与分析过程，笔者最为深切的感触是，青年教师国际化参与行为的背后包含着行动者复杂而微妙的心理变化与决策过程。那么，究竟是怎样强大的动力或者推动因素支撑着这一群体投身国际化实践的热情呢？推动不同实践主体通过国际化参与来积累学术资本的影响因素又存在何种异同呢？为了了解这些"隐藏"在青年教师国际化参与原因背后的重要推力，以及这些推动因素影响实践者参与行为的运作机理，研究首先将上述被调查者的参与动机及其相关背景信息置于其赖以发展学术职业的大学校园环境进行考察。

研究发现，源自社会结构的推动因素主要包括高校的客观推力，以及国内外相关机构的有力支持。其中，来自高校内部的客观推力主要体现在"任务分配""政策规约"和"学术平台支持"三个方面。高校之外的推动因素主要体现在国家和区域层面的支持，以及国际层面（如境外高校或其他科研机构）的助力。与高校层面的推力相比，后两类通常较少被关注，但其影响力不容小觑。

一、高校工作和任务分配

S大学通过明确的岗位职能分配，以及某些潜在不成文规定的任务安排，对于推动青年教师参与某些特定国际化活动起到了立竿见影的效果，其本质是机构权力通过有形或无形的载体作用于教师个体的过程。在本研究中，多名青年教师不同程度地谈到了这一因素（F02、F16、F10、F12、F19、F21、F23）；而为了履行学术工作职能、配合学校战略需求，以及服务院系发展规划而投身相关国际化工作的实践，也在客观上促成这些青年教师获得在本专业院系立足的某种隐性学术资本——比如，在某项国际化工作中独当一面的影响力和权威性。进一步对上述信息进行深入挖掘可以发现，领导推动、学生需求、青年教师自身的学术资历和专业背景等因素，都有可能加剧此类因素作用的发挥。

（一）领导因素

与院系外事主管在工作上联系较为紧密的青年教师，相比其他同事而言，可能更容易被"抓差"（F02、F23）。例如，编号F02的青年教师在解释其广泛参与国际化工作的原因时提到，"因为我所在课题组的负责人，是我们学院专门负责国际交流任务的领导，他下面还有一个国际交流办。我们是同一个课题组的，所以很大一部分这个交流办的工作都要我们来承担"(F02)。编号 F23 的青年教师在过去一年为学院承担了大量与国际化相关的工作,如代表院系组织了旨在推广异国文化/知识的文化周活动等,原因是"这是学院领导交代的一项任务"(F23)。

(二) 学生因素

出于学生利益的考虑,可能成为教师为某些国际化工作"救场"的一个重要理由(F10、F21)。例如,编号 F10 的青年教师指出,其参与留学生指导工作主要是为了配合学院发展需要,其相关背景是"学院有一个中日韩的项目,就是中日韩三所学校签了战略合作,可以互派硕士生,学生可以拿两个学位。因为我的学生参与了这个项目,所以我也跟着做了,相当于是对他进行联合培养。与此同时,我名下还有两个日本学生,我主要是协助指导"(F10)。类似的理由也出现在编号 F21 的青年教师的陈述中。该教师虽然任职于专职科研岗位,但在谈到其开设国际英文授课的原因时指出,"因为我们学院有留学生,而教学的话因为正好有这方面的任务,所以我能上就上了"(F21)。

(三) 资历因素

在专业院系内的任职时间和话语权等,都有可能使部分初任教师更多地被安排参与相关的国际化工作。例如,编号 F02 的青年教师认为,教师是否参与以及参与国际化教学工作量的多少主要取决于教师个体的国际化背景与资历,像她本人这样资历尚浅、且具有海外经历的青年教师通常需要在该领域承担更多的国际化工作。她对这一情况描述如下:"比如说我在德国留过学,所以中德的合作肯定是要承担得更多。我们另一个老师是美国毕业的,所以中美合作方面的工作她就要承担得多一点。因为我们两个都是新来的,我们肯定承担得更多。老教授就不用说了,肯定不需要。而其他的一些资历老的老师呢,因为他们一个是承担的(普通)课程多,另外比如说有一些家庭(的压力),就是要照顾孩子或者各个方面。一般这些老师除了上课之外可能承担的这些国际化工作比较少。还有那些没有国外交流经历的教师,一般不太涉及"(F02)。

(四) 专业因素

青年教师在其专业领域内的相关知识和背景也有可能使其更多参与国际化交流工作。例如,编号 F12 的青年教师认为,研究领域的相关性,即具备特定专业背景知识,决定了其在工作中可能会被委以相关的国际化接待和沟通工作,最直接的原因是"一般去接待（国外来访学者）的人，你要跟人家的专业稍微对应一点，至少要跟人家能聊得上话"（F12）。

二、高校晋升和考评政策

政策规定或制度规约是 S 大学推动青年教师参与某些特定国际化活动的一个重要因素。主要体现在两个方面，一是高校将拥有中长期（至少 6 个月）海外交流经历作为教师职级评聘的一项明文规定。自 2008 年起，S 大学首次将教师出国交流进修指标列入《教师及专业技术职务聘任管理办法》的岗位要求和岗位申请条件，要求"申请教学为主型副教授及以上职称"者必须能"熟练运用一门外国语进行专业实践"。从 2010 年起，除学校认定的少数学科外，职称申请者须具有累积六个月（教授）或三个月（副教授）相关学科领域的海外学习工作经历。申请教学科研型以及科研为主型副教授及以上职称者自 2010 年起，除学校认定的少数学科外，须具有累积一年（教授）或六个月（副教授）以上相关学科领域的海外学习工作经历①。多名教师在陈述其赴海外交流动机时提到这一影响因素（F10、F14、F15）。不过，该项规定很大程度上仅对本土毕业的教师有约束力，海归教师和有海外博后工作经历者并未过多受此政策影响。可见该政策目标明确，效力仅辐射其目标人群。

另一项政策涉及教师聘期考评中有关国际发文的要求。根据 S 大学的相关规定，几乎所有自然科学大类的教师都必须在以 SCI 或 EI 为代表的国际性核心期刊发表一定数量的学术论文；少数人文社科领域的教师虽然未被强制要求国际发文，但在 SSCI 或 A&HCI 期刊发文也是其职级评聘中的一项重要参考。客观上，这项政策的直接目标或者说出发点主要在于推动教师科研产出而非国际化参与本身；但随着全球化时代的到来，高水平科研产出在很大程度上已经与教师的国际化参与紧密相连、无法切割。对于多数青年教师而言，他们选择在国际性平台发表科研成果的原因既包含了应对考评要求的因素，同时也或多或少带有个人追求学术卓越的内在激励——当然，不同个体对这两种因素权重的定义存在差异。多名被访教师提及这一因素对其国际发文的直接影响（F13、F21）。不过，这一政策在发挥推动作用的同时也伴随诸多争议和质疑。尤其对

_____

① 　S 大学教师职务聘任实施办法（学校内部政策文件）。

于交叉学科以及小众学科的部分青年教师而言(F02、F05、F21、F23),这一因素既是促使他们在国际科研平台发表论文的客观推力,同时也对部分教师的学术考核造成了一定的压力。

三、高校搭建的学术平台

来自机构层面的、有助于青年教师国际化参与的推动因素还包括学校、院系部门以及专业团队提供的广义上的学术平台,比如,校际/院系的战略合作关系/项目,以及基于院系部门或者科研团队声誉基础上的一些潜在的国际化合作机会。

首先,机构之间长期或相对稳固的战略合作关系,能够为青年教师参与国际化提供合乎实际需求的帮助,并促成个人与其所在机构的双赢局面。例如,编号 F05 的青年教师主要基于推动个人科研工作进展的目的参与了院系层面的国际化合作项目。从他的陈述来看,这一国际化参与经历不仅使他个人从国外带回来的科研工作得以继续推进和发展,同时也对院系的科研工作、拓展国际合作关系起到了积极的推动作用。对于编号 F11 的青年教师而言,申请学校的战略合作项目,不仅使其获得了充足的经费资助,同时也丰富了其海外工作的经历。

另外,专业院系或科研团队在特定研究领域的知名度和影响力,也在很大程度上对青年教师参与国际化起到了关键性的托举作用。例如,编号 F09 的青年虽因工作安排而参与团队主导的校际国际性科研合作项目,但对其而言,这也是一个累积科研成果的重要机会。编号 F20 的青年教师与其所在学科团队参与了一项由国际原子能机构发起的国际性合作项目。在该教师看来,这项合作不仅对于参与者、院系和大学有很大价值,更是一项代表国家在该领域科研能力的、具有战略意义的重要实践。究其背后的推力,该教师认为这项合作得以实现的主要原因包括以下几点:一是"我们这个专业和学科研究方向本身比较国际化";二是所在学科与国际原子能机构长期保持联系,积累了稳固的合作基础。

四、国内外相关机构支持

高校之外的推动因素包括来自国家(包括区域)层面的支持,以及来自国际层面(如境外高校或其他国际科研机构)的助力。其中,来自国家层面的推动因素主要反映在国家留学基金管理委员会(CSC)提供的教师中长期海外交流资助。在本案例中，绝大多数青年教师反映，其海外交流都是通过申请该机构的经费资助得以成行。另外，一些国家/地区部门——如国家原子能机构(F20)、科技部(F10)、外国专家局(F06)等，也为青年教师参与国际性科研合作提供了重要的契机、资源或机会。例如，编号F10的青年教师谈到了如何争取外部资源以推动国际性科研合作的问题，其相关陈述表明，国家以及区域相关部门提供的各种资助对其国际化参与发挥了积极的作用："我目前也有负责的国际化项目。契机是我去美国休斯敦访学了一年，自己申请的国家留学基金委的资助。回来以后申请到了上海市的一个国际合作基金，跟美国莱斯大学的一个教授合作……经费支持的渠道还是很多的。刚开始两个人(中外合作者)可能要有一些合作的基础，像我们现在上海市的这个项目也是，我们当时在美国合作过，也发表过论文，他们(基金评审)觉得你们能做出东西，有基础，就会给你资助。另外还可以申请国家留学基金委、上海市或者科技部的经费"(F10)。

来自国际/境外组织的推动因素包括国际性科研合作机会，以及教师国际化经费资助和奖励等。一些国际性科研机构和知名高校在此方面发挥了较为积极的作用。例如，编号F01的青年教师曾申请到一项美国名校访学计划。回顾这段经历，他认为个人的学术网络(与境外资助高校长期保持着良好的学术联系)以及学校领导的支持(该项目须由S大学校长实名推荐)固然发挥了不可或缺的作用，但最大的推动力无疑是境外高校提供的高额资助。另外，从编号F20的青年教师的陈述中可以发现，其境外合作对象，不仅促成了该教师所在团队参与国际性科研合作的可能性，也为联合全球各国力量、推动国际核能研究做出了重要的贡献。当然，在建立这项合作的过程中，我国原子能机构同样发挥了重要作用，因为此类合作"必须首先通过我们国家的原子能机构批准"(F20)。

第三节　推动青年教师参与大学国际化的内部因素

在分析了青年教师国际化参与的客观外部推力的基础上，研究进一步聚焦来自教师自身的、对于国际化参与具有客观推动作用的内部影响因素。对于这一问题的分析，其重点在于解答具有相同或近似国际化参与行为及参与动机的青年教师有哪些共同或者普遍拥有的显著特质？根据被访教师的信息反馈，笔者认为，本研究呈现的来自教师个体的内部推力，即能够支撑青年教师参与动机、目的和行为的核心要素，主要体现在广义上的"意识""能力"和"资源"三个方面。具体而言，意识主要指的是实践主体对于国际化交流合作的积极态度、信念和兴趣；能力包括适应各类国际化活动的专业知识、技能以及学术影响力等；资源重点强调的是实践主体自身所拥有的学术人脉和关系网络。

一、积极的国际化态度、信念和兴趣

积极的国际化认知、态度和信念，是推动青年教师参与国际化的坚实基础。从受访教师的陈述来看，虽然个别教师承认国际化参与在短期内所能带来的收益和回报并不十分明显（F09、F10），但就整体而言，几乎所有青年教师都从宏观上（或者说理性层面）肯定了教师参与国际化的重要性和必要性。从上述动机陈述及其相关背景信息来看，大多数青年教师将国际化参与视为锦上添花的"加分项"。而对于另一些人而言，某些国际化活动和实践则是他们克服或突破当前学术工作瓶颈的关键所在。例如，编号 F04 的青年教师认为"参与国际科研合作永远是排在第一位的，没有任何事情能影响这件事，只会是这件事影响到其他"。进一步结合该教师背景信息和参与动机陈述会发现，国际化参与（特别是中长期的海外交流）不仅是他推动科研成果产出的助力，也是其试图克服当前高校中本土教师晋升通道狭窄、过度青睐拥有海外背景教师这一现状的重要突破口。作为一名本土高校培养出来的青年学者，该教师渴望、甚至可以说迫切期待通过增加个人海外科研经历来"刷新"其学术背景，以获得与海归博士或博士后人员同等或近似的职场待遇。

编号 F15 的青年教师强调与国外同行合作是其个人确保和提升论文质量的重要因素。而笔者通过进一步挖掘该教师相关背景信息发现，由于该教师所在专业院系，甚至国内学术圈中也较少有与其研究方向相近的同行，因此参与国际合作从某种程度上说也是该教师促进科研发展的一个重要突破口。

类似的个案还包括，例如，对于编号 F03 的青年教师而言，在国际性期刊发表科研成果是其在专业学科领域内寻求长足发展的一种必要"素质"。由于目前国内在相关领域的研究还处于起步阶段，在该教师看来，国际发表也是避免个人学术成果及其学术价值被误判或者低估的一个必然选择。

除此之外，对于国际化相关活动的兴趣与热情，也是推动青年教师积极参与其中的关键要素。例如，编号 F12 的青年教师在解释其涉足留学生指导工作的原因时强调了个人"喜欢跟人打交道"、愿意参与一些国际性交流沟通的性格特质。编号 F23 的青年教师虽始于工作安排而接手留学生教学工作，但仍然表示自己"愿意去教学"，并且还会在教学中"融入新奇的小点子，运用新的教学方式"。

二、适应国际化活动的丰富知识与技能

拥有适应各类国际性交流合作和国际化工作的知识、技能以及出众的综合能力，是推动青年教师参与国际化的重要前提和保障。在本案例中，几乎所有青年教师都或多或少地涉足了与国际化相关的活动或工作，也都普遍具备了相应的能力。广义上的"能力"要素包括外语能力、国际化的知识和信息，专业领域的知识和技能，以及基于前述内容逐渐积累的学术影响力等。

首先，外语能力是参与国际化活动必不可少的重要能力之一。从上述分析来看，具有良好的外语能力，以及与其相关的跨文化沟通的知识和技能，无疑是确保青年教师顺利参与相关活动的积极助力。例如，编号 F06 的青年教师指出，由于 S 大学"现在都要求老师从外国拿博士学位"，或者具备海外工作经历，包括他本人在内的多数青年教师通常能够自如应对与留学生的交流沟通，并积极开展相关指导工作——这也是他能够充分利用留学生资源的一个重要前提。

其次，与国际化相关的知识和信息推动青年教师的国际化参与。例如，编号 F12 的青年教师参与留学生指导工作的出发点是配合学院国际教育工作，同时也为学生提供优质教育。由于该教师是在法国接受博士教育，因此对于欧洲大陆，特别是对法国留学生的习惯及其依托的教育培养体系比较了解，在具体指导过程中能在较短时间内迅速抓住要点，同时给予学生充分的尊重和自由。比如，在谈到外籍学生与本土学生之间的差别时，该教师特别强调我们应当"结合不同学生的背景来看待这种差异性"，原因是这些学生"接受高等教育的学校制度、学习起点都不一样"。在谈到外籍学生的特点时，该教师认为这些学生"有自己的一些规律，你基本要顺着它（遵循规律）"，才有可能事半功倍；而在分享个人指导心得时又指出"这些学生来了之后，你要告诉他自己的职责，这段时间他要做什么，然后我有哪些要求，一开始就要讲，这样大家就都清楚了"（F12）。

第三,过硬的专业知识和技能是青年教师国际化参与的智力资源保障。例如,编号 F06 的教师在分享参与此类活动的经历时指出,虽然在寻找国际合作伙伴之初可能需要来自外部的一些帮助,比如通过院系领导"牵线搭桥",但能否真正实现合作的关键还在于教师个人的学术水平(实力)。编号 F01 的青年教师认为,教师拥有的"专有技能"是其在学术圈立足的"看家本领";由此产生的在其专业领域内的影响力,是吸引外方合作者前来联系并开展国际合作交流的重要资本。编号 F17 的青年教师积极与外籍同行合作发表论文的一个重要原因是为了更好地"推销"科研成果。在谈到如何寻找合作者的问题时,该教师认为个人在专业学术领域的影响力、对同行研究情况的了解,都是建立广泛的国际性学术联系的必要素质和条件。以下陈述主要体现了这一观点:

因为你自己在这个学科里是做研究的嘛,那你对这个学科领域内做你这个题目做得好的,有能力跟你合作的人,你基本上都是应该清楚的。所以全世界都是你的合作者(all world alumni),你可以在全世界范围寻找合作者。(F17)

三、有益于国际交流的多元化学术网络

个人所拥有的学术网络是一种重要的隐性学术资本,也是推动青年教师国际化参与的关键要素。在 S 大学中,几乎所有青年教师都不同程度地拥有与海外同行的交流合作联系。从这些学术网络的构成来看,青年教师建立与海外同行交流和合作关系的途径主要包括以下几种:① 师承/校友关系,合作者主要是海外求学以及(博后)工作期间的导师和同事(F02、F05、F08、F11、F12、F16、F20、F25);② 工作期间赴海外交流过程中结识的合作者和指导者(F01、F02、F10、F14、F15、F23);③ 通过参与国际性会议或活动结识的同行(F01、F07、F24);④ 通过研读、引用论文和追踪研究方向等逐步建立联系的同行(F01、F17、F24);⑤ 借助院系部门合作项目建立联系的合作者以及潜在合作对象(F05、F09)。例如,编号 F25 的青年教师指出,其保持与国外学者交流合作的主要目的是"更好地了解学科前沿的信息和动态",合作对象就是她在海外的博导。编号 F20 的青年教师在其陈述中提到,个人主导的首个小型科研项目就是源自国外博士导师的支持,其背景与基础是"我在日本跟原来的导师做过一些项目,他也比较了解我……他人比较好,他们那边正好有一些任务,可能比较适合去做国际合作,所以我回国之后他就给了我这样一个项目"(F20)。

第四节   两类因素对青年教师
国际化参与的影响

结合上述分析，推动青年教师参与大学国际化的影响因素主要来自两个方面，一是青年教师所处社会结构（即外部环境）产生的影响，主要体现在源自高校的任务分配、政策规约以及学术平台支持（外部推动因素）；二是作为行动者的教师个体自身所具有的一些特征和素质（内部推动因素）。为了深入了解上述两类推动因素如何作用于行动者的参与决策和行为，本节主要从参与类型和参与主体两个方面分别对影响青年教师参与大学国际化的推动因素作进一步分析。需要说明的是，本节有关主要推动因素的讨论，强调的是在特定教师的主要实践活动中哪一类因素（内、外部因素）所呈现的影响力更为突出、发挥的作用更为明显，但并不意味着否认其他因素的存在以及产生的客观推动作用。

一、针对不同参与类型的推动因素分析

表5-2呈现了基于三种不同的活动类型，推动青年教师参与国际化的内、外部因素的分析。从两类推动因素被提及的重要性程度来看：

表5-2   推动青年教师参与大学国际化的主要
影响因素分析（针对参与类型）

参与类型	主要形式	参与大学国际化的原因	内部推动	外部推动
国际化教学 （T）	课程教学 学生指导	● 获得学生资源助力（3） ● 为学生提供优质教育服务（5） ● 履行职能 & 服务院系规划（9）	 √ 	√ √
国际化科研 （R）	交流合作 国际发表	● 推进科研工作进展（4） ● 推动国际科研产出（5） ● 获得经费奖励/资助（2） ● 追求简单学术氛围（1） ● 获得基于信息的智力资源（7） ● 配合战略 & 服务院系规划（4） ● 成果获得社会认可（1） ● 成果接受学界评价（2） ● 完成发文考评要求（2）	√ √ √ √ √ √ 	 √ √ √

（续表）

参与类型	主要形式	参与大学国际化的原因	内部推动	外部推动
跨境交流 (O)	国际会议 交流访学	● 推动国际科研产出(1) ● 获得外部经费资助(1) ● 获得基于信息的智力资源(4) ● 增加海外学术经历(1) ● 获得职级晋升资格(3)	√ √ √	 √ √

说明：上表"参与大学国际化的原因"栏中数字代表具体参与原因被提及的频次，仅作为质性分析的参考。

青年教师在国际化教学方面的参与主要受到外部因素驱动，包括获取学生资源，履行学术职能以及配合院系规划，表明他们在此类活动中主要是一种被动式参与。他们在实践中虽然也可能不同程度地受到内部因素激励，即行动者的个体能动性不同程度地发挥作用，但这些因素往往因为附着于外部因素，或者被外部因素所抑制或掩盖，而未呈现出十分积极或者显性的影响力。

青年教师在国际化科研合作方面的参与更多受到内部因素驱动，其中涉及多种具体的参与理由，从一定程度上反映出青年教师在该领域具有相对更大的自主权和主观参与意愿；但同时也折射出学校相关支持性政策举措的覆盖性和影响力依然还比较有限，许多青年教师必须通过个人的学术网络和方法获取实现国际化参与的必要资源。

青年教师在跨境交流（主要反映在中长期海外访学）方面的参与同时受到内部和外部因素驱动，两者就影响力而言差异不大，说明教师是否选择赴海外访学在很大程度上取决于教师对于内、外部因素综合考量的结果——这与海外访学对青年教师日常工作以及家庭生活可能造成的影响密切相关。就外在驱动力而言，学校对于本土教师职级晋升时必须有海外交流经验的规定，对于青年教师选择跨境交流起到了直接的规约作用。

二、针对不同参与主体的推动因素分析

进一步从不同实践主体的具体参与情况来看，上述内部和外部推动因素并非完全平行或非此即彼；青年教师的参与决策往往是基于多个内、外部因素综合考量的结果。这就涉及另一个问题，即在每个青年教师的具体实践中，内部和外部推动因素究竟如何相互作用以影响教师最后的决策？为了解答这一问题，笔

者以独立个体作为基本研究单位继续深入考察。具体分析主要从两方面着手：一是参考青年教师基于自身参与各类国际化活动的权重和重要性，对其主要的国际化参与情况作出的自我判断（即自评具体行为更多受到内部因素推动，还是外部因素推动）。二是笔者在此基础上通过对访谈数据，以及被访者的问卷调查和简历信息的深入挖掘，对教师的自评情况进行检验与解读。

（一）主动、被动、综合驱动

表5-3反映了不同青年教师的参与动机及其相关内部背景信息。通过对这些信息的综合比较和深入分析，笔者获得如下发现：

表5-3　推动青年教师参与大学国际化的主要
影响因素分析（针对参与主体）

被访者	教学	科研	跨境	岗位	学科	职称	入职时间	主要动力来源
F01		I	I	科研	理学	副教授	2009.12	内部
F03		I,I,I		双肩	文学	副教授	2015.1	内部
F04		I	I,I	科研	理学	讲师	2014.6	内部
F06	E	I,I,I		双肩	工学	讲师	2012.6	内部
F07		I		双肩	工学	副教授	2009.4	内部
F08		I		双肩	工学	讲师	2014.5	内部
F10	I	I,E	I,E	双肩	工学	副教授	2008.4	内部
F12	I	I,E		双肩	工学	讲师	2014.11	内部
F13			I	科研	工学	副教授	2012.1	内部
F15			I,E	双肩	理学	副教授	2008.8	内部
F17		I		双肩	经济学	副教授	2009.5	内部
F18		I,I		双肩	农学	副教授	2009.5	内部
F20	E	I		双肩	工学	副教授	2011.1	内部
F22		I		双肩	理学	特别研究员	2014.6	内部
F24		I		双肩	法学	讲师	2014.3	内部
F25	I	I		双肩	教育学	讲师	2012.12	内部
F02	E,E,I			双肩	工学	讲师	2015.7	外部
F09	E	E		双肩	工学	讲师	2015.1	外部
F16	E,E			双肩	工学	助理教授	2015.4	外部
F19	E	E		双肩	文学	讲师	2014.7	外部
F21	E	E		科研	工学	讲师	2012.1	外部

（续表）

被访者	教学	科研	跨境	岗位	学科	职称	入职时间	主要动力来源
F05		I、E		科研	理学	讲师	2014.2	综合
F11		E、E		双肩	工学	副教授	2009.3	综合
F14			I、E	双肩	工学	副教授	2013.6	综合
F23	E、E、I	I、I、E		教学	文学	副教授	2009.8	综合

　　说明：上表中的字母"I"代表青年教师在对应活动中更多受到内部因素驱动，或者说内部因素在其中发挥的影响作用更为明显，但并不意味着否定其他因素的存在。上表中的字母"E"代表青年教师在对应活动中更多受到外部因素驱动，原理同上。字母出现频次表示受访者反馈内容的类别和强度。
　　由于表格字数限制，上表以"双肩"指代教学科研岗。

　　第一，大多数青年教师认为个人的国际化参与更多受到内部因素推动，即是否参与以及如何参与"都是自己的事，和学校没什么关系"，因此将其界定为"主动参与型"教师（简称 I 类）。这一群体主要包括以下特征：其国际化实践主要体现在国际性科研相关领域；其科研工作的开展具有相对独立性。例如，人文社科和理科类的青年教师主要以自己独立开展课题研究和撰写学术成果为主；相关工科类青年教师虽以松散形式隶属不同团队，但都已独立指导或管理具体科研项目；参与者整体的自我发展意识较强；大多数青年教师已处于第二或第三个聘期（仅有极少数青年教师于 2014 年之后以特殊人才招聘方式引入，如 F03、F22），具有一定的学术资本积累（如已获得副教授职称）；其内在动机或者源自个人高度的自我激励性格和追求，或者因为外部支持不足以支撑其个体发展需求。

　　第二，较少比例的青年教师认为个人的国际化参与主要受到外部因素驱动，包括学校/院系工作分配或要求（F02、F09、F16、F19、F21），他们属于具有明显被动、适应性参与特征的群体，可界定为"被动参与型"教师（简称 E 类）。这类教师具有以下特征：其国际化参与实践主要体现在本土教学相关领域；以 2014年之后通过普通方式（讲师职称、非特殊人才引进）招聘入职的新进青年教师为主体，这部分教师由于进校时间较短，在院系部门的学术资本积累相对较少，而工作中承担较多的教学和服务性工作；个人对于如何在大学中发展和利用国际化资源的想法还不是十分清晰。

　　第三，仅有极少数青年教师表示难以将内、外部推动因素明确区分，他们的国际化参与行为受到两者共同推动（F05、F11、F14、F23），可视为"综合驱动型"教师（简称 C 类）。这类教师的特征如下：其国际化参与实践主要体现在国际性科研相关领域；他们通常与其所在院系部门或科研团队保持合作联系；部分青年教师除了承担日常学术工作之外，还在其所在院系担任部分行政管理工作；多数青年教师已处于第二或第三个聘期，具有一定的学术资本积累（如已获得副教授职称）。

（二）游离者、追随者、优胜者

根据吉登斯的观点，青年教师参与大学国际化的过程实则是一个持续性的反思性监控过程。在此过程中，行动者利用现有的结构（规则和资源），在行动动机的激发下，投入国际化实践并从中实现行动的区域化和例行化（本质是一种理性化的过程）；在反复实践中对于非预期的行动后果或未认知的条件进行反思性监控，及时调整具体行为，实现结构的非复制性再生产，产生新的规则和资源。对于本案例中的青年教师而言，这种反思性监控主要体现于他们在熟知大学相关制度环境之后，如何利用自身资源和制度来实现个体的国际化参与。研究发现，青年教师参与大学国际化的策略选择，与其所受主要影响因素的来源紧密相关。

"主动参与型"青年教师在实践中更注重并善于发挥个体能动性以应对其身处环境的各种结构性制约。以编号 F01 的青年教师为例。该教师始终强调"人的因素"之于国际化参与的重要性，并积极利用各类资源和规则实现个体目标。例如，当他得知某境外高校为海外学者提供了高额的海外交流资助、并需要通过所在大学校长实名推荐，便在第一时间向学校提交了申请。当然，该教师之所以能有这样的自信以及迅速的反应，其根本原因在于个人始终保持着与国外主流学术圈的信息沟通，同时具备比较有竞争力的科研能力和成果产出。

"被动参与型"青年教师在实践中主要采用"容忍"以及"选择性适应"的应对之策。以编号 F02 的青年教师为例。该教师在院系部门领导的推动、以项目拨款方式提供的课程建设经费支持下，承担了其所在学科部门中大量与国际化教学和学生指导相关的工作。例如，学校在 2016 年首次推出了面向海外国际学生的暑期学校项目，鼓励各专业院系积极申报和承办基于各自专业平台的暑期交流活动。该教师作为学院在其专业领域的代表申报了暑期课程项目，并负责之后所有来校国际学生的教学和管理工作。另外，为了响应本学院课程国际化建设的号召，F02 教师也在学院领导的"动员"和"任务分配"下提交了开课申请以及针对留学生专业课程教育的教学方案。虽然这些工作在一定程度上影响了该教师的正常休假以及用于开展科研活动的精力,但她依然秉持"响应学院号召"的态度,通过个人方式消化额外的工作量。尽管面临各种压力,但当谈到开设国际课程是否会影响正常教学工作时,该教师依然强调:"教学不能影响的,绝不能影响,不管有多少,还是得自己去解决,不管有多少任务都不能影响教学。"

"综合参与型"青年教师在实践中更多呈现"包容"和"灵活性变通"的特点。以编号F05的青年教师为例。该教师虽是为了配合院系战略发展需求而参与了若干基于院系合作的国际性科研合作项目,但在此过程中,他也进一步将个人在海外求学期间的研究方向和兴趣与学院当前重要发展的方向进行了有效结合,使之产生既服务于院系发展方向,又推动个人科研工作进展的双赢结果。

从三类青年教师的数量来看,主要由内部因素驱动的主动参与型教师(I类)构成了S大学中参与国际化的青年教师主体;而另外两类教师的数量相对较少。进一步对上述三类教师进行对比,笔者获得以下几方面的研究发现。

(1)与综合驱动型教师(C类)相比,主动参与型教师(I类)的国际化参与形式更为灵活,同时对于外部资源或政策的依赖相对更少。国际化参与对于他们而言更多的是一种基于实际发展需求的选择(F08、F22),或者克服当前令自己不十分满意现状的一种手段(F04、F15)。他们更像是大学国际化进程中的"游离者",与大学的国际化发展保持着相对松散和疏离的关系。这其中主要包含两层意思,一是他们当前工作中涉及的国际化内容与机构发展目标和需求并不完全匹配。二是他们是否以及如何参与国际化与其所处机构环境以及相关资源的投资也没有多大关系——换句话说,即便他们离开当前任职机构,其国际化参与不会因此受到很大影响。这些教师既有的学术资本数量和结构,是他们得以在国际化参与过程中发挥主动性的重要前提。

(2)与I类教师相比,E类和C类教师的国际化参与行为与大学国际化进程的联系更为紧密。但两者的区别在于,E类教师的外部动力以制度规约为主。当然,制度规约虽然能驱动青年教师实现某种特定政策目标,但往往也会抑制或掩盖其内在动力发挥作用的可能性。国际化参与对于E类青年教师而言首先是一项工作或一份责任。他们在大学国际化中扮演着类似"追随者"的角色,折射的是这一群体在其所处社会结构中因学术资本有限而导致的相对弱势处境。相反,C类教师所持外部动力的本质是激励,能够有效激发和调动参与者的内部动力,并促成两类推动因素的优势叠加。这类教师更接近已有研究中描述的"优胜者"(champions)形象①：他们拥有一定数量和质量的学术资本，同时又能灵活利用外部环境提供的各种助力，将个人发展需求与机构资源有效整合，实现1+1大于2的效果。

本 章 小 结

本章以S大学25名被访青年教师的质性访谈数据作为主要分析素材，将这些教师参与大学国际化的10个主要动因归结于"科研产出""资源获取"和"声誉建立"三个方面。总体而言，提升教育质量、获得自我发展、争取外部经费、实现职级晋升、服务院系发展等原因，反映了国内外教师共同的国际化参与动机。除此之外，本案例中青年教师的其他参与动机都与自身在本校内的学术职业发展需求紧密相关。相比之下，国外教师的参与动机中还包括寻找自我身份认同，以及服务和融入全球社区等原因，反映了不同文化、地域以及教育发展背景下不同教师群体在国际化认知和需求方面存在的一些客观差异。本章的主要研究结论如下：

（一）青年教师的国际化参与呈现"功利性"

从被访者有关参与原因的陈述来看，当前S大学中的青年教师，作为处于职业发展初期、前期和中期的"学术人"，无论是为了求知还是奉献，其参与国际化的核心动力在于获得一种广义的"学术资本"，即一切有利于学术工作开展与发展的资源总和，以实现对于大学中各种利益的最终转化与吸收。其中，推动科研发展，或者说积累有助于科研工作开展的学术资本，始终是青年教师关注的焦点，体现了以科研为导向的全球学术趋势、国家科教战略以及高校政策之于教师群体的客观影响。与其国外同行相比，这种更为现实甚至带有一定"功利性"的参与决策背后，一定程度上反映了这一群体在当前竞争日益激烈的学术环境中相对迫切和真实的生存状况与现实压力。当然，这也与我国高校现阶段国际化发展的程度和需求、仍以"自我发展"为导向的战略格局与指导思想，以及对于外部环境与形势的、尚有局限性的分析与把握能力②存在一定关联。

① Green, M. F. & Olson, C. Internationalizing the Campus: A User's Guide[R]. Washington, DC: ACE, 2003: 69.
② 朱雪莉，宋永华，伍宸.中外知名大学国际化战略比较研究[J].教育发展研究.2017,13-14: 17-22.

（二）青年教师应对国际化的策略具有双面性

从内、外部各种推动因素的影响机制来看，当前 S 大学中仅有少数具备一定学术资本积累的青年教师，能够比较理想地将个人的学术工作议程与学校/院系的战略规划和资源配置结合起来。这与青年教师自身的个性和能力等要素不无关系，当然也关涉这些教师所从事的学科研究与机构发展方向的匹配程度——客观上，主流学科或研究方向得到资助的机会更大。

新进普通青年教师更有可能涉足国际化教学工作，尽管部分教师怀揣教书育人的职业使命感，但其参与行为更多呈现为一种被动参与模式，即源自内部推动因素的影响不明显，外部推力主要来自院系部门对于新教师的工作安排以及某些不成文的隐性规则。不过，除了少数专事教学工作以及对国际化教学具有天然热情和兴趣的教师之外，对于绝大多数身处"科研产出才是王道"的研究型大学中的青年教师而言，在职业初期或前期将过多时间和精力分配于这类在学校考评体系中回报较低的教学工作似乎并不是一项最优选择。特别是在政策多变的学术环境中，这类青年教师可能会在一定程度上面临职业发展的某些风险，如因过多的教学工作安排挤压科研产出而在日益激烈的职级评聘竞争中处于不利位置。

相比上述两类群体，主要受到内部因素驱动、且占据被访者数量较大比例的青年教师，与大学国际化始终保持着若即若离的关系。他们对于机构资源的依赖相对较少，同时也不完全遵循学校发展规划来决定个人的国际化参与。但总体而言，他们仍以实现个体发展的方式间接回应了学校对于教师履行基本学术职能的要求。尽管如此，这种相对松散和疏离的关系在某种程度上也伴随着一些不确定性。对于这类青年教师而言，国际化参与可能成为他们更好地配合或服务于当前工作岗位的助力，也有可能加剧其学术职业的跨机构流动——特别是当任职机构的一些制度局限或压力使其难以获得更好的职业发展空间的时候。

（三）高校的制度规约比激励举措更具影响力

相对于学校提供的各类资助和支持，来自高校层面的相关政策、制度与规定对于青年教师参与特定国际化活动确实起到了某种"立竿见影"的效果——这一结论与前述基于定量调查所获得的部分研究发现不谋而合。尽管主要受到此类外部因素驱动的青年教师认为他们的国际化行为因此而存在被动性，但不可否认的是，他们也在这些客观推力作用下获得了一定的回报和收益。当然，此类推动力也存在一些争议，特别是当一些配套措施无法落实到位时，也可能会引起部分教师的不适或者不满。

　　综上所述，如何扩大"综合驱动型"青年教师的比例，维护和保障"主动参与型"青年教师的学术利益和职业发展空间，以及充分调动"被动参与型"青年教师更好地融入大学国际化进程，是高校推动这一群体参与国际化的关键。当然，鉴于国际化活动之于教师长远的学术工作的积极效应，青年教师自身也应保持积极乐观的参与态度与行动，在"理性"决策之余兼顾服务高校、社会乃至人类文明的情怀，在力所能及的范畴踊跃投身国际化实践；充分关注校内外各类国际化信息与资源，敢于尝试与争取，为个人的学术发展探索更多的机会和可能性。

第六章
超越激情的理性：青年教师为何
"不"参与大学国际化

虽然研究学者基于不同目标诉求赋予了"大学国际化"诸多概念界定与内涵，但究其根本，多数强调的都是在高校各项职能中吸收、借鉴来自异域的，更为开放、适切以及富有活力的视角和内容。换言之，国际化本身蕴含着追求卓越、趋近更合理配置的一种天然属性或目的导向。在前一章节分析发现的基础上，本章重点探讨的是，哪些因素对于青年教师参与大学国际化的意愿与行为造成了阻碍或干扰？为了解答上述问题，笔者首先通过对 S 大学中 25 名青年教师质性访谈数据的分析，系统梳理了这些教师"不"参与（包括主观不愿与客观不能）某些国际化活动的具体理由。在此基础上，重点从社会结构（即外部环境）和教师个体两个方面，探讨阻碍青年教师参与国际化的外部与内部因素及其运作机理。对于这一问题的探讨，有助于高校管理者和高等教育学者更好地了解青年教师面对某些国际化活动反响平淡、无法全心或安心投身其中的根源所在，并据此把握推动其积极参与的关键。

第一节　青年教师"不"参与大学
国际化的理由分析

基于对受访者提供的质性数据，通过自下而上的三级编码分析，本研究梳理了青年教师非积极参与大学国际化的 10 种具体理由，归因于机会成本、制度阻碍和个人代价三个方面（表 6-1）。

表 6‑1　青年教师"不"参与大学国际化的理由

维度	理 由 陈 述	具 体 说 明
机会成本	（1）国际化参与无益于本校内学术工作	● 对推进科研工作进展没有直接帮助 ● 对完成聘期考核要求没有明显作用 ● 与学校偏好的研究和经费存在偏差
	（2）国际化参与的经费和时间成本过高	● 用于国际化参与的科研经费成本高 ● 用于国际化参与的时间精力成本高
	（3）国际化参与造成潜在学术利益损失	● 影响校内工作进度以及职能履行 ● 与本土学术工作的利益存在冲突
制度阻碍	（1）支撑国际化工作的人力配置不足	● 支撑国际化工作的师资配置局限 ● 支撑国际化工作的学生资源局限
	（2）用于国际化活动的物资资源有限	● 缺乏参与国际化的充裕经费资助 ● 缺乏支撑国际化工作的专业配置 ● 缺乏参与国际化的其他潜在资源
	（3）有争议的政策制度不鼓励国际化	● 一刀切的考评标准抑制国际发文 ● 限制性政策和规定抑制国际交流
	（4）针对留学生教育的服务支持不足	● 在校留学生素质参差不齐 ● 在校留学生管理存在疏漏
个人代价	（1）中长期海外交流影响在校薪酬收入	● 教师赴海外期间可获得的薪酬锐减
	（2）中长期海外交流干扰家庭生活规划	● 教师赴海外期间无法照顾家庭成员
	（3）参与国际化活动增加教师额外支出	● 部分国际化活动需要教师自掏腰包

一、机会成本：对国际化参与收益和成本的考量

趋利避害是具有能动性的人类在应对不同选择时的本能反应，关乎实际行为决策中的所谓"机会成本"得失。机会成本也被称为择一成本或替代性成本，在经济学中的基本定义是"放弃相同要素在其他用途中所能获得的最高（净）收益"[①]，现在也泛指在作出选择后其中一个最大的损失。在本研究中，青年教师在国际化参与决策时同样面临着类似于这种所谓成本和收益的考量。通过对被访者的质性访谈发现，对因国际化参与而造成的在学术工作其他领域实际收益的估计不足，以及对因国际化参与而导致在学术工作其他领域产生过高成本的

---

① 管豪.论"机会成本"的内涵及理解[J].长春理工大学学报(社会科学版).2014,27(12)：84‑88.

顾虑,是造成青年教师难以积极投身某些国际化活动的一大症结所在。具体"不"参与理由主要可以归纳为以下三个方面:① 国际化参与无益于本校内的学术工作;② 经费和时间成本过高;③ 可能造成某些潜在的学术利益的损失。

(一) 国际化参与无益于校内学术工作

从国际化参与的收益来看,影响 S 大学青年教师国际化参与的很大一个原因在于,这些教师并未从某些国际化活动中获取或挖掘出对其当前在校内的学术工作真正有价值的资源,因此也就缺乏积极参与的根本动力。具体体现在以下三个理由陈述中,一是认为国际化参与对推进当前科研工作进展没有直接或显性帮助(F06、F10、F12、F13、F14、F18、F23);二是认为国际化参与对完成聘期考核要求没有明显作用(F06、F10、F11、F12、F20);三是有青年教师指出,部分国际化参与所涉及的研究导向与经费类型与学校主导偏好存在偏差(F07、F10),是影响其参与积极性的一个主要原因。

第一个理由很大程度上源自青年教师对于某些国际化活动(特别是中长期海外交流)能为其科研工作带来收益的信心不足。多名青年教师认为,部分国际化活动的直接效应未必多于通过其他成本更低、更易于实践的方式所获得的收益,因此,参与此类活动似乎有点"劳民伤财",不是很有必要。例如,一位来自工科领域的青年教师指出,"学校现在提供的一些设施都挺好的,包括学校图书馆的资源、网上资源,其实跟外国已经没有太大差别。有了这些东西,你有没有去外国,其实没有太大关系"(F06),许多教师在此设施环境下已具备不出国门、照样做出国际水准的科研成果的外部条件和可能性。另一方面,青年教师所从事学术工作的特性(如学科特点、研究方向或职能安排),在很大程度上影响其参与部分国际化活动的积极程度。例如,一位来自工科领域的青年教师指出,由于其所在学科"是试验性科学,必须在实验室里面做实验",海外交流与其当前从事的科研工作其实未必匹配,原因是境外交流机构实验设备以及研究思路等细微差异,都有可能为已有研究工作增添额外负担,比如"可能会出现的问题是,我在这个实验室做了一部分工作,到了另外一个地方是不是可以接续起来? 这个研究方向匹配、思路匹配很重要,但这块是比较难把握的"(F10)。

第二个理由主要反映了青年教师对于某些国际化活动(特别是国际科研合作)能为完成考评要求带来的直接或显性收益的信心不足。具体体现在以下三个方面:一是认为通过国际性科研合作项目所能获得的经费有限,对于完成科研经费的考核要求作用不大。例如，一位来自工科领域的青年教师指出，开展国际性科研项目合作"可能没什么用，比如跟美国通用公司做项目，一年大概就30万（经费资助），满足不了学校的考核要求"，相较于他从国内获得的绝大部分经费，"对S大学来说，这种国际交流项目的经费都有点太少了。而且要拿国外项目挺难的，毕竟国际性趋势也不是很乐观"（F06）。二是认为国际性科研项目的实际价值通常难以在学校的考评制度中得到充分肯定，"除非是获得国际大奖，一般性参与对晋升没有实质性帮助"（F11）。三是由于某些制度规范方面的问题让国际性科研项目潜藏风险，如境外经费无法顺利到账，或无法被认定为教师个人经费（F01），往往不能为教师应对科研经费考评提供实质性帮助。

除此之外，另有青年教师指出，学校对于相关研究方向以及科研经费类型的潜在偏好或导向，本质上也并不鼓励青年教师积极参与某些国际性科研合作（F07、F10）。在研究导向方面，一位来自工科领域的青年教师指出，学校对于项目研究方向的某些明确或隐性要求，在一定程度上影响着教师在未来若干年间的科研导向，这与追求更加长远的、具有国际前沿性的科研议题的需求多少存在一些偏离。如该教师提到，"为了满足这一两年的考核，我们甚至会在研究方向上做一些调整。但是对于那种很长远的、很前沿的科研，可能就没有精力去做了"。当然，该教师对此也给予了相对客观的评述，指出"这其实是一种牺牲，但这也不全是学校的责任，很大程度上与当前国内整体的科研大环境有关"（F07）。在经费类型方面，另一位工科领域的青年教师认为，教师在考核方面的普遍压力来自经费考评额度，"这个标准年年提高，而且对我们来说纵向的（来自各级政府部门的项目经费）肯定更拿得出手"（F10），因此，申请被定性为企业横向的国际性科研项目往往难以成为那些疲于应对考核的青年教师的首选。

（二）国际化参与的经费和时间成本过高

从国际化参与的成本来看，过高的科研经费（F09、F25）和时间精力（F07、F17）支出，在很大程度上抑制了S大学青年教师参与某些国际化活动的热情。

首先，科研经费支出成本较高是许多青年教师在决定是否参加国际性会议时面临的主要顾虑。显然，相比境内或者区域内的各类交流活动，教师的跨境或者远距离流动往往需要更高的出行费用及相关支出。从S大学青年教师的反馈情况来看，多数青年教师通常可获取以及可用于国际化相关活动的科研经费比较有限，基于"把钱花在刀刃上"的普遍心态，是否值得将较大比例的科研经费投入这类活动是许多青年教师必然会考虑的一个问题。如一位来自社科领域的青年教师指出："如果出去的话，一般我们都是从自己科研经费中的一般差旅费里面支出。虽说没有用自己钱包里的钱，但是相当于占用了原来可以用在其他科研活动上的钱。去一趟国外，我可能要花费国内可以出行十次的钱，所以对教师来说，出国是很好的机会，但也一定会考量，毕竟都是自己出钱，还是要计划好"（F25）。

其次，参与国际化活动可能耗费过多本可用于其他常规学术工作的时间和精力，这是部分青年教师在决定是否有必要参与国际化活动时的另一个顾虑。在国际性会议方面，除了经费因素，时间精力成本也是令部分青年教师"望而却步"的一个主要原因。一位来自工科领域的青年教师指出："现在老师的大部分精力是在考核上，除非对于这个科研（工作）非常有必要的国际会议他才会去参加，他才有心思参加，平常的一些活动，可能他有兴趣，但是综合权衡一下，就不去了。特别是对于以科研为主的老师，说实话真的是很忙，压力很大"（F07）。

在学生指导方面，帮助学生获得国际化的视野和知识本是教师"教书育人"的天然使命。但个别青年教师仍难免感慨因参与此类工作而不断为个人增加不必要的工作负担，与个人实际发展需求产生客观背离，进而产生"力不从心"的疲惫感。一位来自社科领域的青年教师基于自己指导学生国际发文的体验，道出了其在现实工作中的压力与困扰："在我们学科领域，学生的论文就是他的制胜法宝。如果真的发了好论文，找工作是不愁的，而且薪水蛮高。但学生通常是没有能力自己投稿的，主要问题是他缺乏这个能力，要把'故事'讲得很好，必须有一个很好的框架。在这种情况下，我作为导师必须对他负责。我会有一个学术上的判断，我给他改了之后，他的文章就有可能发表在国际水平的 B 或者 C 类杂志上。但问题就在于，这些文章对我没有用，我必须要发 A 类杂志。所以现在就存在这种问题，带学生就等于要让我帮学生写文章、发文章，那我可能会觉得没必要做这个事，我宁愿不带学生。"（F17）

（三）国际化参与造成某些潜在利益损失

因国际化参与而造成在学术工作其他方面的某些潜在利益损失，是造成青年教师在某些国际化活动方面不那么积极投入的一个主要理由。具体体现在两个方面，一是国际化参与影响校内工作进度以及职能履行（F10、F11、F12），二是国际化参与可能会与部分本土学术工作的利益产生冲突（F21）。

前者主要涉及中长期的海外访学。多名青年教师表示，担心因离岗而影响校内工作进度以及必要职能的履行，是他们并不特别热衷于在海外停留过长时间的一个重要原因。例如，一位来自工科领域的青年教师指出，"年轻老师应该还是希望有多一点跨境交流的机会，但对我们来说，这边（校内）在做一些东西，让我们出去待一年半载的，不是有很多人愿意这样做。就我自己的意愿，也不是很愿意。你说去那么长的时间，那我这边的事情怎么办？"（F12）另一位工科领域的青年教师指出，对于在团队或课题组工作模式下的教师，非必需的海外出行影响"深远"，因为"年轻老师一般是在课题组里工作，这个课题组通常是有要求、也有压力的。你如果在外面停留一年、半年，课题组会有牺牲，会耽误整体进度"（F07）。

后者主要涉及在国际性期刊上的学术发表。在 S 大学中，在以 SCI 和 EI 为代表的国际性核心期刊发表科研成果几乎已成为所有自然科学类青年教师在学校获得职业发展的"立身之本"。少数人文社科领域教师虽未被强制要求发表 SSCI 或 A&HCI 论文，但国际发文在其职级评聘规定中仍然是一条重要的参考标准，也是教师"在学校大平台 PK 晋升名额"的重要竞争资本（F25）。尽管如此，仍有青年教师对于当前科研成果产出"唯国际发表'马首是瞻'"的现象提出了质疑。其表达的核心观点是，过度强调学术工作的"国际化"可能会与本土工作的某些实际利益产生冲突。例如，一位来自工科领域的青年教师指出，一味追求在国外平台发表科研成果可能导致一些真正有需要的本土读者难以及时和有效地获取前沿信息，损失将科研成果服务于本土、实现产学研合作的潜在机会："像我们学科的研究成果其实是适用于一些工程或者公司的。因为语言原因，纯英语的老外可能会看一下，但对于国内的那些企业家、技术人员，他们如果要上网搜资料的话，很多人首选肯定是看中文。但他们现在看到的那些中文论文可能都是一些研究生为了毕业发表的，水平比较低，帮助肯定就不大。但你要他看英文，有些人看起来挺痛苦的，而且还不一定好找。"（F21）

二、制度阻碍：来自高校及其外部的制约或干扰

来自机构层面的制度阻碍被视为影响教师国际化参与的主要负面因素来源[①]。在本研究中，青年教师因此类问题而非积极参与国际化的具体理由集中体现在以下四个方面：① 支撑国际化参与的人力资源配置不足；② 用于国际化

---

① Green, M. F. & Olson, C. Internationalizing the campus：A user's guide[R]. Washington, DC：ACE, 2003：71.

活动的物资供给有限;③ 有争议的政策和制度不鼓励国际化参与;④ 针对留学生教育的服务管理存在局限。

(一) 支撑国际化工作的人力配置不足

支撑国际化活动的人力资源不足主要体现在两个方面:一是缺乏支持国际化工作的必要师资配置(F02、F19、F23),二是缺乏支持国际化活动的学生资源(F09、F10、F11、F12)。

首先,缺乏必要的基础师资配置,致使部分青年教师面临着难以有效推进国际化工作的"无力感"(F02)和"疲惫感"(F23),一定程度上考验着他们是否愿意继续投身某些国际化活动的信心和热情。例如,在针对留学生的课程教学方面,一位从事对外汉语教学工作的青年教师指出,目前学校本科留学生的"语言程度还是有差别",把他们放在一个大教室来授课对老师来说"很累",但由于缺乏师资配合,他不得不独自应对这一现状。该教师的陈述如下:"我们学院承担了四门学位留学生的必修课,都是大班授课,每年大概是200人左右……我负责其中三门,另外一门由历史系老师承担。历史系的老师,他们惯例是只要留学生数量超过100人,都会分成两个班。这样的话,就能够相互协调。如果这个学生这次课有事,可以调到下一个班上课。但是因为他们是两个老师负责一门课,而我是一个人在上课,所以我这边很难这样操作。"(F23)

在针对本土学生的国际化教学方面,"缺师资"(F02、F19)同样迫使部分青年教师分担并同时应对多项具体工作,深感"压力很大、每天忙得不可开交"(F02)。例如,一位来自外语学院的青年教师指出:"我当然是希望在科研上可以多投入一些时间,但是现在是教学量非常大……我们是小语种,严重缺少教学师资。如果这些人进不来,我们以后怎么维持教学? 那肯定不行"(F19)。

在本土科研国际化建设方面,为了探索本学科在域外研究现状并拓展其深度,编号F23来自文科领域的青年教师在其学科带头人的引领下成立了新的研究中心,并积极参与有关本学科在国际性科研平台开展交流与推广的工作。但由于该中心"只有我们两名教师",许多国际化工作不得不在人员紧缺的情况下开展。如该教师提到的一个例子:"今年10月底在我们学校要举行一个我们学科的国际会议,可是就只有我们两个人操作,而我们的这位学科负责人要去德国,他当天就走了,所有事都是我在做"(F23)。

其次,学生资源已日益成为当前高校教师推进科研工作的一项重要助力和某种隐性学术资本。尤其是在大量工科（以及部分理科和人文社科）领域，许多青年教师都坦诚其科研工作的有效推进离不开学生（尤其是硕士及以上学历的研究生）的配合和协作。而在国际化参与方面，不少青年教师指出，由于学生资源有限，对于某些特定的国际化活动，他们即便有心投入，这些活动往往也比较难以真正落实和开展（F06、F09、F11、F12）。另外，如一位工科领域的青年教师指出，一些国际性项目合作的境外方之所以前来寻求合作，很大一部分原因是"看我们这边有没有学生可以提供给他们"（F10），但本校青年教师可使用的学生资源原本就很有限，往往很难据此建立起某种合作联系。

（二）用于国际化活动的物资供给有限

用于国际化活动的物资方面的局限集中体现在三个方面，一是缺乏充裕的经费资助（F23、F25）；二是缺乏支撑国际化工作的某些专业配置（F02、F20、F21）；三是缺乏其他潜在的优质国际化学术资源和机会（F07、F10、F18）。

首先，来自学校层面的、用于在校内开展国际化合作交流的经费资助不足，是部分青年教师认为难以积极涉足相关国际化活动的一个主要原因。一位文科领域的青年教师，对其个人申请和使用学校某个引智项目（邀请海外来访专家）资助的感受进行了描述："像我们请的都是当地的、这个领域会长级别，或者是泰斗级别的（专家）。我们必须提供最好的接待，他们才愿意来。但是学校给我们批的都是普通项目，然后我们要承担他们（海外来访专家）的机票和其他相关费用。学校每天只补给我们600块钱，包括机票和住宿费生活费都从里面出，根本不够用……所以我还要贴进去一些钱……感觉学校在这方面的资助力度还是比较有限。"（F23）

另一位来自社科领域的青年教师指出，其个人虽有心做一些有助于学院国际化发展的工作，但由于缺乏必要的经费支持，往往还是会觉得力不从心："比如说我们想请一些国际大牌来讲课。但问题是学校也只能报销一点讲课的酬劳。如果他们真的来，来回的飞机票什么的估计还得学院或者教师承担，所以现在很多都是属于这种随访①。这是一个挑战，如果他们（兄弟院校）不请，而我很想请他，但我没有足够的经费来承担他所有的费用。"（F25）。

其次，缺乏用于从事学术工作的专业配置，是部分青年教师无法积极推进某些国际化工作的一个主要原因。具体而言，在国际化课程教学方面，一位从事园

---

① 随访：本地区其他兄弟院校邀请某位专家来讲座，教师凭借人脉或其他关系借此机会邀请其来校访问。

林设计的青年教师在借鉴海外培养模式的基础上,试图为本学科的学生提供更加宽松和灵活的学习体验——原因是"我们这个学科本身并不是很适合教室(课堂授课)这种授课方式,因为那样学生会很紧张",但由于"我们学校好像没有太多的这种基础设施的安排"(F02),因此难以将此理念充分付诸实际。

在专业实验室建设方面,一位来自工科领域的青年教师指出,当前其所在学科的实验室配置缺乏统一协调和管理,很有可能造成资源分配的不平衡和潜在的浪费,对青年教师的资源获得以及工作效率提升都形成了较大阻碍。该教师评述如下:"国外实验室,比如说大的品牌、服务的总体支撑是有的,像实验室的整个通风系统的配置是统一规划的。但我们这里是各自一摊,各凭本事。特别对我们年轻老师来讲,刚进学校工作,你要把这一摊东西全部都配齐非常困难,压力很大,别的老师已经在这里占住了地盘,你想硬挤进去不容易。实验室面积也是有限的,包括建实验室的场地也要自己去沟通解决,竞争很激烈。但没有这些,做不出国际化的东西"(F20)。

在学术资源支持方面,多数青年教师对于学校提供的图书馆服务以及在线电子数据库等给予了充分肯定,认为这些资源已能够较好地满足他们日常学术工作的需求,且在一定程度上已趋近甚至能够匹敌国外一流高校的水平。尽管如此,仍有个别来自社科领域的青年教师认为,学校所购买的数据库在学科及语言方面的涵盖力度依然有限,特别是"人文社科类的、德文的、日文的等一些基本的数据库都没有买……感觉身在一个国际化的大学和不是国际化的大学没有区别,因为都是需要通过自己的渠道寻找资源"。(F21)

第三,缺乏潜在的优质国际化学术资源,如机构层面的国际性战略合作平台,以及某些隐性的合作机会等,也在一定程度上限制了青年教师参与国际化的可能性和积极性。虽然近年来学校一直积极致力于为教师提供多元化的国际化资源,但从部分青年教师的反馈来看,由于学校资源分配方面的不均衡以及学科壁垒,那些在学术职场上初出茅庐,或者自身实力不够强的青年教师通常较难申请到优质的学术资源以支持其国际化活动。

针对资源分配的问题,一位来自工科领域的青年教师指出,"虽然学院层面可能有一些这样的国际性合作的平台,但具体落实和操作还是要自己去完成,你要自己去找……现在的话,可能是自己实力比较强一点的,然后在学院里平常比较熟的,就是人际方面比较好一点的教师更容易拿到这种机会。"(F07)另一位来自工科领域的教师认为，机构间战略合作协议的实际落实程度，以及资源向大教授、大团队倾斜的趋势，在很大程度上影响青年教师获取国际化参与资源。如该教师指出，"学校是可以签很多各种各样的框架协议，但是落实下来，还是学校之间、教授之间的合作……我觉得学校有时候就是签完就算了。还有一个是，我觉得还是教授的机会更多一些，青年教师要参与的话——我们都有兴趣，但是机会就比较少"（F10）。

关于学科壁垒的问题，笔者发现 S 大学内某所隶属生命科学领域的本科型院校具有一定的典型性，一定程度上解释了部分青年教师比较难以获得优质国际化资源的一个重要原因。该学院前身是 20 世纪 50 年代由当地政府推动筹建的一个独立院校。学院在 20 世纪 60～70 年代先后经历停办与重建，最终于 1999 年 9 月并入 S 大学，2002 年 3 月更名为当前学院。学院虽开设了 5 个全日制本科专业①，但其学科背景和知识体系之间的差异较大。一位来自该学院的青年教师指出，由于其所在学院的特殊历史变革以及在专业设置方面的特殊性，机构层面的各类资源通常很难公平分配于各学科部门的教师，也很难满足所有人参与国际化的实际需求。该教师对此情况的评述如下："我们学院教师整体参与国际化的程度不会那么高，也有专业的问题。因为我们之前是一个大学，后来并入了 S 大学，本身学科设置很多，各专业之间的差异性较大，不像电信、生命科学这些学院，就是一个大专业（平台），然后里面再细分。我们学科差异很大。因为学科问题，我们的专业设置得很多，学院不可能在每个专业都支持那么多，众口难调，所以也不可能有那么多参与国际化的（教师）。"（F18）

（三）有争议的政策制度不鼓励国际化

缺乏适切的、具有激励性的国际化政策或制度，很有可能消磨青年教师参与国际化的热情与信心。在本研究中，青年教师就此问题而产生非积极参与意愿的具体理由主要有两点，一是不尽合理的考评标准使部分青年教师感觉学校并不真正鼓励他们参与国际化（F01、F02、F05、F23）；二是一些限制性的政策规定在某种程度上阻碍了他们开展真正有价值的国际交流合作（F12、F21、F23）。

首先，在国际性权威期刊或平台发表科研论文已成为 S 大学多数青年教师追求学术职业发展的普遍共识。尽管如此，部分青年教师在寻求国际发文的过

---

① 案例学院的五个独立本科专业：植物科学与技术、动物科学、园林、资源环境科学、食品科学与工程。

程中仍然受到一些来自机构层面的、有争议的考评规则的制约,影响了其实际参与的积极性和成效。具体体现在以下三个方面:

在发表论文类型上,学校考评要求中对于发表学术期刊论文的明确要求使部分青年教师面临着"以何种方式产出学术成果",或者说如何平衡学术价值与考评要求的考验。例如,一位从事计算生物学研究的青年教师指出,其所在学科领域的会议论文更能代表一位学者的科研能力和学术成就,但此类科研产出并未纳入学校考评指标"。这种政策导向显然难以鼓励该教师一如既往地积极参与国际会议,并产出在业内有影响力的科研成果。如该教师提到,"我以前发表的最好的文章就是会议文章,然后学校领导一看,说你怎么没有文章"(F05)?

在发表论文数量的评判标准上,一位来自生科领域的青年教师指出,当前学院采用的考评规则,即仅计算教师作为第一作者的工作量,并不利于实质性(不包括论文挂名)的国际交流合作的开展,原因是"我只要跟人合作了,我不敢保证第一个作者一定是我的学生,或者是我自己,因为学科和学科之间不同,很多东西是共同来完成的。有时候在商讨过程中,谁的贡献大,谁的贡献小,其实是有一定波动的……"鉴于这样的规定,该教师表示,"我在校内和在院内都没法合作,一个最简单的问题,产出成果算谁的工作量?所以这条规定一出,我们好多合作就被否决了"(F01)。

在发表论文期刊档次的规定上,无期刊可投——所在学科或研究领域目前还没有学校指定的国际性期刊,是少数青年教师在日常工作中较难实现国际发文的一个主要原因。例如,一位从事园林规划的青年教师指出,"我们这个学科没有 SCI 期刊,你非得让我发 SCI 期刊,那我没法完成任务。"在这种"不考虑学科差异"的考评规定下,她只能通过调整研究方向来争取在 SCI 以外的其他有影响力的国际性期刊(比如 SSCI 期刊)发表科研成果。但由于不同学科内部学术范式的客观差异,想要"跨界其实难度还是很大的"(F02)。

其次,高校内外的一些限制性政策或制度,以及某些不恰当的组织程序,可能会导致部分教师无法有效参与国际化——即便他们有一定的参与意愿。在本案例中,多名青年教师从多个角度阐述了其不倾向或无法参与海外交流以及国际性项目合作的理由,概括起来主要是两方面问题:一是学校对于教师日常工作的严格管理(如正常教学工作不能缺岗),对教师的海外出行造成了一定干扰(F21、F23)。例如,一位工科领域的青年教师指出,出国参加国际会议通常也需要考虑时间安排的问题，"如果说你有课你就不能去，不然的话你要打报告，但是打报告领导不一定会批准"（F21）。另一位来自文科领域的青年教师提出了类似的理由，强调"出去开会的话要提前报备，尤其是你要把教学这一关搞定，带学生这块搞定。如果是海外访学的话，你必须要提前半年把课调好"（F23）。虽然学校制定这些规则的本意是将学生培养置于学校工作的重要地位，也反映了学校规范治校的严谨态度，但从相关教师的陈述中可见，在他们看来，这在某些情况下也折射出学校某些制度规则的固化和不易变通的问题。

另一方面，部分国际交流合作通常要求申请者具有一定学术职称（如副高以上），许多青年教师由于不具备独立申请资格往往只能依托团队参与。例如，一位来自工科领域的青年讲师指出，"学院里面经常会有一些这种国际间合作的信息，但是这些合作里面有一条（规定）就是职称限制，所以就目前阶段我们是没法参加的，或者说你只能去参与，没有办法独立申请"（F12）。

（四）针对留学生教育的服务支持有限

围绕教师工作提供的各类服务支持是推动教师参与国际化的关键要素。在本案例中，学校以及专业院系招收的本科学历留学生的生源素质整体偏低（F02、F11），以及在针对留学生的考评管理方面的不足（F02），是部分涉足相关工作的青年教师在实践中深感"太无力"的主要原因之一。

在留学生的生源素质方面，来源国家相对单一，汉语语言能力以及专业知识结构相对较弱，一定程度上反映了 S 大学中众多专业院系当前面临的实际状况。这直接影响了课堂教学的正常节奏与秩序，增加了从事国际化教学工作的部分教师的工作量和课堂管理难度。例如，一位来自工科领域的青年教师指出："留学生和我们自己的学生差异还是很大的……在课堂分组讨论的时候，基本上国内学生都不愿意跟他们一组。他们一个是语言上的困难，另外一个就是在这里的时间短，主要是为了修学分，然后对我们本土学生的上课状态还是有很大的影响——这些学生都站在自己的立场上，玩自己的，对身边的学生是坏的影响"（F11）。

在留学生的考评管理方面，另一位来自工科领域的青年教师认为，由于缺乏对在校学历留学生日常学习情况的公平激励与考评管理机制，他们不仅没有成为推动校园国际化发展的重要资源，反而可能引起本土与外籍学生之间因资源分配不公而产生的矛盾——比如，"一些留学生虽然没怎么学习，但是拿的奖学金比本土同学多得太多"（F02），干扰甚至影响了教师在该领域的工作成效。

三、个人代价：对个人学术工作以外生活的影响

因国际化参与造成的对于个人学术工作以外生活的各种影响，同样是青年教师在考虑是否有必要参与某些国际化活动时会关注的一个重要方面——虽然来自这方面的影响似乎不如前述两类原因显著。在本案例中，虽然谈及这方面原因的受访者并不多（部分原因可能源自被访者对于私人信息的本能保护），但依然有若干青年教师对于个人不倾向参与某些国际化的理由给予了相对客观和真实的阐述。主要体现在以下三个方面：① 中长期海外交流影响教师的正常薪酬收入所得；② 中长期海外交流在一定程度上干扰了教师正常家庭生活规划；③ 参与某些国际化活动可能需要教师额外支出费用。

（一）中长期海外交流影响在校薪酬收入

赴海外开展中长期学术交流会导致正常薪酬收入减少，是多名青年教师认为影响其出行积极性的一个重要原因（F01、F13、F14、F15）。在本案例中，绝大多数青年教师主要通过申请国家留学基金委（CSC）提供的资助项目赴海外访学（通常为 1 年时间）。在此期间，学校此前惯常的做法是暂停正常薪酬发放，仅保留教师来自国家财政发放的基本底薪。因此，去除学校每月代缴的各类社会保险和公积金，教师在此期间实际能够拿到手的薪酬收入所剩无几。这对于想要在物价高昂的现代化大都市立足的青年教师而言，多少还是会有一些影响——如若干青年教师在访谈中提到了房贷还款压力等问题，一定程度上考验着这些青年教师赴海外交流访学的决心。

（二）中长期海外交流干扰家庭生活规划

影响家庭生活是若干青年教师不约而同提到的、解释其并不十分热衷赴海外交流的一个理由。客观上，大多数青年教师就其实际生理年龄而言，往往正面临着成家立业（抚育下一代）以及承担重要家庭和社会责任（赡养上一代）的双重重担，如何在繁重的教学和科研任务之外兼顾家庭生活无疑是他们考虑较多的部分。从一位来自工科领域的青年教师分享的经历来看，尽管也存在其他方面的顾虑，但"小孩子刚生下来，然后马上要出国，其实是很不愿意的"是其当时纠结是否赴海外访学的主要原因。而该教师最后的做法是"延期了，延到不能再延，最后才走的"（F10）。另一位来自理科领域的青年教师在职期间经历了两次中长期海外交流。其中第二次出行时间较短（6 个月），其主要顾虑之一也是因为"家里面

的事情比较多，还有小孩子要照顾，要教育，不能够长期离开"(F15)。

另外，个别女性青年教师(F21)还提到了备孕等个人原因，并表示虽具备客观出行条件——如博士后工作期间的导师为外籍教授，能为其提供出行便利，但在无外力强制推动的情况下，短期内也不会考虑出国交流。

（三）参与国际化活动增加教师额外支出

因参与国际化活动而造成个人支出成本增加，可能不是影响青年教师国际化参与热情的最主要的理由，但依然有部分青年教师对此给予偏于否定的评价。例如，一位来自工科领域的青年教师指出，"我们参与国际化活动对收入没什么帮助，偶尔还会'赔点钱'进去。因为你出去的话，往返路费和住宿费是没问题的，但在有的地方，比如，你可能找不到合适的公交车，需要打个车什么的，那你就'赔'了呀，因为临时车旅费用有些是不能报销的"(F09)。另一位来自文科领域的青年教师指出，由于学校提供的用于接待来访学者的经费资助比较有限，个人往往需要"自掏腰包"，以填补预算支出费用的不足，比如"我们在学校接待国外来访的学者，我通常都要自己贴进去一些钱，因为要请他们吃饭，不可能一直去学校餐厅吃；另外，我还要开着自己的车带他们去周边学校访学。"(F23)

四、分析与讨论

综上所述，S大学青年教师"不"参与国际化的理由可以归结为"机会成本""制度阻碍"和"个人代价"三个方面。具体而言，青年教师基于机会成本的顾虑主要在于国际化参与所得对其学术资本累积的收益有限，而付出代价过高。制度阻碍重点反映了源自高校层面的、不利于青年教师国际化参与的各种制度问题。而个人代价则凸显了造成青年教师主观不倾向参与某些国际化活动的另一类主要心理动态，即参与某些国际化活动可能会对教师学术工作以外的生活造成一定干扰。

与已知相关研究发现相比，S大学的青年教师与其国内、外同行一样，主要面临着缺乏可支持国际化活动的充裕经费和时间、因中长期海外访学而影响在本校的正常薪酬收入以及家庭生活规划等问题的困扰——尽管具体呈现的状况可能存在差异。例如，已有研究发现，由于一些高校特定专业的课程设置已趋于标准化，增加新课程只能以替换其他必修或选修课为代价；在缺乏其他绩效激励的情况下，许多教师往往很难自觉将国际化教学视为个人学术使命或专业成功的核心①。本研究呈现的具体问题虽与上述情况略有不同,但其核心都在于时间精力不足,而学校(包括院系部门)在此方面的相关支持或补给匮乏。例如,通过进一步解读编号 F17 的青年教师的"不"参与理由可以发现,在该教师感慨自己已是"强弩之末,没有办法指导更多学生(国际发文)"的背后,反映的是高校对于教师参与相关学生指导工作的激励不足。如上文所述,在国际性 A 类期刊发表科研成果是该教师学术工作的核心目标和追求,但指导学生(学生仅需在 B 或 C 类期刊发表论文)不仅对此毫无裨益,而且还在一定程度上耗费了个人可支配的时间和精力。虽然指导学生是教师的基本职责所在,但在现实情况下,当外部科研压力(挑战)日益增加,而外部给予的激励又不能及时补足个人精力耗损的亏空时,个人的职业使命感往往难以独立支撑起此类富有挑战性的教学工作。

　　尽管如此,与已有研究发现相比,笔者在本案例中也发现了某些在国外相关研究中未曾强调或凸显的问题,具体体现在以下几个方面。

　　第一,案例中的青年教师在其"不"参与的理由陈述中更加凸显了对于国际化参与的认知变化,即从过去完全肯定国际化的形式与内容,到现在更趋于理性或者说更基于客观需求。例如,一位来自工科领域的海归青年教师指出,中长期海外交流对其个人眼前的科研工作不是很有价值,因为"去一个地方,主要是为了学人家做事情的方法",因此个人暂时没有出国访学的计划。类似的观点也存在于其他多名教师的论述中。究其本质而言,这一观点在某种程度上反映了当前我国高等教育大环境的变化发展,投射于许多青年人才意识层面的影响。尤其是近二、三十年来,随着我国高等教育由全球高等教育边缘位置逐渐向世界学术中心移动,世界学术流动的方向正以某种微妙的方式悄然改变。较之于一味强调向西方学习的时代,当前身处顶尖研究型大学的青年教师在看待国际化的问题上(也许并非完全客观)似乎更平添了一份理性与自信。如编号 F06 的青年教师所述:"美国 20 世纪 60 年代的时候,基本上哈佛之类的教授都是到剑桥去做访问学者,去拿博士学位的。过了那个阶段之后,基本上没人去英国了,因为美国本土已经很牛了。中国到了现在,我们 S 大学需要做一些高科技,也能够做一些事了,你何必一定要到人家那去做呢。除非是你没这个条件,但又必须要

① Dewey, P. & Duff, S. Reason before passion: Faculty views on internationalization in higher education[J]. Higher Education. 2009, 58: 497.

做——比如做天文，你得去瑞士借用大型设备，没那个设备就没法做，那个时候你必须要出去。"（F06）

　　第二，青年教师强调了高校在有关国际发表成果方面的一些具体要求或规则对国际化参与的非积极影响。事实上，与国外（尤其是北美地区）高校教师所处的学术环境相比——英语国家在此方面占据更多先天优势与话语权，这些问题似乎在东亚地区的高校中更为凸显。在本案例中，青年教师对此问题的论述，很大程度上反映了当代青年学者对于"国际化尺标"在国内大学管理中出现"水土不服"问题的反思。例如，针对学校考评中不承认会议论文的做法，编号 F05 的青年教师认为，缺乏对不同学科领域公认的、有影响力的研究成果的客观认知，是造成学校和专业院系在考评标准上"一刀切"的主要原因。这种做法可能会导致一些真正优秀的人才及其成果被忽视、被埋没。如该教师提到，"我读博期间的导师是加拿大首席科学家，他基本上只发会议文章，按照他的学术成就，在加拿大都是院士级别的，但在 S 大可能连个副教授都评不上"（F05）。

　　针对发表数量评判中仅认可第一作者工作量的问题，编号 F01 的青年教师指出，如果认可第二作者或第三作者的工作量确实有可能助长论文挂名现象，但针对此问题的核心在于，考核本身并不应该仅以论文发表数量作为关键甚至唯一评判依据，而应更多关注教师实际学术发现的质量与价值。比如，"有意义的考核应该以你的学术发现作为标准。你可以让他来做一个汇报，你即使是外行，你也能听得出来，因为最简单的，你可以问他几个问题：你发现了什么？你是不是第一个发现的，或者你的发现是不是唯一的？你发明了一种什么样的理论，这种理论有没有人来用？或者你发现了一个什么样的工具？这个工具有多少人在用"（F01）。

　　此外，针对发文期刊档次的规定，编号 F21 的青年教师认为，仅认可在 SCI 或 EI 等核心期刊发文的工作量，对于多数教师科研成果的研究方向与产出方式具有较大引导性，可能会与本土工作的某些实际利益产生冲突，牺牲潜在的实现本地产学研转化的机会。

　　第三，如上述青年教师提到"获取学生资源"的参与动机，被访者在有关"不"参与的理由中也强调了人力资源方面的因素，包括缺乏支持国际化活动的学生助力，凸显了特定文化背景和学术生态环境中当代大学教师与学生之间更趋于科研合作者、甚至被戏谑为"老板与（学术）民工"的某种微妙关系的变化。另外，青年教师也强调了"缺乏从事基础教学的师资配置"的问题,对其涉足国际化教学工作的积极性造成一定影响。这些问题在一定程度上反映了当前我国高校人才引进标准不断提升,对于基层青年教师的学术工作所造成的压力。

第四,案例中的青年教师也强调了有关留学生教育的问题,如来校学历留学生的生源素质参差不齐,对教师的国际化教学工作造成了一定的困扰。按照部分被访教师的观点,学校在学历留学生招生方面的"准入门槛太低"(F02)是造成该问题的根源所在。但必须客观承认的一个背景因素是,与欧美等高等教育强国相比,当前我国在招收优质留学生方面的吸引力和实际成效仍然存在客观差距。当然,一个国家文化/学术吸引力的提升根本上依赖于经济实力的增长,大学亦是如此。随着我国整体国力的持续发展,以及世界一流大学建设的持续推进,相信该问题随着时间推移将得到一定程度的缓解。

第二节　阻碍青年教师参与大学国际化的外部因素

基于以上研究发现与分析,本研究在此阶段重点关注的一个问题是,在上述所有这些"不"参与的原因背后,究竟是哪些因素对于青年教师的国际化参与形成了客观阻碍或者限制? 为了解答这一问题,笔者首先将上述被调查者"不"参与国际化的理由陈述及其相关背景信息置于其赖以发展学术职业的大学校园环境中进行考察。研究发现,源自社会结构的制约性因素(即外部阻碍因素),主要反映的是来自广义上的大学(包括专业院系和学科部门),以及与其紧密联系的外部环境,对于青年教师参与某些国际化活动所产生的阻碍和干扰。其中,来自高校层面的阻碍因素主要体现在"资源供给不足""考核要求严苛""服务支持有限"以及"学科壁垒"四个方面;来自高校之外的阻碍因素主要体现于本土校园在吸引海外优质留学生方面的不足,这与我国当前实际的经济发展水平以及国际高等教育发展现状不无关系(见表6-2)。

一、可用于国际化活动的资源供给不足

来自高校层面的、对于某些国际化活动的资源供给不足,主要体现为"人"和"物"两方面的局限。具体而言,"人"的因素主要包括:用于支撑国际化工作的

表 6-2　阻碍青年教师参与大学国际化的外部因素

维　度	阻碍因素	影响/表现	原因/运作机理
资源供给 不足	(1) 基础师资配 　置不足	● 影响针对本土学生的 　教学 ● 影响针对留学生的教学 ● 影响本土科研国际化 　建设	● 考评中偏重科研的导向使教 　师抑制教师参与教学的热情 ● 选聘中偏重海外高层次人才 　的政策阻碍基础人才进入 ● 学科壁垒
	(2) 学生科研助 　力不足	● 影响国际化科研项目的 　推进 ● 影响国际化科研合作的 　建立	● 青年教师的对外知名度有限 ● 专业院系招收研究生数量局限
	(3) 缺少顶尖学 　术人才	● 特定学科缺乏学术话 　语权	● 考核要求高,而薪酬待遇较之 　同类型高校不具优势 ● 国际发表论文的要求高
	(4) 校内经费资 　助有限	● 无法邀请和接待国外访 　学者	● 学校政策标准与教师实际需 　求以及背景环境脱节
	(5) 学科专业配 　置局限	● 缺乏适合国际化教学的 　场所 ● 缺乏支持国际化科研的 　实验设备	● 为推动科研发展而对教学空 　间产生倾轧 ● 优质学术资源向大教授、大团 　队倾斜 ● 缺乏对专业基础配置的统一 　规划与管理
考核要求 严苛	(1) 对科研经费 　的要求	● 认为参与国际性科研合 　作"没有用"	● 此类项目的经费收益通常不 　多,对于完成经费考核作用 　不大 ● 由于制度规范方面的局限, 　教师从中可获得的经费数量 　有限
	(2) 对国家级项 　目基金的要求	● 为晋升设限,间接影响 　资源获取	● 拿不到自科/社科项目就无法 　晋升,也无法获得更多资源
	(3) 对国际发表 　论文的要求	● 少数教师需花费更多时 　间/精力 ● 面临学术质量还是考评 　为先的考验	● 少数学科没有学校制定的国际 　性核心期刊,无处可发表论文 ● 少数学科的科研产出方式并不 　侧重于国际发文
服务支持 有限	针对留学生的考 评和激励不足	● 考评管理方式未能跟上 　国际教育需求	● 考评方式还比较原始,如由学 　生在学校与导师之间直接传递

（续表）

维　度	阻碍因素	影响/表现	原因/运作机理
学科壁垒	院系内学科背景差异大	● 优质资源难以公平分配于各学科部门 ● 阻碍教师开展跨学科活动	● 众口难调，难以满足不同教师参与国际化的实际需求 ● 国际化教学缺乏多学科背景教师的同理配合 ● 加剧本科生课程设置的不合理现状，影响国际化人才培养
生源质量局限	作为留学目的地的吸引力不足	● 在校留学生素质参差不齐，教师工作强度与难度增加	● 与一国经济实力/国际影响力存在一定关联

基础师资配置不足、用于推进国际性科研工作以及项目合作的学生资源短缺，以及缺乏"能够引领学科发展的、大师级别的学科领袖"（F03、F23）。"物"的因素包括：用于在校内开展国际化交流（如邀请和接待海外学者来访）的经费支持不足，以及用于支撑国际化工作的专业配置（如专业实验室设备和专业教学场所等）局限。

（一）基础师资配置不足

可承担国际化相关工作的基础师资配置不足，主要表现为（特别是在部分本科型院系）缺乏能够承担针对本土学生（F02、F19）和留学生（F23）的国际化教学工作，以及参与本土科研国际化建设的普通教师。其主要影响在于，可能致使部分在校青年教师难以有效推进相关国际化工作；增加其承担基础性工作的压力，一定程度上侵占了他们本可用于科研活动的学术时间和精力。

究其根源，造成上述问题的原因主要有两点。一方面，当前学校的管理和考核日益严格，且考核政策以科研产出为导向，在很大程度上抑制了教师参与基础教学工作的热情与积极性，更遑论让他们参与此类难度更大的国际化工作。例如，编号 F23 的青年教师指出，由于教师在教学工作中的投入和付出往往难以通过量化指标客观评估，并且在针对教师的晋升考评中的重要性明显低于科研成就，教学类工作的吸引力明显不足。事实上，这种对教学的倦怠与隐性抵制同样存在于普通教学工作中，其负面影响更波及广大范围内的学生群体。该教师对此情况陈述如下："因为大家都不愿意上课，所以有些课现在已经开不出来。比如 X 课程（一门面向全校本科生的通识类选修课），我几年前入校的时候，我们有六七个老师上课，开出了十几个班的课程……现在大概没有几个老师在上这门课，因为他们自己的课已经上不过来，考核压力又那么大。然后很多学生反馈他们选不到课，但凡只要能够选到不被踢下来的课，他们都会去上，不管有没有兴趣，现在就成了这么一个状况。所以你会在课堂上看到很多学生心不在焉地在上课，他对这门课确实没什么兴趣，只是为了凑学分。"（F23）

另一方面，学校偏重海外高层次人员的选聘政策，以及这种政策倾向在专业院系人才招聘过程中投射的影响，在很大程度上阻碍了某些特定学科引进合适的专业人才。例如，编号 F02 的青年教师对此问题评述如下："现在海归都不行了……我当年也进不来，做了博士后才留下的，——先进来做师资博士后，然后去国外一年多，然后再回来——这样才能进来。我回来之后，第二年政策就变了，不是说国外毕业的博士就能进来，而是必须得是国外毕业的博士、并且在外面做过讲师才能进来，这是现在新的规定，是从 2016 年开始的。像我刚才说的这门课，它是一门很专业的基础课，得手把手教的那种，你想专门学绘画的老师，哪有在国外做讲师的啊，所以根本进不来。"（F02）

编号 F19 的青年教师认为，当前本专业内符合学校招聘要求的人才数量存在客观局限，按照学校现有的标准很难找到符合要求的人才："我们系进不了人，就是因为学校的这个标准太高了呀，这个完全是一刀切。各个学院有各个学院的不同标准，但是学校现在都要求有海外经历，但是能够在 G 国（该小语种的母语国家）读完博士回来的人是非常少的，文科非常少，没有那么多人读回来，那以后还让不让我们维持教学了？所以必须得让我们进一些本土（毕业）的、能够维持我们教学的博士。"（F19）

编号 F23 的青年教师指出，由于学校的招聘政策向海归博士（后）以及高层次人才倾斜，本土博士毕业生的准入通道几近关闭。虽然本学科适宜且需要本土名校博士毕业生，但学校政策往往不考虑学科差异："我们学校大的方向就是找国外的老师。我们学院也是，我们招了一些海外人才，比如说从日本名古屋大学、京都大学毕业的；还有一些是有海外留学背景的，比如联合培养的博士，在（中国）香港（地区）或者其他地方做过博士后的。像北大、复旦的博士很少，我们不太会招，因为他们很难过第一关，他们没有海外背景……而且我们的招聘名额特别有限，现在没有讲师名额，要进就进有一定成果的、有能力的、直接聘为副教授的优秀人才。但如果单纯从专业水平来看，北大的其实很好。这些人进不来，对我们学院是损失。尤其是对我们从事语言文字学这方面的。其实我们国内培养的这方面人才已经很不错了,你要再去国外招人的话其实没有很大的必要。"(F23)

(二) 学生科研助力不足

可支持国际化相关工作的学生助力不足,主要体现在,部分青年教师因缺乏必要的学生资源(特别是攻读硕士研究生及以上学历者)而无法有效推进相关国际化科研工作(F06、F09、F11、F12),另外也缺少与国外机构建立合作的人力资源资本(F10)。这一问题在工科领域似乎更为突出,同时也存在于诸多教师日常学术工作的其他领域。多名青年教师从侧面反映了当前高校教师围绕科研工作运转的某种常态或循环,即"经费—项目—学生—经费……",强调获得学生资源是其中不可或缺的重要一环(F06),如没有学生"很多工作无法推进"(F09)。

究其根源,除了青年教师个体局限——如对外知名度不足,难以吸引优质生源,各专业院系实际招收研究生数量的局限,可能也是造成青年教师在硕士或博士生招生资格方面受限的一个重要原因。如一名来自工科领域的青年教师指出:"现在我们学院每个老师只有一个硕士名额,而且还需要评。我们现在基本上都是硕导,也有少数年轻老师可以升为博导,很牛的大教授也只能带一个博士生。学校现在要求我们拿到这么高的科研经费量,也就是意味着我们要拿到很多项目。但是在这样的情况下,我们没有学生是很艰难的,很难推进项目开展"(F11)。

在此情况下,许多青年教师不得不通过"借学生"来缓解科研助力不足的问题,包括通过"指导本科生参与一些大创项目(PRP 项目)"①从中挖掘潜在可用的优质生源(F12),以及协助指导团队其他成员名下的学生。不过,这种"借学生"的应变之法往往有些"治标不治本"。除了生源数量依然十分有限的问题之外,个别青年教师也基于个人实际经历,指出其中可能存在的一些"不稳定"因素,比如由于作为挂名导师,实际上不具备惩戒和影响学生在校学业进程的正式权力,因此"虽然我指导他(学生),给他花钱,但是他还是会在某些方面质疑你的权威性,毕竟在学校里他不能名正言顺地说我是他的导师"(F09)。

(三) 缺少顶尖科研人才

缺乏引领国际化学术工作的"大师级学科领袖"或"学术权威",主要表现为校内部分交叉学科和小众学科缺少有国际知名度、能够吸引高端国际交流合作

---

① PRP(Participation in Research Programme)计划:S 大学本科生研究计划,于 2001 年 12 月正式启动,是旨在培养具有"宽厚、复合、开放、创新"特征的高素质创新人才要求而实施的本科教学改革举措。

的学术大师坐镇。其主要影响在于，部分学科的科研产出（如会议论文、学术专著）因其独特性而难以在学校"一刀切"（以 SCI 或 SSCI 国际发文为主要依据）的考评制度中获认可，这可能会导致一些优秀青年人才和有价值的科研成果被忽视（F03、F05、F23）。一位从事外国语言学研究的教师评述如下："不同学科的特点不一样，搞文学的你要他去发那种理工科刊物，搞语言学的要出文学那样的专著，这个是很荒谬的，但是现在等于说学校是不管的，这个也反映了我们国内对一个学科的发展，包括它的这个现状是不了解的，也缺乏一批真正的学术大师。普通教师、比如一个小讲师的话是没人听的。你必须在上面有一个比如说院士或者讲席教授级别的学者出来讲话，或者一个公认的国际性的学者在我们学校坐镇，那样情况就会完全不同。但现在我们还缺乏这样的学术鉴赏力。"（F03）

除此之外，另一种形式的顶尖专业人才缺失情况表现为，部分学科缺乏从事在国内乃至国际范围内具有前沿学术价值的顶尖人才汇聚，其主要影响在于"令在校高层次人才产生孤独感"（F03），无法形成团队并发挥合力。在本案例中，编号 F15 的青年教师正面临这方面的问题。如该教师指出，"我在 S 大学没有团队，因为在海外做这方面（研究）的中国人比较少，中国人少了就比较难找到合适的人。招外籍人员也比较难，人家不一定来。所以我必须要找外面的人合作"（F15）。

针对如何吸引高层次人才的问题，编号 F03 的青年教师结合自己所在院系的实际情况指出，缺乏与同类型高校那样具有吸引力的薪酬待遇，以及日益提高的准入标准和考核要求，是导致本学院近年来无法招到学科发展所需的优秀的人才的一个主要症结所在："我们现在的薪酬待遇，跟国内高校比差距太大了。不光是新博士，对于真正优秀的、学校想要招进来的那批人，也没有任何吸引力。你要求比人家高，但是你又开不出比其他学校更好的待遇，还给人家提那么多考核指标，那怎么可能呢"（F03）？

持类似观点的还包括另一位来自文科领域的青年教师。该教师认为"缺乏大师级别的人物"（F23）也是本学科很难获得国际影响力的重要阻碍因素之一，并指出，学校对于人文学科发表论文的一刀切要求，也在一定程度上增加了本学科留住高层次人才的难度，比如"我原先的导师，其实在 S 大学做过一年的特聘，后来他回去了，不做了，因为他发不了 S 大学规定的刊物（论文）"（F23）。

（四）校内国际化经费资助有限

来自学校层面的、可用于在本校内开展某些国际化活动的经费资助局限，主要体现在部分青年教师因实际可支配经费不足，无法顺利邀请和接待来校访学的国际专家学者（F23、F25）。这一问题在人文社科领域似乎更为凸显，或者说较之于其他学科领域的同行，人文社科领域的青年教师对于学校相关经费资助的感受相对更加敏锐，这可能与他们更需要从机构层面获得资助的实际需求有关。

基于相关教师的陈述可以发现，这一情况也从侧面反映出了学校政策标准与教师实际需求以及背景环境（如置身国内一线城市的实际物价水平）存在脱节的问题。当然，学校也一直在致力于改善这一状况，比如通过提供多元化的资助项目来满足不同教师的差异性需求，但其具体举措因实际推广时间还比较短，且设有竞争机制，目前所惠及的教师范围仍然还有所设限。例如，编号F23的青年教师指出："今年其实挺好的，学校有一个国际化资助，比如你出去开会，或者在国外发表很好的文章，承办校内一些会，它会给你一定比例的资助。这些今年有，以前还没有。但是要申请，还要PK，最后要公示。再一个就是学校有一些专门的项目，比如我们可以申请一点学校的资助，但是也是要经过竞争，也很难⋯⋯"（F23）。

（五）支撑国际化工作的专业配置局限

用于支撑校内国际化工作的专业配置局限，主要体现在部分青年教师因不够完备的专业实验室设施，以及缺乏合适的专业教学场所，无法将具有国际化和创新性的内容纳入日常学术工作中（F02、F09、F20）。

造成上述情况的原因较为复杂，包括为了推动科研发展而对教学空间产生的某种倾轧。例如，编号F02的青年教师在描述本科学生的教学环境时提到这样一个场景："我们学院教学楼后面有一个上专业课的教室，那就是一个彩钢板搭的房子，冬天冷、夏天热，但是没办法，我们学院就这点地方，根本不够用。"造成这种状况的部分原因反映在该教师提到的一个"小插曲"中："本来我们的画室就在边上，就是原来是有画室的，后来听说要引进一个老师，要建实验室，就都腾出来了，把所有的本科生都赶到后边彩钢板房里去了。最后那个老师没来，那里就改成了研究生学习室。"其次，优质学术资源向"大教授"和大团队的倾斜，也在一定程度上导致部分青年教师可利用的学术资源短缺。例如，编号F21的青年教师指出，由于其所在实验室"设备很少，很多实验做不了"，他们常常需要跑到别的学院,或借助外面的设备和仪器来完成某些科研工作。而问到是否可以向学校或院系申请相关经费资助时,该教师指出,"近一两年的话,领导说我们有一批机动经费可以申请,需要在网上填表格申请。但我们通常只敢申请经费比较少的,因为数额太大的话申请了也批不下来……"究其原因,该教师认为,"大头都给主要的好的项目拿掉了,他们用在一个主要方向上的经费,可能一下就几十万上百万,剩下来的就是一些零散的钱,给大家分一分,那你不可能分到很多"(F21)。此外,缺乏对于专业基础资源的统一规划与有效管理,也可能助长先入校教师的优势,致使部分初任青年教师无法获取支撑国际化科研活动的必要物质基础(F20)。

二、严格的考核要求不鼓励国际化参与

对于多数青年教师而言,来自学校的考核压力主要体现在对科研经费、国家级基金项目和国际发表论文的明确要求。尽管它们的影响并不波及所有教师,但相关要求对于部分青年教师的国际化参与依然造成了一定的制约。

(一)国际性科研收益不足以应对学校要求

由于学校对于教师获得科研经费数量的要求,一些青年教师直言参与国际性的科研项目合作"可能没什么用"(F06、F12、F20),因为通过此类活动可能获得的经费通常不会太多,对于完成经费考核要求作用不大。另外,由于一些制度规范方面的局限,青年教师从中实际可获得的经费数量(除去学校或专业院系收取的经费管理费)也比较有限,有时甚至会遇到无法及时入账的问题。例如,编号F01的青年教师就有关科研经费管理方面的问题评述如下:"对很多横向经费,学校要收高额管理费,然后院系再收一点。横向经费进来后,扣除的钱非常多,所以很多时候,除非我们没有其他办法了,才会去申请这类经费……你要让这笔经费进学校,你就得'自认倒霉',这是两难的抉择。而且很多时候呢,学校的财务制度和企业财务制度是不一样的,比如说增值税发票,有时候是不太容易开出来的。比如前段我们跟英特尔谈好的科研合作项目,因为很多原因,可能因为市里在做税制改革,学校开不出发票,到现在也没有开,对方10万美金一直打不进来……因为各种制度问题,你没有办法放手去做一些事。"(F01)

(二)项目基金要求限制晋升,影响国际化参与

来自项目基金的阻碍主要是间接的。此类项目很多时候是"可遇不可求的"

（F05），评审中存在诸多不确定因素，比如评审专家"多多少少还是会看你的背景，看你在哪个团队，是谁的门生等，这些问题是始终避免不了的"（F18）。当它们成为横亘在教师职级晋升道路上的"拦路虎"时，那些因此不具备晋升资格而无法获得更多学术资源（如招生资格、申报某些国际性项目的资格）的青年教师，可能会失去参与某些国际化活动的重要条件。例如，编号 F06 的青年教师认为自己当前正面临"恶性循环"——因职称原因限制招生资格，因生源有限而无法推进科研工作并产出高水平成果。出现这种困境的根源是他还没有拿到自然科学基金项目，无法达到职级晋升的这项硬性条件。他对此评述如下："考核的话，我进 S 大学的经费差不多可以达到一千万。但我现在还是讲师，最大阻碍就是这个自科基金……因为我进校后的研究方向调整了，不容易拿到自然科学基金项目。现在就卡在这上面了。如果我现在是教授，很多通道就全部开了……但如果不是副高级以上职称，一年只能申请一个项目，两年没中就要停下来。我没有这个职称，我就没有学生（不具备招生资格），很多项目也做不了……"（F06）

　　受此类规则影响，职级越低的青年教师在工作中可能获得的学术资源和发展机会相对越少，想要成长起来也就更加困难。就其本质而言，这种非正向的"因果循环"正是存在于学术圈的"马太效应"（Matthew Effect）的真实写照。它不仅局限于青年教师参与国际化的问题上，同时也渗透于青年教师日常学术工作的各个领域，并通过加速优质资源的两极分化，逐渐将拥有不同学术资本积累的教师置于不同的"学术阶层"中。如一位中级职称青年教师指出，"不能带学生"是其当前科研工作中面临的一大困境，"没有人（学生资源），就没有办法开展研究，没有研究就没有成果，没有成果就没有办法晋升，评不上职称就招不到学生……就是进入一个死循环，差距从一开始就存在了"（F08）。

（三）小众学科教师参与国际化的通道狭窄

　　对于多数青年教师来说，来自国际发文的考评压力相对会小一些。作为 S 大学这样一所高水平研究型大学中的一员，他们通常能够凭借个人能力完成此项考评要求。然而，对于少数处于交叉学科或者属于校内小众学科的青年教师而言，由于所在学科没有学校指定的国际性核心期刊（F02）、所在学科领域的主要科研产出形式（如会议文章，专著）与学校要求存在出入（F03、F05），或者所在学科领域对应的学术期刊在学校期刊分档标准中处于不利位置（F08、F09、F20、F21），他们往往需要花费更多的时间和精力来应对此类工作，或者面临着维护学术水准(质量)还是应对考评要求"何者为先"的考验。

三、推动国际化参与的服务支持不足

服务支持有限主要体现在针对留学生教育的相关管理制度还不够完善。由于相关部门未能在此方面进行系统管理,并提供必要的支持和协助——比如,加强对本科留学生[①]日常学习规范的考评和激励,以及对于这些学生进行分层教学安排等,青年教师在参与相关国际化教学和学生指导工作时经常感到实际工作强度大、工作难度增加等压力(F02、F11、F23)。

究其原因,学校当前针对留学生的考评管理方式难与所谓的"国际化"发展目标相匹配,或许是其中的一个症结所在。例如,编号 F02 的青年教师指出,针对留学生的考评直接由学生本人在学校与导师之间传递,这种"原始"的管理方式往往难以保证导师实际考评反馈的公正和客观性:"好像学校针对留学生的评价就比较难。虽然每年会给导师发一个单子,用来评定留学生学业表现。但是大部分人抹不开面子,不好意思打得低。因为打分的时候,学生就站在你边上,他虽然看不懂中文,但明白什么意思,你要是一打低分他就问你为什么……考评表是学生自己拿来的,填完后他上交,这个就非常尴尬……最好是用网上的评价系统,点一下直接提交,这样能比较公正地评价这些学生。"(F02)

四、学科壁垒限制国际化交流合作

已有研究发现,以学科为基础组建的基层学术系统可能会对教师的国际化参与造成阻碍[②],这一情况在本研究中的一个子案例学院得到证实。由于经历院系合并等历史原因,该学院由几个背景差异较大的学科组建形成,往往难以将优质的国际化学术资源相对公平地分配于各学科部门以及教师群体中,因此也很难保证不同需求的青年教师都能积极参与大学国际化。

事实上,这种由于学科壁垒造成的限制,不仅影响了青年教师获取国际化学术资源的可能性,也在一定程度上阻碍了他们开展跨学科工作的可能性和积极

---

① 特指在 S 大学全日制攻读学士学位的外国籍学生,即本科学历留学生,是本书中的留学生的主体构成。

② Childress, L. K. Faculty engagement in the operationalization of internationalization plan[D]. The George Washington University, 2008: 82.

性——而"跨学科的交流互通"本身正是国际化活动中一个关键的知识维度①。该学院一位园林专业青年教师的陈述一定程度上佐证了这一情况。这位编号F02的青年教师主要反馈了两方面问题:一是学科壁垒致使从事本专业国际化教学的师资配置不合理,即缺乏多学科背景教师的通力配合。该教师所从事学科具有独特性——同时依托环境、建筑以及设计等多个学科的知识体系,所谓国际化教学和人才培养目标的实现也需倚赖多元学科背景教师群体的通力协作。如该教师所说:"我们现在最困惑的就是这个,我们学科需要的师资有一部分在本学院,有一部分在 R 学院,有一部分在 C 学院"(F02)。在现有基础师资不足的情况下,学校曾为这三个学院的学生搭建了可在其他两个学院选课的共建平台,但最终因为各种原因而被停止。该教师对这一举措的描述如下:"原本来说我们是建了一个平台的,这样对学生最好,但后来发现操作很难,比如说 C 学院的老师,本身也很忙,干嘛要给你园林专业的学生上课。毕竟分设在不同的学院,不管是从管理还是其他各个方面来看,都非常非常的难,所以后来这个制度好像又取消了。我觉得这对学院来说是很大的问题"(F23)。

在学院层面,虽然该教师所在的学科部门也尝试向其他院系借用教师,以缓和本学科教师在课程教学方面的工作压力,但由于不同院系在教师工作安排以及管理方面的细微差异,这些努力在实践中依然难以冲破这种基于院系设置所形成的学科壁垒。如该教师提到,"我们也曾尝试从 R 学院聘请老师,但效果并不好。学生们争着都想选本学院老师的课,总担心外面的老师会出什么岔子。这确实也是,外聘老师经常登成绩太晚,或者打分差距很大,有了问题又很难找到……所以我们每年都要讨论一下,还要不要聘他,但不聘他就真的教不过来"(F02)。

其次,基于院系设置的学科壁垒也加剧了该教师所在学院本科专业课程体系设置的不合理现状——比如,与专业相关度较低的通识课偏多、专业课程设置不够专业等,引发该教师对于"难以真正将国际化的教学方法或授课模式应用于学生的专业课程教学"的感慨。虽然该教师意识到"填鸭式"的传统授课模式已无法适应人才国际化培养的需求,但她也发现,由于当前针对本科学生的课程体系设置已趋近稳定甚至固化,"因为学分的限制,因为很多课明明是必修课,但是我们现在不是削减学分的政策么,它们(专业领域的国际化课程)根本加不进

---

① Green, M. F. & Olson, C. Internationalizing the campus: A user's guide[R]. ACE, 2003: 73.

去"。因此，教师个体的主观努力，如开设具有国际化知识视角、适应本专业变化发展的基础课程等，很难付诸现实；教师有限的国际化参与往往形式大于意义，并不能真正帮助学生"形成开阔的思维"。如果说学校对于 F02 教师所在学科专业缺乏基本认知和准确定位是导致本学科课程设置出现偏斜的主要症结所在，基于院系设置的学科壁垒则加剧了对这一专业的模糊界定。如该教师指出："学校现在的政策是，所有的工科是统一标准。但我这个学科最特别，它虽然隶属工科，但它的性质是偏社会科学的。如果都以工科的标准来要求呢，一个是学生觉得达不到，另一个就是课程设置不合理，比如说一年级学数学、化学，其实对专业学习完全没有帮助。学校应该根据学科设定标准，据我所知，其他很多顶尖大学，这个学科都是要单独设计教学体系的"(F02)。

五、作为留学目的地的吸引力不足

除上述因素之外，本研究突出反映的高校外部阻碍主要体现在留学生教育方面。当前，我国作为留学目的国的国际吸引力还有待提高，绝大比例的优秀海外人才依然首选欧美等地的高等教育强国，这在客观上造成了 S 大学本科留学生生源素质参差不齐的现状，增加了部分青年教师从事国际化教学工作的压力和难度。

针对这一问题，笔者也向学校负责留学生招生工作的行政管理人员进行咨询。通过了解发现，尽管当前 S 大学设定的本科留学生准入标准已高于国家制定的通则性要求，但客观上，实际申请入学的留学生素质仍有待提高。当前学校主要通过增加申请名额的方法来扩大可筛选生源的基数，希望从中遴选出各方面综合素质更出色的学生。当然，一个国家文化和学术吸引力的提升根本上依赖于经济实力的增长，大学亦是如此。如该名主管所言，"随着一带一路的推进，或许会有更多更优秀的国际学生有兴趣来中国学习，这可能会是我们获得优秀留学生的一个契机"。

第三节　阻碍青年教师参与大学
国际化的内部因素

个体层面的阻碍因素，呈现的是具有类似"不"参与理由的青年教师面临的问题或者顾虑,解答的是"哪些源自青年教师自身的局限对其国际化参与产生了客观制约"。本研究中源自教师个体的内部阻碍因素主要体现在"资源限制"和"家庭限制"两个方面。前者表现为青年教师在其学术工作领域缺乏可用于支持国际化参与的、能够独立争取并且自由支配的必要学术资本,包括经费、时间以及应对额外工作的精力。后者主要指的是来自家庭生活方面的影响。

一、缺乏支持国际化参与的充裕经费

缺乏可支配的国际化经费资源,是困扰青年教师国际化参与的一个主要制约因素。其主要影响在于,部分青年教师往往会因为经费匮乏而放弃某些短期出国交流机会,包括参加国际性学术会议。如编号 F09 的青年教师所说,初任教师通常从项目中可能拿到的钱较少,其中"可能仅有一万或者几千块钱可以用作国际合作费用、差旅费或者会议费……比方说我今年我要去一趟美国,参加一个国际会议,那我往返的机票可能就几千块钱了,再加上住宿,我可能一下子就会把这个项目所有(可用)的经费都用光。所以如果不是特别重要的会议,考虑到经费原因,权衡一下,我可能就算了"(F09)。

从 S 大学近年来的相关国际化举措来看,资助教师参加国际会议是学校积极推动的一项重要内容。例如,学校专门从"985"经费中拨款设立了"青年教师国际科研合作资助专项",用以资助青年教师参加顶级国际会议并宣读论文。不过,从被访者反馈的信息来看,青年教师的短期出行往往都是由个人科研经费支持,因此"精打细算"成为一种必然。而当被问到是否曾经使用或者考虑申请学校以及外部相关资助时,多数被访教师给予了否定回答。其主要原因可归纳为以下几点:

第一,不清楚学校有哪些经费资助或缺乏主动关注意识。这类情况在初任教师中较为常见(F09、F12)。例如,编号 F09 的青年教师强调,"我来学校才一年多,知道这些信息的渠道会少一点,比方说参加国际会议的这些资讯倒是挺多的,但是有哪些项目或活动是学校可以给予我们支持的,我们知道的却很少"(F09)。当然,也有一些在学校工作若干年的青年教师表示他们对此情况依然不甚了解,如编号 F12 的青年教师提到,"出国开会的话,目前来说费用主要还是从项目里走。学院和学校好像是有一些专项经费,但是具体的我到现在也不太清楚。因为我没在 S 大学念过书,我来学校工作到现在差不多也快五年的时间了，差旅费用什么的基本上都是从课题组的经费里走"(F12)。

缺乏对潜在资源的信息知情在一定程度上削弱了青年教师获得外部资助的可能性。基于对此原因的进一步挖掘，笔者通过访谈发现，目前绝大多数青年教师几乎都是通过院系行政部门（如行政秘书转发学校电子邮件、或将信息发布于学院内网提醒教师查收）间接获取学校信息，很少有教师会主动上网查询或关注学校实时动态。受访者对此的理由陈述大同小异，包括"实在没时间去搜学校网页，也不找"(F07)，或者"平时很少有时间上网看这些信息，据说学校也没有一个很集中发布信息的平台，感觉比较散，也不知道到底去哪里看"(F20)。另外也有教师认为"学校网站上的信息也不全都那么及时，会存在滞后"(F10)。在这种中转传输信息的过程中，由于个别机构办事效率以及其他未可知的原因，难免存在信息疏漏或传递滞后的情况；而教师本身也可能因为个人原因（如出差延误、邮箱故障）而错失相关信息。

第二，认为申请程序麻烦或竞争激烈而不愿耗费精力。持这类理由的青年教师通常对于学校或院系的相关资助多少有所了解，但在主观上并没有很强的动机去争取这类经费。例如，针对申请程序，编号 F11 的青年教师指出，"如果出去开会啊什么的，我们学院这边有这种经费的资助，需要自己去申请。我通常都不去申请，因为我比较'懒'，不愿意走那一套程序"(F11)。编号 F15 的青年教师提供的解释是，"因为我感觉申请学校经费很麻烦，比如说我什么时候要申请参加一个会议，但是如果想要申请学校的某个经费的话，我就得掐时间点，感觉比较麻烦"(F15)。另外，在竞争难度方面，编号 F23 的青年教师认为学校层面提供的经费通常具有"竞争性"(F23)，普通青年教师要获得资助还是有一定的难度。

第三，存在限制性条件或设置，难以满足实际需求。由于部分外部经费资助在申请时间或要求方面设置明确规定，一些青年教师往往"可望而不可即"。例如，编号 F09 的青年教师认为大学提供的"有条件资助"（信息）很难真正被使用："最近我收到学校的一个邮件，说是上海市对这方面有一点资助，但申请前提是你已经拿到国外会议的邀请函了，就是说你已经弄得差不多了，或者是你已经提交了摘要。相当于是有条件的资助。但对我来说，我在看到会议信息的时候，我感觉自己经费不够，就不会有心思去报，我可能从一开始就错过这样的机会了。"(F09)

二、缺乏支撑国际化参与的充足时间

时间精力资源的局限是一个相对概念,即相对于大部分青年教师的本职工作或科研安排,他们没有太多时间和精力去应对额外的国际化活动。这里面包含两层含义,一是当前的科研进展不适宜某些国际化参与(F02、F01、F18),二是当前的工作模式或状态不适宜某些国际化参与(F07、F10、F11、F12)。

首先,对于绝大多数青年教师而言,自身科研进展永远是置于日常学术工作首要位置的。因此,针对某些需要付出较多时间、精力甚至经费成本(而不能直接回馈收益)的国际化活动,他们通常只会在各项任务应对有余的前提下才有可能酌情考虑。相对地,如果当前工作进展不尽如人意,他们很有可能放弃这些额外计划,只专心解决当下问题。例如,当被问到"您觉得哪些因素可能会影响您参与国际化活动"的问题时,编号 F01 的青年教师强调,"对我个人来说,可能是我自己的工作原因,也只可能是我自己的工作。因为我要保证自己科研项目的进度。只有在保证科研进度正常,比如学生的实验不出问题的情况下,我才会去参加一些国际化活动"(F01)。编号 F18 的青年教师在谈到自己仅分配 10%~20% 的时间精力用于国际化活动时强调,因为"大部分时间是自己在带科研,不可能花更多时间用于跟外面交流"(F18)。从其陈述中可以看出,国际化参与对该教师而言只是锦上添花,但前提是不能偏废已有的科研工作进展。而编号 F02 的青年教师则因为难以完成国际发表论文的科研任务,直言"哪敢国际化(特指出国交流访学),就这个发表论文的要求我都完不成,我怎么还能去国际化,哪有这时间? 国外的会议我都不敢去,一去就是一个礼拜"(F02)。

其次,部分工作模式或工作内容限制青年教师参与国际化——尤其是那些需要跨境的国际性活动。例如,对于主要以团队形式开展科研工作,或长期服务于科研团队的青年教师而言,他们通常不那么倾向于赴海外交流,原因是"如果长期在外面会耽误课题组的整体进度"(F07)。另外,对于承担了大量教学以及服务性工作的青年教师,他们也有可能因为日常可支配时间精力的局限,而疲于应对此类国际化活动。这类情况在本科型院校以及从事与基础性学科(如中文、外语、数学等)相关研究的青年教师中较为常见。例如,一位承担了多个院系基础数学课程的青年教师指出,他对于当前工作最大的需求之一是希望"教学任务能够再轻一点，希望能够实现一个学期只上一门课程"（F15），以便可以将更多时间用于科研活动（该教师的科研工作中涉及较多的国际交流合作）。另一位承担了所在学院大量外语课程的青年教师指出，自己最大的希望是"在科研上可以多投入一些时间，但是目前教学量非常大，每周大概有 14 个课时"（F19）。

三、来自家庭建设需求所产生的限制

来自家庭方面的限制，实质反映的是家庭成员对于青年教师分配更多时间和精力给家庭生活的客观需求。这也是一个相对概念。对于青年教师的家庭生活而言，家庭建设是一份责任，也是一种幸福；但对于青年教师涉足某些国际化活动可能产生一些反向的拉力。在本研究中，被访教师提及较多的此类拉力主要来自于他们对于照顾家中幼儿（F10、F15）或者准备孕育新生命（F21）的规划。这些原因在很大程度上成为他们犹豫或者短期内不倾向赴海外访学的一个重要原因。例如，从编号 F10 的青年教师分享的经历中我们可以看到，面对已经获准出行的批文，以及家中刚出生的孩子，该教师在决定"走还是留"的当时当刻，内心还是经历了一番挣扎。

第四节　两类因素对青年教师非积极参与的影响

结合上述分析，本研究中阻碍青年教师参与国际化的因素主要来自外部和内部两个方面，一是青年教师基于国际化参与所形塑的社会结构产生的限制性影响，主要表现为高校及其专业院系的相关政策制度限制；二是作为行动者的教师个体自身存在的局限和制约。研究也发现，上述阻碍因素在作用于同一国际化活动时往往相伴随行而非独立存在。换言之，导致青年教师"不"参与某项具体国际化活动的理由通常也是复杂多元的，可能同时涉及内、外部多个阻碍因素。一方面，不同类型的国际化活动对于青年教师在体能、精力甚至经费成本方面的支出要求存在差异，表明青年教师在应对不同国际化参与状况时面临的阻碍、挑战以及应对态度也有可能不同。另一方面，不同教师实际涉足国际化的类型与程度也存在差异，他们在此过程中可能面临以及认知到的阻碍因素也有所

不同。基于此,本研究选择从参与类型和参与主体两个方面,分别对影响不同青年教师组群国际化参与的阻碍因素进行进一步分析。

　　当然,同样需要说明的是,本节有关主要阻碍因素的讨论,强调的是在特定教师的主要经历或感知中,哪一类因素(内、外部因素)所产生的负面影响更为突出,对于教师实际参与行为和参与决策的干扰更为直接,但并不意味着否认其他因素的存在以及产生的客观阻碍作用。其中可能存在的情况,对于某一个青年教师而言,他/她在考虑是否参与某项国际化活动时,可能同时面临多个内、外部推动因素的影响,以及多个内、外部阻碍因素的干扰,但最终可能会因推力不足以克服或抵消阻力产生的负面影响而放弃投身该项活动。而本节对于主要阻力来源的讨论,其主要目的在于以相对直接、有效的方式发掘阻碍教师参与行为的根源。

一、针对不同参与类型的阻碍因素分析

　　表6-3呈现是的来自高校和个体层面的两类阻碍因素(分别对应外部阻碍因素和内部阻碍因素),在三种不同的国际化活动类型中产生的影响。基于对两类阻碍因素被提及程度的判断,同时结合上文的详细分析可以发现:

表6-3　阻碍青年教师参与大学国际化的主要
影响因素分析(针对参与类型)

参与类型	主要形式	"不参与"的理由陈述	内部阻碍	外部阻碍
国际化教学 (T)	课程教学	● 支撑国际化工作的师资配置不足(3) ● 支撑国际化工作的专业配置不足(1) ● 针对留学生教育的服务支持有限(3)		√ √ √
	学生指导	● 国际化参与的时间精力成本较高(1)	√	√
国际化科研 (R)	交流合作 (项目)	● 对完成聘期考核要求没有明显作用(6) ● 支撑国际化参与的学生资源不足(4) ● 支撑国际化工作的专业配置不足(2) ● 限制性政策和规定不鼓励国际化(1) ● 用于国际化活动的经费资助有限(2) ● 参与国际化活动增加个人额外支出(1)	 √ √	√ √ √ √ √
	国际发表	● 有争议的考评标准不鼓励国际化(4) ● 牺牲本土实现产学研转化的机会(1)	 √	√ √

（续表）

参与类型	主要形式	"不参与"的理由陈述	内部阻碍	外部阻碍
跨境交流 （O）	国际会议 （短期）	● 国际化参与的科研经费成本较高(5) ● 国际化参与的时间精力成本较高(2) ● 限制性政策和规定不鼓励国际化(1) ● 参与国际化活动增加个人额外支出(1)	√ √ √	 √ √
	交流访学 （中长期）	● 对推进科研工作进展没有直接帮助(3) ● 影响校内工作进度以及职能履行(5) ● 限制性政策和规定不鼓励国际化(1) ● 中长期海外交流干扰家庭生活规划(3) ● 中长期海外交流影响在校薪酬收入(4)	√ √ √ √	 √ √

说明：上表括号内数字表示受访者反馈信息中对应"不参与"理由出现的频次。

　　青年教师在本土国际化教学领域的参与实践主要受到高校制度因素的阻碍，包括缺乏配合国际化课程建设的基础师资配置（F02、F23）；学校相关部门对于本科学历留学生的在校管理和激励机制还不够健全（F02、F11）等。

　　青年教师在本土国际化科研领域的参与实践主要受到高校制度因素的阻碍，包括用于支持国际化参与的资源供给（如经费、学生资源、专业配置）不足；针对教师聘期考核以及职级晋升考核的诸多要求限制了青年教师参与部分国际化活动的积极性和可能性。当然，青年教师个体可用于国际化活动的资源局限也是其中不可忽视的一个重要因素。

　　相比之下，影响青年教师跨境交流意愿的因素主要来自教师内部。例如，在国际会议方面，教师可支配的经费局限固然是影响其出行的一大阻力，但教师自身缺乏内在的某种积极性，如因为缺乏信息知情、"懒"或者不愿参与竞争等原因而不去争取外部经费资助，却是阻碍其出行的主要症结所在。在中长期海外访学方面，来自家庭生活方面的诸多顾虑，如照顾家庭成员的需求，以及对于实际薪酬收入等因素的考量，都有可能成为抑制青年教师在非外部强力要求下参与此类跨境流动的客观阻力。

　　综上所述，相比较已有研究归纳的阻碍教师参与国际化的因素，S大学的青年教师在有关国际化参与的态度和信念、知识与技能，以及认知能力方面都具有比较积极的表现，但因担心国际化参与影响家庭责任的履行以及当前在本校内的科研工作进展，却是他们与其国外同行共同存在的、阻碍其国际化参与的主要内部因素。

在高校层面,尽管 S 大学在有关国际化发展的战略规划、领导支持等方面做出了十分积极的努力,但缺乏有关参与大学国际化的协调机制和有效的信息传达、用于帮助教师参与国际化活动的某些经费预算不足、缺乏必要的用于支持教师国际化参与的学术假期、缩减教师赴海外期间的薪酬、学科壁垒,以及针对留学生的服务支持不足等,仍然是 S 大学青年教师与其国外同行同样面临的困境。除此之外,有关国际发文、科研经费数量和类型的考评标准与要求,在很大程度上制约了 S 大学青年教师参与国际化的积极性。

总体而言,在本案例中,青年教师在国际化参与过程中受到的来自外部环境因素的阻碍,明显多于源自教师自身局限所造成的阻碍,这意味着外部环境的改善将有利于极大改变这一群体参与大学国际化进程的整体现状。

二、针对不同参与主体的阻碍因素分析

需要客观认知的是,作为行动者的教师个体因其不可复刻的独特成长经历、求学背景、个性因素以及其他多种不可知的原因,他们即便面对同一环境的态度、看法与观点亦存在较大差异。为了进一步了解上述提到的各种内、外部阻碍因素如何相互作用并影响不同教师的行为,本节以独立个体作为基本研究单位继续深入考察。具体分析主要基于以下两部分信息:一是根据被访教师对于个人(及其青年教师同行)在国际化参与过程中所面临的主要阻力来源的陈述的归纳与总结;二是笔者结合被访者的问卷调查和简历信息,对上述信息进行检验与解读。

表 6-4 反映了对不同青年教师的部分国际化参与行为形成反向拉力的阻碍因素。单个教师可能同时受到多种因素影响,出于归纳共性和比较差异的目的,研究仅梳理了其中最重要的信息。通过综合比较和深入分析,笔者获得如下发现:

表 6-4　阻碍青年教师参与大学国际化的主要
影响因素分析(针对参与主体)

对象	教学	科研	跨境	岗位	学科	职　称	主要阻力来源	原因和说明
F02	√			双肩	工学	讲师	外部	[考核]国际发表论文要求 [资源]基础师资配置不足
F03		√		双肩	文学	副教授	外部	[考核]国际发表论文要求 [资源]缺少顶尖学术人才
F05		√		科研	理学	讲师	外部	[考核]国际发表论文要求

（续表）

对象	教学	科研	跨境	岗位	学科	职 称	主要阻力来源	原因和说明
F06	√	√		双肩	工学	讲师	外部	［考核］对自科基金的要求
F07		√		双肩	工学	副教授	外部	［考核］对科研经费的要求
F14			√	双肩	工学	副教授	外部	［考核］对科研经费的要求
F08		√		双肩	工学	讲师	外部	［资源］学生科研助力不足
F11		√		双肩	工学	副教授	外部	［资源］经费资助的限制
F15			√	双肩	理学	副教授	外部	［资源］缺少顶尖学术同行
F19	√	√		双肩	文学	讲师	外部	［资源］基础师资配置不足
F23	√	√		教学	文学	副教授	外部	［资源］基础师资配置不足 ［资源］校内经费资助不足 ［考核］国际发文要求
F20	√	√		双肩	工学	副教授	外部	［资源］学科专业配置局限
F21	√	√		科研	工学	讲师	外部	［资源］学科专业配置局限 ［考核］国际发表论文要求
F24		√		双肩	法学	讲师	外部	［资源］学科专业配置局限
F01		√	√	科研	理学	副教授	内部	［时间］个人科研进度
F04		√	√	科研	理学	讲师	内部	［时间］个人科研进度
F10	√	√	√	双肩	工学	副教授	内部	［时间］个人科研进度
F12	√	√		双肩	工学	讲师	内部	［时间］个人科研进度
F17		√		双肩	经济学	副教授	内部	［时间］个人科研进度
F18		√		双肩	农学	副教授	内部	［时间］个人科研进度
F13			√	科研	工学	副教授	内部	［时间］个人工作职能
F16	√			双肩	工学	助理教授	内部	［时间］个人工作职能
F22		√		双肩	理学	特别研究员	内部	［时间］个人时间管理
F09	√	√		双肩	工学	讲师	内部	［经费］可支配经费不足
F25	√	√		双肩	教育学	讲师	内部	［经费］可支配经费不足

　　说明：上表左起第二例（教学、科研、跨境）表示受访者在实践中的主要国际化参与（在本土校园的国际化教学、在本土校园的国际化科研、跨境交流），具体内容与表5-3使用字母"I"和"E"标注的部分一致。
　　由于表格字数限制，上表以"双肩"指代教学科研（并重）岗位。

　　首先，对于主要受到外部因素影响的青年教师而言，他们在国际化参与过程中面临的最主要的阻碍因素有两类，一是相对严苛的考核要求影响，包括对国际发表论文的要求（F02、F03、F05），对获取自然科学基金的要求（F06），以及对科研经费（类型与数额）的要求（F07、F14）。二是支持国际化活动的资源供给不足,具体体现在缺乏必要的学生科研助力(F08)、基础师资配置不足(F19、F23)、学科专业配置局限(F20、F21、F24),某些源自外部的经费资助局限——如部分外部资助不允许受资助者在海外滞留较长时间(F11);教师可获得用于邀请和接待国外学者来校访学的经费资助有限(F23)。

其次,对于主要受到内部因素影响的青年教师而言,他们在国际化参与过程中面临的最主要的阻碍因素也涉及两个方面,一是可用于国际化活动的时间精力局限;二是可用于国际化活动的经费存量不足(F09、F25)。其中,前者又可以进一步细分为两种情况,包括主观上的时间精力不足,以及客观上的时间精力局限。

隶属前者的青年教师主要具备以下特征。总体而言,此类教师自身的学术能力、学科背景与专业素质都比较出色,他们虽然意识到并且也不同程度地指出当前存在的各种不利于教师参与国际化的因素,但普遍认为这些问题"不足以称其为问题(F04)",或者"归根结底都是'人'的因素,都是可以克服的"(F01)。这些教师强调,阻碍个人参与某些国际化活动的根源"主要是自己的原因,也只可能是自己的原因"(F01)。包括要考虑当前科研工作是否顺利、学生的实验有没有出问题(F01、F18),参与某些国际化活动能否获得比较明确的收益或回报(F10、F12、F17)等。当然,也有个别教师将国际化视作学术生涯发展的关键所在,强调"没有任何事情会影响到国际化的合作,国际化合作这个事情永远是排在第一位的"(F04);与此同时,也主要通过个人的努力,即建构个体的反思性监控过程来应对各种结构性制约。

隶属后者的青年教师面临的时间精力局限主要由以下原因造成,一是特定岗位安排的客观限制,如主要从事军工科研项目,在日常学术工作中较少需要开展国际性交流合作(F13);当前工作职能主要是本科生教学且任务繁重,致使可用于国际交流合作的时间精力被压缩(F16)。二是个人在时间管理方面的不足,导致有限的学术时间"碎片化",可用于国际化参与的时间精力有限(F22)。

总体而言,在参与国际化的过程中,主要受到外部因素干扰的青年教师的比例略高于主要受到内部因素影响的同行,但两者之间似乎并不存在十分明显的差异,表明两类因素都有可能对特定个体的国际化参与决策产生关键性的影响——当然,这与教师个体实际所涉足的国际化活动内容、特定的个人背景因素等都存在着千丝万缕的联系。

本 章 小 结

本章以 S 大学 25 名被访青年教师的质性访谈数据作为主要分析素材，将这些教师非积极参与大学国际化的 10 个主要理由，归结为"机会成本""制度阻碍"和"个人代价"三个方面。其中，机会成本反映了青年教师对于国际化参与所能带来的直接收益以及所需付出成本的顾虑；制度阻碍主要涉及来自高校及其外部的制约或干扰；个人代价主要反映的是来自学术工作以外生活对于青年教师参与国际化所产生的反向拉力。与已知研究发现相比，S 大学的青年教师与其国外同行一样，主要面临着以下几方面的问题，包括缺乏支持某些国际化活动的经费和时间，以及因中长期交流而影响薪酬收入和家庭生活。不同之处在于，与国外（尤其是北美地区）的高校教师相比，本研究中的青年教师在其"不"参与的理由陈述中更加凸显了对于国际化参与的认知变化，即从过去完全肯定国际化的形式与内容到现在更趋于理性或者说更基于客观需求，某种程度上反映了当前我国高等教育大环境的变化发展，投射于许多青年人才意识层面的影响。本章主要研究结论如下。

（一）青年教师的国际化参与选择趋于理性与现实

从被访者有关"不"参与某些国际化活动的理由陈述来看，S 大学青年教师对于国际化的认知和态度整体趋于理性和现实，主要还是基于自身发展的实际需求有选择地投入。与前述研究发现一致的是，本案例中青年教师对于科研活动的关注尤为突出，许多教师是否参与某些国际化活动的决策很大程度上取决于这些活动对其科研工作的价值；即便是教学岗的教师，依然强调"科研不能放"；也有相当比例的教师不那么倾向于从事过多教学工作，希望有更多时间投身科研。总体而言，这些被访青年教师中"为了国际化而国际化"的行为及想法相对较少，对于国际化活动的投入有选择、不盲从，某种程度上也反映出大国崛起对于年轻学者在文化和心理上的一些积极影响。

（二）青年教师在大学国际化中的问题是其学术职业困境的缩影

S 大学青年教师所面临的许多制度阻碍（如学生资源不足、考核压力大）并非针对国际化参与所特有，这些因素很大程度上也对青年教师日常学术工作的其他方面产生了制约。其中一个主要原因是，随着大学国际化进程的日益推进,国际化已渗透于青年教师学术生活的各个领域,并与其学术职业的发展紧密关联。

综上所述,如何克服相关阻碍因素对于青年教师在国际化教学和科研领域的影响,同时帮助青年教师妥善处理或缓解来自个人以及家庭生活与跨境交流之间的冲突,是高校推动青年教师参与大学国际化进程的关键所在。

第七章
思考与探讨：大学国际化策略如何影响青年教师的国际化参与

    国际化对于高等教育的影响力毋庸置疑。特别是在经济全球化的推动下，国际化更被视为对当代高等教育、高校以及学术团体最具变革性的一种影响因素①。随着多方位国际化战略在大学校园的广泛实施，越来越多的大学教师被鼓励通过更加开放和多元的视角来思考和构建个人的学术职业。教师身处大学知识生产、应用和传播的核心，很大程度上是与大学国际化同生共息的。那么，大学国际化策略究竟在多大程度上影响或者改变着青年教师的学术职业呢？或者说，大学国际化策略在促使青年教师的学术职业更趋向国际化发展方面，究竟产生了怎样的成效呢？有关"成效"的问题，简单来说就是完成某个策划的活动以及达到（fit into）预期策划结果的程度②③。这一概念在本研究中至少包含两层含义，一是大学国际化策略是否已渗透于支配青年教师行为实践的思想意识领域；二是这些国际化策略是否对青年教师的国际化实践产生了实质性的推动作用④？基于上述思考，本章重点从① 青年教师对大学国际化策略的认知；② 青年教师对大学国际化策略（包括策略产生的影响）的评价两个方面来回应上述讨

---

① Proctor，D. Faculty and International engagement：Has Internationalization changed academic work? [J]. International Higher Education. 2015，83：15 – 16.

② Burriss，A. P. Institutional effectiveness in internationalization：A case study of internationalization at three higher education institutions[D]. The George Washington University，2006.

③ Iuspa，F. E. Assessing the effectiveness of the internationalization process in higher education institutions：A case study of Florida International University[D]. Florida International University，2010.

④ 根据结构化理论提供的观点，本研究中的青年教师被视为具有高度主观能动性的行为主体，青年教师对于大学国际化策略的认知以及在此影响下的国际化实践均是基于对自身学术职业发展需求的理性选择。

论。在此基础上,笔者进一步从③ 对有争议的策略影响的原因分析;④ 青年教师的职业发展需求这两个方面逐层展开论述,探讨大学国际化对于青年教师国际化参与的实然和应然的作用。

第一节　青年教师对大学国际化
策略的认知

大学国际化策略本质上是以多层次政策制度(组织策略)为架构,以各类学术活动(活动策略)为载体的、一系列实现国际化的方法和对策的总和①。教师正是通过对这些策略的认知,使其渗透进入他们日常工作并产生直接或间接的指导作用②。本节通过对自编问卷 B 部分的"国际化环境与策略"量表(以下简称量表 B)及其相关题项的统计和分析,呈现 S 大学青年教师对本校国际化策略的认知情况。

一、青年教师对大学国际化组织策略的认知

大学国际化组织策略是支撑教师生存和发展学术职业的国际化校园氛围的基础。通过对量表 B 中各题项的统计和计算发现(见表 7-1),S 大学青年教师对于本校的国际化策略整体上表现出较高认知度。其中,超过 3/4(77.2%)的青年教师认为"学校在选聘任用新教师时将申请者是否具有全球化或跨文化经历作为一项重要考核标准"($M=4.05$, $SD=1.13$)③,表明大力引进海外师资在青年教师看来是当前大学最重要的国际化策略之一。被调查者同时也普遍认同国际化战略和国际教育在学校整体战略发展中的重要性,超过七成的被调查者对于"国际化战略是学校战略发展规划的一个重要组成部分"以及"国际教育是学校战略发展规划中的一项重要内容"这两个题项的打分均在 4 分及以上,且个体间意见分歧较小(标准差分别为 0.98 和 0.94)。相比之下,青年教师认知或者说认

---

① Knight, J. Internationalization remodeled: Definition, approaches and rationales [J]. Journal of Studies in International Education. 2004, 8(1): 5 - 31.

② Schwietz, M. S. Internationalization of the academic profession: An exploratory study of faculty attitude, beliefs and involvement at public universities in Pennsylvania[D]. University of Pittsburgh, 2006.

③ M(Mean)表示均值,SD(Standard Deviation)表示标准差,反映组内个体的离散程度。

表 7 - 1　大学国际化策略各题项的均值和标准差

题　　项	完全符合	比较符合	一般	比较不符合	完全不符合	均值	标准差
学校在选聘任用新教师时将申请者具有全球化或跨文化经历作为一项重要考核标准	43.6%（109）	33.6%（84）	12.8%（32）	4.0%（10）	6.0%（15）	4.05	1.13
国际化战略是学校战略发展规划的一个重要组成部分	36.4%（91）	36.8%（92）	18.8%（47）	6.4%（16）	1.6%（4）	4.00	0.98
国际教育是学校战略发展规划中的一项重要内容	34.4%（86）	39.6%（99）	18.8%（47）	6.0%（15）	1.2%（3）	4.00	0.94
院系领导支持教师参与全球性或跨文化活动	20.4%（51）	43.2%（108）	22.8%（57）	8.8%（22）	4.8%（12）	3.65	1.05
学校在教师的职级评聘中将申请者参与全球化或跨文化活动作为一项重要考核标准	25.2%（63）	33.6%（84）	24.4%（61）	12.0%（30）	4.8%（12）	3.62	1.13
学校为教师参与全球性或跨文化活动提供系统的服务支持	12.0%（30）	31.2%（78）	36.8%（92）	13.2%（33）	6.8%（17）	3.28	1.06
院系部门针对教师参与全球性或跨文化活动设立明确的关键绩效指标	11.6%（29）	27.2%（68）	32.05（80）	17.6%（44）	11.6%（29）	3.10	1.17
学校对教师参与全球性或跨文化活动给予充分资金	12.0%（30）	25.6%（64）	28.4%（71）	25.2%（63）	8.8%（22）	3.07	1.16
学校为教师参与全球性或跨文化活动提供充裕的经费外资源	7.6%（19）	24.0%（60）	33.2%（83）	24.0%（60）	11.2%（28）	2.93	1.11
教师有机会参与制定学校的国际化战略规划	6.8%（17）	19.6%（49）	35.2%（88）	20.8%（52）	17.6%（44）	2.77	1.15

同程度最低的策略是"教师有机会参与制定学校的国际化战略规划"（$M=2.77$，$SD=1.15$），仅有 1/4 的被调查者认为他们在学校以及专业院系相关国际化策略制定方面拥有充分的参与表决和话语权。另外两项评分较低的国际化策略分别是"学校对教师（在学术职业范畴）参与全球性或跨文化活动给予充分资金"（$M=3.07$，$SD=1.16$）以及"学校为教师（在学术职业范畴）参与全球性或跨文化活动提供充裕的经费外资源"（$M=2.93$，$SD=1.11$）。仅有 1/3 左右的被调查者认为学校对于青年教师提供了充裕的资助（37.6%）以及资金以外的其

他资源供给(31.6%)。

为了进一步了解 S 大学青年教师对本校国际化策略环境的认知情况,本研究在此基础上通过探索性因子分析(EFA)对上述量表进行降维处理,使其成为由少数核心因子代表的可观测变量。笔者首先利用 SPSS 22.0 软件对量表 B 进行了KMO(Kaiser-Meyer-Olkin)和 Bartlett's 球形检验。原量表包含 10 个题项,计算结果显示 KMO 值为 0.834($>$0.7),Bartlett's 球形检验值显著(统计量为1 683.399[df=45],$p<$0.001),说明问卷数据符合因子分析的前提要求,适合进行探索性因子分析。采用主成分分析正交旋转法进行因子提取和分析后发现量表 B 包含 2 个因子,分别解释了总方差的 36.767% 和 32.233%,累积方差解释能力达到 67%,表明筛选出来的这两个因子具有较好的代表性。但量表题项"院系领导支持教师参与全球性或跨文化活动"在这两个因子的交叉载荷均大于0.5,经考虑后予以删除。删题后的量表 B 包含 9 个题项,重新检验后的相关信息如下:KMO 值为 0.807($>$0.7),Bartlett's 球形检验值显著(统计量为 1 514.114[df=36],$p<$0.001),依然适合进行探索性因子分析。在此基础上,重新对保留题项做方差最大化正交旋转后获得两个新的因子,分别解释了总方差的 37.528%和 33.282%,累积方差解释能力达到 70.810%,表明筛选出来的这两个因素具有良好的代表性。通过检验这两个因子的内部信度发现其信度系数均超过 0.80,说明用它们来测量大学国际化策略在青年教师认识中的影响力具有一定的可靠性。

图 7-1 和表 7-2 呈现了各题项的因子载荷情况。根据重新编码后的数据显示,包括 s1、2、3、4 和 7 在内的五个题项在因子 1 的载荷均达到或接近 0.7,其

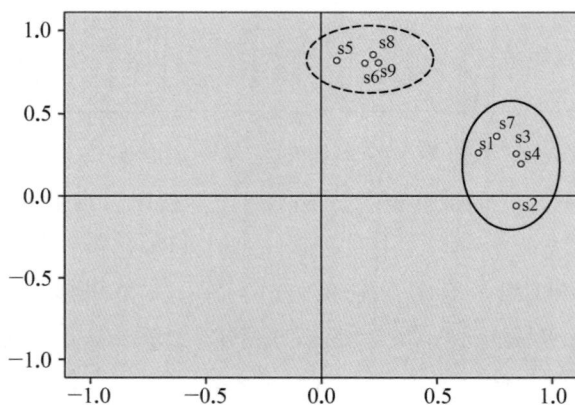

图 7-1 "大学国际化组织策略"题项的主成分分析载荷图

表 7 - 2　大学国际化策略的题项内容与维度划分

题　项	因子 1 激励支持	因子 2 政策规划
s4 学校为教师参与全球性或跨文化活动提供充裕的经费以外的资源。	0.866	
s3 学校对教师参与全球性或跨文化活动给予充分资金。	0.845	
s2 教师有机会参与制定学校的国际化战略规划。	0.845	
s7 学校为教师参与全球性或跨文化活动提供系统的服务支持。	0.761	
s1 院系部门针对教师参与全球性或跨文化活动设立明确的关键绩效指标。	0.681	
s8 国际化战略是学校战略发展规划的一个重要组成部分。		0.853
s5 学校在选聘任用新教师时将申请者是否具有全球化或跨文化经历作为一项重要考核标准。		0.818
s9 国际化教育是学校战略发展规划中的一项重要内容。		0.804
s6 学校在教师的职级评聘中将申请者是否参与全球化或跨文化活动作为一项重要考核标准。		0.803

内容主要涉及学校（包括院系）在操作运行层面制定或实施的一系列旨在推动青年教师投身国际化实践的举措，比如让青年教师参与决策制定、设立绩效指标，以及提供经费、资源和专业服务，其反映的内容与问卷设计时的理论建构（"操作落实"维度）基本吻合，为了方便后文分析需要，综合考虑后命名为"激励支持"。包含 s5、6、8 和 9 的 4 个题项在因子 2 的载荷均高达 0.8 以上，其内容聚焦于大学管理层面的决策、组织和规划，包括将国际化以及国际教育置于学校发展的战略优先级，以及将教师的国际化经历和参与情况与教师的人事聘任和考评晋升决策结合起来，综合考虑后命名为"政策规划"。

　　对上述两个因子的配对样本 T 检验发现，青年教师对政策规划（$M=3.918$，$SD=0.877$）的赋值接近"比较符合"数值[1]，说明学校在管理决策和人力资源建设方面的师资国际化策略对青年教师意识层面的影响力较大。激励支持（$M=3.030$，$SD=0.933$）的均值接近"一般"数值，说明青年教师对于学校在操作和服务层面的一些具体国际化举措了解不多、认同程度不高，或者对其中涉及的一些内容或实施情况并不是很关注。总体而言，从青年教师的视角来考察，S 大学在

---

[1]　在本研究采用的五点量表中，数值 1～5 依次代表"完全不符合""比较不符合""一般""比较符合"以及"完全符合"，题项得分越高，代表青年教师对该题项所述情况的认知程度越高。

国际化政策规划方面的影响力显著高于激励支持($t[249]=14.675$，$p<0.05$，$d=0.93$)。 换言之,S大学的国际化策略环境主要呈现为一种以政策规划为主导的影响或作用模式。

二、青年教师对大学国际化活动策略的认知

活动策略是组织策略的载体,反映了大学国际化政策或制度的具体实施情况。通过对调查问卷中相关多选题项的统计发现,S大学青年教师对于本校国际化活动策略的认知情况如下图7-2和图7-3所示。

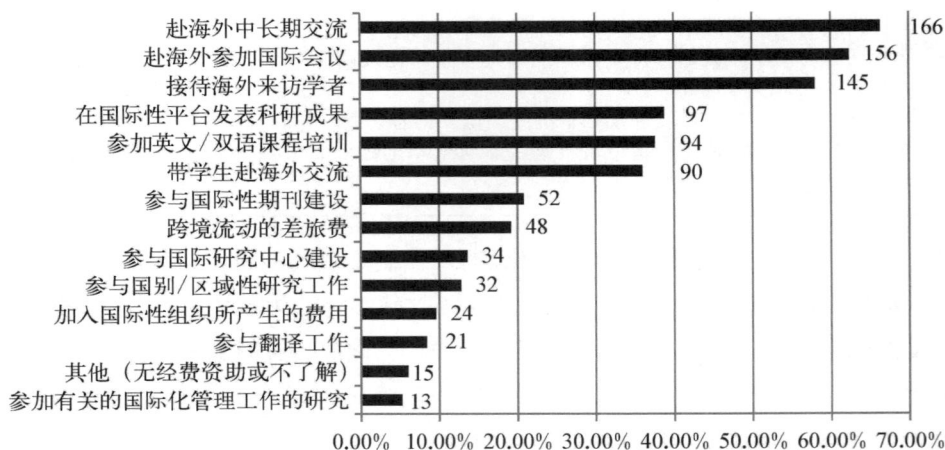

图 7-2   青年教师对本校提供的国际化经费的认知情况

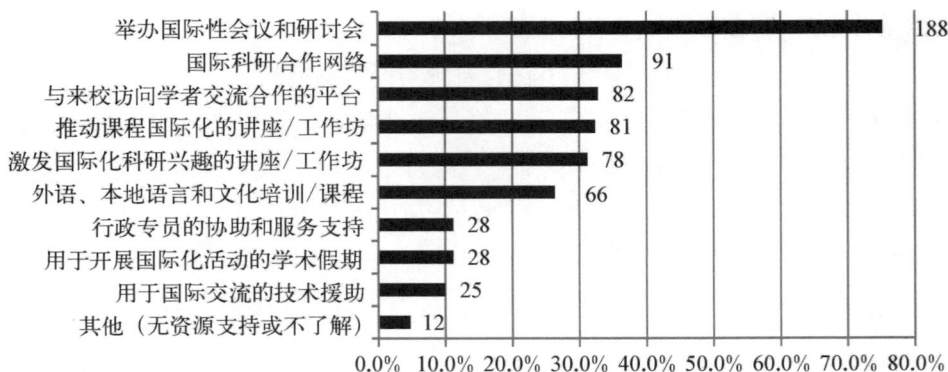

图 7-3   青年教师对本校提供的经费以外资源的认知情况

（一）对经费资助的认知

在经费资助方面，当问到"您所在大学为教师提供了哪些经费资助或奖励"时，超过半数被调查者认为大学在鼓励教师赴海外进行中长期学术交流（166人，66.40%）、赴海外参加国际会议（包括讲座和研讨会等）（156人，62.40%），以及接待海外来访学者（145人，58.00%）方面提供了一定的经费资助，一定程度上验证了学校在国际化师资建设方面强调"走出去"和"引进来"战略目标的有效落实。其他方面的经费资助（或奖励）主要包括奖励教师国际发文、鼓励参与英文或双语课程培训以及带学生赴海外交流等活动。另外，在选择"其他"选项的15名（6.00%）被调查者中，3/5的青年教师认为学校并未提供任何针对教师的国际化资助经费，剩余的2/5表示自己对此情况不甚了解。

（二）对其他资源支持的认知

在经费以外的其他资源支持方面（图7-3），超过3/4（188人，75.20%）的受访者认为大学在资源方面的支持主要体现在以学校平台为教师提供举办国际性会议和研讨会的资源。超过1/3的被调查者认为学校在为教师提供国际科研合作网络（91人，36.40%）、为本校教师与来校访问学者提供交流合作平台（82人，32.80%）、帮助教师推动课程国际化（81人，32.40%）、激发国际化科研兴趣（78人，31.20%），以及提高外语、本地语言（如沪语）和相关文化知识（66人，26.40%）方面发挥了一定的作用。此外，在选择"其他"选项的12名（4.80%）被调查者中，7名青年教师认为学校并未提供经费之外的其他资源支持，剩余5人表示对此情况不甚了解。总体而言，除了知道"举办国际性会议和研讨会"方面的资源支持，多数青年教师并不认为学校为其涉足相关国际化活动提供了其他必要的资源支持。

第二节　青年教师对大学国际化策略的评价

本节主要基于青年教师的信息反馈，对照大学国际化组织策略的四个维度，对S大学国际化策略促使青年教师更趋向国际化发展的整体效应进行客观评价和呈现。整体来看，S大学的国际化策略在推动青年教师国际化参与方面既体现着"积极的、慷慨的支持"，也依旧存在某些"刻板的、滞后的影响"。

一、对管理调控方面策略的评价

有效的管理规划是建设"使教师有效工作"的行政管理结构和制度文化的先决条件。在本研究中,来自管理层明确的使命承诺与领导支持,对青年教师投身国际化实践发挥了较好的激励作用。

(一)明确的战略规划引领教师开展国际化工作

早在 2001 年,S 大学已明确提出了国际化发展战略的具体内涵,强调"引进国际名师,构筑人才高地;开展实质性国际合作办学,培养高层次人才;大力发展留学生教育,向世界开放办学;开展国际科研合作,培育世界知名学者和优质科研成果;以及参与国际学术交流,推动教师参与国际合作"①。学校虽然没有发布专门的国际化战略规划,但其纲领性文件都已明确将国际化作为各阶段发展的重要战略目标,并对发展国际化的原因、目标以及战略重点做出详细陈述。例如,为了"打造一支可与世界一流大学比肩的高水平师资队伍"并提升学校的国际化办学层次,学校提出了"积极引进拥有海外博士学位和博士后经历的教师""加大力度支持教师海外进修""鼓励教师积极参与国际化学术活动,参与国际学术事务,构建广泛的国际学术网络"②等指导性建议。作为对学校战略规划的回应,各专业院系在此指导下也纷纷制定了各自的战略规划或国际化发展思路。从被访教师的反馈信息来看,这些举措显然已深入广大青年教师的意识层面,无形中引导着他们在日常学术工作中参与国际化活动的选择。

图 7-4 反映了青年教师对"您如何评价国际化对您所在机构的重要程度"问题的反馈。从图表信息中可以直观看到,绝大多数被调查者充分肯定了"将全球化或跨文化的视角融入教学、科研和服务职能"的重要意义:选择"非常重要"和"比较重要"的青年教师的数量取值范围是 $194 \leqslant n \leqslant 207$③,占比达到 77.6%～82.8%。认为国际化有助于院系部门发展的群体略少于认为有助于学院发展的群体;认为国际化对于大学整体发展的重要性高于对于单个院系以及独立学科部门的重要性。几乎所有被访青年教师都强调并认同 S 大学推动国

---

① 陈昌贵,曾满超,文东茅.研究型大学国际化研究[M].广州:世界图书出版公司,2014:118-119.
② S 大学.S 校 2010～2020 年中长期发展暨"十二五"规划[R].2012:13-19.
③ n 表示被调查者中在相应题项选择"非常重要"和"比较重要"两个选项的人数总和。例如,上图中认为国际化对部门发展非常重要(117 人)和比较重要(77 人)的青年教师总数为 194 人。

际化发展的最终目标在于建设成为获得国际认同的"世界一流大学"。不过，与之相对的，很少有青年教师认为学校的国际化战略目标中包含或者明确强调了对于教师学术职业发展的关注。

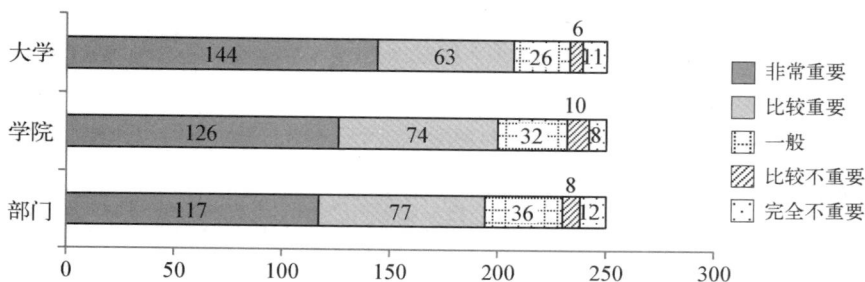

图 7－4　青年教师对国际化重要性的评价

（二）院系领导的支持为教师跨境交流提供保障

来自学术领导或行政管理者的帮助对于青年教师的国际化实践具有推波助澜的作用，S 大学在此方面亦有所努力。例如，学校、特别是院系主管部门领导通过提名或推荐形式，为教师争取各类海外交流资助提供机会（F03）；院系部门通过统筹学术工作安排，以及提供院系专项经费等方式，鼓励教师投身国际化课程建设以及留学生指导等方面的工作（F02）。在本研究中，被访教师认为院系领导的具体支持主要体现在两方面：一是负责院系国际化工作的主管领导通常会将学校有关国际化的信息及时传达给教师；二是批准教师赴海外交流访学的申请。绝大多数青年教师对于院系领导在尽力平衡院系工作安排之余依然"同意让我出去"的包容态度普遍予以相对正面的评价（F04、F15、F22、F23）。

二、对操作实施方面策略的评价

高校在实践层面的积极举措有助于增强教师投身国际化实践的信心和热情。在本研究中，青年教师肯定了 S 大学提供的高水准基础设施、丰富的学术网络资源和国际交流合作机会对其学术工作的促进作用。但也指出，经费支持和多元化学术资源配置的匮乏，依然对部分教师的国际化活动产生制约。

（一）常规性基础设施水准高，但仍有改善空间

已有研究指出，教师通常需要多种支持其国际化参与的基建支援，比如提供

用于修订国际化课程的豁免时间、充裕的图书馆资源等[①]。这些资源通常都不是内在生发的。在本研究中,绝大多数青年教师对于 S 大学提供的常规性基础设施配置,如科研设备、网络数据库以及图书馆资源,给予了相当高的评价。如编号 F01 的青年教师认为,"学校的科研设备,可以说是国际一流的。包括中国稍微好一点的大学,它们的硬件条件,几乎可以说已经是世界一流的了"(F01)。尽管如此,还有少数青年教师指出,学校在针对特定专业领域内的科研设施(如专业实验室)配置和管理方面依然有待加强(F20、F21);学校为教师提供的专业数据库账号,以及可开放的学术资源权限还比较有限(如某些专业数据库的可用账号较少),难以满足青年教师把握国际学科前沿信息的现实需求(F01、F05、F16)。另外,与自然科学相比,人文社科领域的部分专业资源配置还相对滞后。如编号 F24 的青年教师指出,学校对于小语种(如德文、日文)文献资料的供给情况还远达不到世界一流大学水准,这与学校近年来招聘的、从相应小语种国家回来的海归教师数量,及其实际需求显然还存在一定差距(F24)。

(二) 学术网络丰富,但未必能惠及普通青年教师

机构网络为教师提供了交流沟通的必要渠道,使他们得以了解国际化机会、资源,以及他们同行的国际化经历与区域兴趣。在本研究中,多数青年教师提到学校以及院系部门提供的各种与境外机构建立的合作关系网络对其国际化参与的积极作用;部分教师也已不同程度地涉足此类基于机构网络所形成的国际性合作。例如,编号 F05 的青年教师参与某项重要国际性项目合作的契机源自其所在学院与悉尼大学信息管理学院的战略合作协议;编号 F10 的青年教师涉足留学生指导工作的外部推力来自学院与日、韩高校建立的学生联合培养项目的需要。尽管如此,也有少数青年教师指出,由于学校提供的优质资源往往并不特别倾向于普通青年教师群体,对于多数入职时间不长的"青椒"而言,他们在工作中往往很难与教授级别或者大团队中的科研同行竞争高品质的外部资助或合作机会。

(三) 经费激励不断推进,但资助力度仍有局限

多元化的经费资助是推动教师投身国际化实践的重要助力。S 大学在此方面长期致力于不断推进和完善相关资助工作。例如,为了鼓励青年教师积极"走出去",提升在国际性科研合作与交流方面的机会和能力,S 大学从 2002 年开始

---

① Johnston, J. S & Edelstein, R. J. Beyond borders: Profiles in international education [M]. Washington, DC: Association of American Colleges.

设立"青年骨干教师出国研修项目"，通过学校全额资助的方式选送青年教师骨干赴国外合作、进修①②。从 2004 年起每年选派百余名教师到世界著名大学合作研究、讲学、访问和进修，并通过专项或计划形式给予一定比例的资助。在具体举措上，学校从"985"师资建设经费中划拨款项设立"青年教师国际科研合作资助专项"，用于派遣学科带头人、大项目负责人、一般青年教师去国外著名高校或科研机构进行为期 1 个月以上的进修，并与这些出国教师及时沟通学校的重大决策、学科发展的最新动向等；从"骨干人才出国培养基金"中设立"优秀教师高访专项"（6～12 个月），资助年龄在 50 岁以下的教师赴海外高校访学；通过"国际大学联盟组织专项"，资助教师参与国际大学联盟组织活动需缴纳的年费、参与国际大学联盟组织相关活动的费用，以及各院系承办相关活动的费用③。S 大学还通过校际国际合作与交流基金设立"青年教师国际科研合作资助专项"，鼓励并资助青年教师参加顶级国际会议并宣读论文（2 周以下），以及接待曾经或将在之后一年内接待我校青年合作访问的学者来校访学。另外，为了激励文科院系教师产出高质量论文，学校在 2014 年印发《S 大学文科学术期刊分级办法》以及《S 大学文科学术激励办法》，以现金（50％）加课题经费（50％）的形式，对教师在 SSCI 和 A&HCI 期刊上发表学术予以奖励④。

　　尽管如此，部分青年教师依然面临经费方面的压力，包括缺乏足够的经费资助赴海外开展短期交流（如赴海外参加国际会议）；用于接待国际来访学者的可支配经费不足——人文社科领域的青年教师在此方面的压力更为明显。一些教师尝试申请学校提供的相关经费，但也表示获得的资助金额比较有限，难以应对国际化工作中的实际支出（F23）。对于这一问题，如编号 F01 的青年教师所言，当前学校用于支持教师国际化活动的经费类型比较单一，如除了"千人计划、自科基金、杰青基金和优青基金这几个'比较有力度'的资助项目之外，学校层面的资助基本上是没有任何的支持力度的"，可能是造成上述困境的一个重要原因。

三、对师资建设方面策略的评价

　　以师资建设为核心的人力资源发展，其核心是为高校储备和培养具有国际

①　付瑶瑶等.多渠道全方位促进青年教师成长[J].高等工程教育研究，2004，6：29.
②　S 大学人力资源处.[2016-03-25] http://hr.X.edu.cn/info/1047/2741.htm.
③　S 大学."985"经费项目指南（国际交流处，内部资料）.
④　此项政策已废止.

化视野、能够胜任跨文化交流合作任务的高水平科研人才。多数青年教师在理性上认可学校相关举措推出的必然性,但不完全认同这些举措有助于本校教师的职业发展。其存在争议的主要焦点在于:一是"一刀切"的海外高层次人才引进政策与部分专业院系的具体人才需求存在偏差;二是以成果数量为导向的国际发表论文考评要求影响青年教师的学术积累,可能会导致其偏离学术职业发展的正确方向。

(一) 海外人才引进政策掩盖实际人才需求

大力引进海外高层次人才被视为推动在校教师广泛参与国际化的一项有利举措。贝蒂的案例调查发现,多数教师认为学校选聘拥有海外背景新教师的举措有助于本校教师的国际化参与,原因是他们发现这些新进教师通常更容易接受全球化视角和制度变革,而国际化本身正是一种重要的组织变革过程①。在本研究中,青年教师整体上肯定了海外招聘政策存在于 S 大学的必然性和合理性。比如,多名本土毕业的青年教师认为,随着海外人才的大量涌入,以及全球博士学位拥有者数量的不断激增,学校积极招聘海外人才的政策"总体上还是比较符合 S 大学这样一所比较好的学校的定位"(F04)。另外,"学校要定位国际一流,或者向一流靠拢,从国外引进人才,这肯定是必须的"(F07)。尽管如此,多数青年教师也强调,大量引进海外人才不应等同于只引进海外人才而关闭本土人才进入本校发展学术职业的通道,其主要理据包括以下几点:

第一,部分学科或专业内符合学校招聘要求的人才数量存在客观局限,应根据人才的实际供求变化来调整准入标准,否则难以维持日常工作需求。例如,一位来自文科领域、从事小语种教学的青年教师指出,"学校现在都要求有海外经历,但是能够在 G 国(该小语种的母语国家)读完博士回来的人是非常少的,文科更少,没有那么多人读回来,那我们怎么维持教学? 所以必须得让我们进一些本土(毕业)的、能够维持教学工作的博士"(F19)。

第二,特殊学科或研究领域对人才遴选有其内在需求,海归人才因其教育经历和研究领域/方向限制,未必能够更好胜任或适应。例如,一位从事古汉语文字学研究的青年教师指出,由于学校招聘政策向海归博士(后)以及高层次人才

---

① Beatty, M. R. Factors influencing faculty participation in internationalization at the University of Minnesota's School of Nursing and Public Health: A case study[D]. University of Minnesota, 2013: 135.

倾斜,本土博士毕业生的准入通道几近关闭。该学院虽然也招了一些海外名校回来的博士和博士后人才,但仅从专业水平来看,本学科其实更适宜且需要本土名校培养的人才,理由是"对于我们从事的这个研究,国内培养的这方面人才已经很不错了……国外的那些学者,他们其实需要到中国来学习我们的东西"(F23)。另一位工科领域的青年教师表达了类似的观点,指出"我们现在做国防项目的时候就明显发现,海归教师刚回来时其实是没有这方面资源的,或者说可能对这方面不是很适应。我们团队有好多从国外回来的,实际上他们是论文做得比较多,但是解决实际性的问题会少一点"(F09)。

　　第三,除去入选"青年千人计划"学者,"普通海归人才可能在国际发表方面有那么一点优势,但整体上并不见得比本土顶尖高校培养的青年人才更优秀"(F01、F06、F14),因此高校在引进普通人才时没必要非得是海归。

(二) 过度强调国际发表论文影响学术成果积累

　　将教师的国际化经历和能力纳入晋升和评定终身教职的考评标准是许多高校普遍采纳的一项重要组织策略,其积极的价值诉求在于"对教师的国际化行为以及他们对于大学国际化发展的贡献予以认可"[①]。在本研究中,多数青年教师并不认为学校提供了类似的激励或者评价机制。相反,针对高校当前既有的相关考评政策——例如,对于教师在国际性期刊发表科研论文的成文或不成文的规定,多名青年教师指出,对于发表论文数量的过度关注可能会偏离学术探索和研究的核心价值,也有悖于科研成果产出的内在规律,因为"好文章还是难发,毕竟没有那么多地方可以发表。而且有大小年,好东西不是年年有,这些东西都是需要积累的"(F10)。另外,人文社科因其学科内在特点所致,往往不如自然科学领域那么容易产出国际性科研成果,必须要经受得住"缓慢爬坡的过程"的考验,坚守成果产出的质量。盲目迎合这种以产量为首要目标的考评取向而以质量平平的成品凑数,无异于"自废武功",很有可能牺牲掉一名年轻学术工作者最宝贵的学术声誉——因为"一旦你发表太差的东西,对于学者来说可能就是灾难,你在自己的领域当中就会成为一个笑话,国际上的专家根本就不会把你当一回事"(F03)。

---

① Friesen, R. Faculty member engagement in Canadian university internationalization: A consideration of understanding, motivations and rationales[J]. Journal of Studies in International Education. 2012, 17 (3): 225.

四、对服务支持方面策略的评价

学校服务部门办事效率与服务质量的提升,是确保教师安心投入大学国际化建设的坚强后盾。在 S 大学中,图书馆、出入境办事机构等部门提供的高质量服务为青年教师开展国际化活动提供了诸多便利。但包括宿管、留学生管理部门以及部分行政人员的工作状态,对于青年教师却造成了一些负面影响。

(一) 高效的出入境管理服务助推教师跨境流动

从相对正面的评价来看,隶属于 S 大学国际交流处的出入境管理部门被青年教师视为积极和不断变革的存在,为教师开展跨境学术活动提供了诸多便利和协助。如编号 F01 的青年教师指出,"我从 2009 年就加入了 S 大学,那个时候的行政部门都不太好,但是吐槽了这么多年,它真的好了很多。在行政楼里面,比如说出入境机构什么的都还不错。我感觉可能就是两三年之前吧,开始好了很多。"编号 F05 的青年教师对该部门同样给予了较高评价,认为其工作人员"非常热心,能够急你所急,比如说你的签证快到期了,他们会帮你加快办理"(F05)。

(二) 滞后的留学生管理服务增加教师工作压力

从相对负面的评价来看,针对来校留学生的住宿、管理等方面的配套服务还不够完善,对青年教师开展国际学生指导工作造成一定障碍。例如,在住宿服务方面,编号 F01 的青年教师指出,针对来校留学生的配套服务应该是大学国际化、或者说树立大学国际化形象的一个重要组成部分,某种程度上也是教师得以顺利投身国际化教学工作的一个重要前提。但当前 S 大学宿管部门的一些"刻板"做法,比如"不能为参加院级夏令营的留学生提供宿舍,也不允许学院借用本院暑期离校学生的床铺"(F01),似乎难与学校大力发展国际教育的"壮志雄心"相匹配。类似的问题还包括,由于学校宿管部门的在线申请系统不稳定,"经常出现网页打不开的问题,无法申请宿舍"(F02),一些青年教师在接待国外学生来访时同样面临着如何解决住宿的难题,增加了他们的工作量和压力。

第三节　对有争议的策略影响的原因分析

综合上述分析发现,S 大学在管理调控方面的主要国际化策略对于激励青年教师投身国际化实践具有积极的推动作用；但其他方面的举措及其产生的影响，仍存在一定争议。尤其在师资建设方面，许多被访者认为部分政策和制度不仅无法推动青年教师参与国际化，反而在一定程度上加剧了他们的职业困境。这些职业困境包括：面临更多更具国际化背景的新进教师的竞争；获取优质学术资源的难度增加；应对学校考评要求（包括教学任务和科研产出等）的时间精力成本更高，而职级晋升空间和机会更紧缺等。那么，上述这些有争议的国际化策略影响的存在，是否意味着 S 大学出现所谓的国际化战略"漂移"（strategic drift），即实际结果与预期目标存在差距甚至对立？解答这一问题的关键在于明确"这些有争议的策略影响缘何而来"，即了解为何青年教师在认知和实践上都无法充分肯定这些国际化策略。根据已有研究提供的信息，大学国际化的实现过程至少涉及自上而下的三个重要环节，包括战略规划、政策指令和具体策略执行。基于此，笔者认为 S 大学部分国际化策略成效不足的原因主要包括以下几点：

一、战略定位中对优势人才的偏好

对于专业领域内顶尖、高水平人才的重视与吸纳，体现了 S 大学在国际化以及全面发展进程中的远见卓识和明确的战略定位，其积极意义在于从整体提升高校师资队伍的国际化水平。例如，学校从 2004 年起明文规定进入教师队伍者必须具有博士学位；从 2008 年起将博士学位要求提高到国外著名大学水准[1]。而在具体遴选目标上，学校也特别强调对"国际著名专家学者"以及"具有世界一流大学博士学位（和博士后经历）的教师"的重点引入[2]。客观上，这种对于优势人才的偏好对于 S 大学实践"世界一流大学"的建设目标不无裨益。然而，当前最大的争议主要源自在校青年教师（尤其是本土培养的青年教师）对于大量海归高层次人才涌入而造成的、对于自身各种资源倾轧的担忧甚至不满。而学校因特定人才偏好而投射于具体制度建设方面的倾向性，也在一定程度上压缩了在校青年教师的生存空间，阻碍其积累更多优质的、有助于国际化参与的学术资本。具体而言，学校对于本土和海外人才在薪酬待遇、资源配置以及职级晋升制度方面的"双重标准"，很大程度上成为了引发青年教师不满的根源所在。

---

[1]　施瑾欢，苏明.大学青年教师队伍建设的探索与实践—以 S 大学为例[J].中国高校师资研究.2013，5：3.
[2]　S 大学.S 校 2010～2020 年中长期发展暨"十二五"规划[R].2012：13-20.

在薪酬待遇方面,针对海外招聘教师的年薪制(通常是每三年一个薪酬合同期)是目前国内许多顶尖高校采纳的一项新举措。在海外招聘教师的年薪制与其他教师非年薪制(通常为传统的月薪制)并存的情况下,往往就形成了教师薪酬体制的"双轨制(double-track system)"。这种双轨制最大的一个问题就是薪酬压缩(salary compression),造成海归与本土教师、老教师与新教师之间的薪资差距拉大①,导致那些依旧被冠以"老人老办法"的教师产生某种"不公平"感,一定程度上影响了他们工作的积极性。类似的情况也发现于本案例中。如编号F07的青年教师指出,"作为一个本土成长起来的老师,我认为学校现在是把大量的人力物力都给海外回来的教师,这个有点不合理……本土老师也有自己的优势,但是待遇上说实话是差别有点大,所以本土老师中其实很多人是有一些情绪的"(F07)。

在资源配置方面,随着海外高层次回国人才供应量的增加,当前许多专业院系已开始直接引进副教授级别、或能满足本校"长聘轨"体系资历要求的专业人才(F02、F03、F19、F23)。这些新教师通常被给予更多令已在校青年教师羡慕的宝贵资源,包括"直接进来就是博导"(F12),以及拥有更加充裕甚至可能是普通教师倍数的配套启动经费(F20)。这种资源配置方面的巨大差距同样引发已在校教师的"不合理"评价。如编号F12的青年教师认为,多数新进海归教师与在校教师的学术能力或潜力实际相差不大,学校将过多资源提供给他们有失公允。事实上,学校将资源过度倾斜于海归新进教师的做法,对于这些海归教师自身的可持续发展也可能是一把"双刃剑"。如部分受访青年教师指出,学校对于海归高层次人才的"高投资高预期"在某种程度上强化了短期效应,"看中的是他能发多少好文章",但对于一个青年人才的学术成长可能是一种"捧杀",剥夺了其遵循人才成长规律循序发展的机会,"本来应该是给他一个很好的阶梯,让他慢慢'爬',现在相当于就直接给他一个悬崖,让他爬上去,是不是就更容易掉下去"(F20)? 特别是学校对拥有人才头衔的高水平教师给予过多政策和资源倾斜,更可能导致新进教师与已在校教师之间产生某种紧张关系(F05),如在无形中使得海归新进教师成为已在校教师的对立面,并被后者赋予更多"理所当然要有高产出"的预期(F07)。

---

① 江小华,张蕾.中韩研究型大学师资国际化战略及其成效的比较研究[J].高教探索,2017(2):85.

在职级评聘方面，当前 S 大学采用本土和海外教师不同标准的"双轨制"考评标准，意味着本土教师通常需要经历更为复杂和严苛的评审程序，比如"需要学校教授会议绝大比例的人投票同意"(F01)，才有可能争取到相对数量更小的晋升名额，同样在青年教师群体中引发较大争议。对此制度持肯定观点的教师认为，为海归教师提供便捷的晋升通道是学校构建"人才金字塔"的必然选择，是"惜才、爱才"的明智之举，对于高水平人才的学术成长具有"托举作用"(F03)。然而，对此制度持质疑甚至否定观点的青年教师则认为，这种做法对于本土培养的、同样优秀的青年而言实在有失公允，因为"要在教授会议上满足各个学科教授的评审，难度是很大的。有很多人不是你这个专业领域内的，他们完全靠你当时的各种表现，以及个人成绩来做判断"(F01)，很大程度上遏制了本土学者在 S 大学获得职业发展的可能性。也有青年教师表达了类似的"愤懑"和感慨，认为学校的晋升政策缺乏灵活性，对于具有特殊学术贡献的本土青年教师毫无激励可言。一名工科领域青年教师甚至认为本土教师从学校内部晋升之难远胜于离职后重新应聘可能获得的机会(F04)。

尽管上述持不同观点的青年教师各执一词，但其探讨的核心诉求却基本一致，就是如何免于不够客观公正的外行评价，获得理想的职级晋升机会。如一位青年教师所说，"如果学校引进一个高级人才，却不给他一些特殊照顾，就把他扔在一边，还是按照国内的这些老体制来考评，让国内的一些外行来评，那他在这个队伍当中，肯定很快就被淹没掉"(F03)。对于大多数已在职的青年教师——无论是海归人才还是本土教师，无论是主张双轨制的(F03)还是呼吁让两类教师同台竞技的(F01、F04)，他们共同的焦点是，在面对不断涌入的新人时如何守护自己的生存空间。

二、政策制度的"多变"与"固化"

S 大学相关政策制度的"多变"和"固化"，是导致部分国际化策略之于青年教师的国际化参与以及学术职业发展而言"失效"的一个重要原因。其主要负面影响在于，进一步加剧了高校内部不同群体之间（包括资深学者与青年教师之间，以及不同背景的青年教师内部）的学术阶层分化，致使多数尚处于学术资本累积初级阶段的青年教师长期处于被动工作状态、缺乏自主性和话语权，在主观和客观上都不同程度地产生"难以投身国际化实践"的无力感。

所谓的"多变",主要体现在学校人才招聘政策的不断调整,以及对申请者海外学历背景要求的不断提升。这种以高层次人才为顶层目标的选聘政策在客观上对于那些初入学术职场、但尚未积累丰厚学术资本的青年教师形成了自上而下的挤压。一种可预测的趋势是,随着从事基础教学工作的初级人才招聘门槛的彻底关闭,目前已在校的、特别是本科型专业院系内的部分青年教师,将持续承担或者分摊更多与教学和服务相关的工作;其中虽然也涉及与国际化相关的工作,但大多数是基础的服务性工作。然而,除了少数教学岗,以及部分对于国际化教学工作具有天然热情和责任感的青年教师之外,教师对于大多数置身于"科研产出才是王道"的研究型大学中青年教师而业,在职业初期或前期将过多的时间和精力分配于教学工作似乎并不是一个最优的选择。特别是在政策多变的学术环境中,这些教师在很大程度上将面临"计划赶不上变化"的风险,因教学工作挤压科研产出而在日益激烈的职级评聘竞争中处于不利位置。

所谓的"固化",除了体现在聘任政策中对于申请者海外学历背景的某种偏执要求,也表现为考评政策中对于国际发文层次(SCI 或 EI 期刊)的明确规定。这些标准从整体上维护了大学人才引进和科研产出的质量,但也容易忽略不同学科的独特性和差异性,致使少数教师因其学科内涵的特殊性而在该项考评政策中处于劣势。而从一种更长远的视角来看,这种以整体效益为先的统一化标准更有可能引发学科以及以学科为基础的专业院系之间的差距。比如,优势学科及其研究人员将在这类制度中进一步受益,并以量级累加收益的方式得到更快的发展。例如,通过选聘政策获得更加优质的人才、产出更多符合高校考评要求的优质科研成果,并以此获得更多优质资源和支持。相反,在这些政策中处于劣势地位的学科及其研究人员则可能进入"恶性循环",如因达不到学校选聘标准而无法引进优秀的学术人才;因难以产出符合考评要求的科研成果而无法获得更多的外部支持。

三、策略执行及其成效的滞后影响

已有研究发现,企业生命周期不同阶段转换的不适可能导致策略影响滞后,形成所谓的战略漂移。简言之,企业具有明显的生命周期,要求决策者正确分析企业所处的阶段,制定相应的发展战略和营销战略。管理层形成的策略和行为在企业某一特定的生命周期或许能与战略匹配无间,但当企业进入下一个生命周期时往往会出现过往执行行为的惯性展开难以"跟上"新的战略目标的问题①。类似的情况在本研究中也有所体现。特别是在国际化政策多变的情况下，由于涉及人员、物资等诸多不可控因素，高校在操作运行层面的实际策略执行以及由此产生的成效，往往存在某些片面性和滞后性，令许多青年教师产生"政策支持不明显"(F10)的印象，一定程度上考验着他们投身国际化的决心。

以海外交流期间的经费资助情况为例。笔者通过走访 S 大学人事处负责教师海外交流工作的行政管理人员获知，伴随学校对于教师海外交流支持力度的持续加强，因海外访学而削减薪酬的情况正有所改善，教师出行期间的基本薪酬与利益也有望得到更好的维护。个别青年教师反馈的信息侧面印证了上述事实。如一位文科领域的青年教师指出，"像我早年出去的时候，工资全停了。(20)13 年开始，大概是补了一些钱，当年出去的老师好像可以得到一些补助，虽然也要申请，数额不大。这几年我感觉学校其实是有改革的，教师出去后工资不会全停，能够保证基本收入"(F23)。不过，该教师在陈述时也多次强调"对这几个政策还拿捏不准"，侧面反映出学校相关政策制定的多变性、政策覆盖对象的局限性以及策略实际实施周期还比较短的现状。

第四节 青年教师的职业发展需求与建议

本研究对于青年教师参与大学国际化问题的探讨，实质上反映的是在新的时代背景下，在以 S 大学为案例的中国顶尖研究型大学中，青年教师在充满竞争的学术场域中寻求生存与发展的职业现状。这些教师在大学国际化实践中的诸多顾虑以及遇到的阻碍，很大程度上正是他们现实职业困境的缩影和写照。本案例中青年教师普遍表达的核心观点是，教师自身成长才是推动大学国际化发展的核心保障。总体而言，他们在大学国际化进程中的职业发展需求与建议集中于以下几个方面。

一、更加充裕的发展空间

获得更加充裕的发展空间反映了 S 大学青年教师在国际化参与过程中的核心

---

① 张俊.营销战略漂移成因激励及对策研究[J].湖北经济学院学报(人文社会科学版).2011,8(11)：60.

诉求。具体体现在两个方面：一是鼓励并推动青年教师 PI（Principal Investigator）制①，让部分特别优秀的青年人才能够尽快独立开展科研工作；二是为青年教师的学术工作提供多元化的资助与协助，帮助其进入良性循环的发展轨道。

在科研自主权方面，强调让优秀的青年教师从知名教授或大团队主导的模式中独立出来，自主负责或指挥科研项目，被部分青年教师视为推动青年人才成长的关键机制。编号 F18 的青年教师指出，"S 大学对年轻人的培养力度还不够，真正自己培养起来的人才还不算太多，很多是通过人才引进的方式招进来的"（F18）。造成这一问题的主要原因之一，可能在于缺乏有利于青年人才独立成长的科研项目管理机制，致使许多青年教师不得不成为庞大科研产出链条中的一环，难以获得独立主导某项科研工作的全局视野和把控能力。根据笔者的调查发现，当前在 S 大学的自然科学（尤其是工科）领域，许多青年教师通常以松散关系服务于某个科研团队；他们能够独立申请项目基金，理论上具备了独立开展某个科研项目的可能性。不过，由于缺乏必要的资源获取路径（如没有带研究生的权限），同时又必须应对相对严格的考核要求（如学校对于教师获得项目经费数量的要求不断上涨），他们往往必须通过与团队协作的方式来解决项目进展中科研助力不足的问题，并缓解相关科研考核压力，这在很大程度上限制了其独立性科研工作的进展。

在青年人才的支持方面，尽管近年来学校一直在努力完善各项设施、提高服务质量，但由于制度支持往往更偏向于那些已经具备较高影响力或者拥有相对优异成就的少数群体，在此环境下如何维护并扶持大多数普通青年教师的发展，是被访教师普遍关切的问题。如编号 F14 的青年教师所说，对于大多数以科研为重心的青年教师而言，他们最大的希望是"当一个老师去申请国家的一个重点平台、实验室，学校怎么一起去推动他——比如整合其他学院、学校内其他资源，这很重要。因为一般大教授能够做到（学校会多方支持），但我们普通老师的影响力小一点"（F14）。

二、更加宽松的学术环境

拥有更加宽松的学术环境本质上反映的是青年学者对于理想学术生态的

---

① PI 制：以 PI（Principal Investigator，项目负责人/首席科学家）为核心进行人力资源配置、以项目经费全成本核算为核心进行财力资源配置及实现科研资源共享为核心进行物理资源配置的一种科研管理机制。根据美国国家自然基金委、国立研究院等机构的定义，只要申请人获得项目资助就可认定为该项目 PI。

向往。具体体现在两个方面：一是建议推行更加灵活适切的考评机制，充分考虑学科差异与特点，保障青年教师进行必要的学术积累时间；二是避免对人才头衔竞争的推波助澜，净化学术环境，使学术工作者保持平和、踏实的科研探索初心。

（一）推行符合学科和人才成长规律的考评机制

青年教师对新的考评机制的期待主要体现在以下几个方面：第一，建议采取外松内紧的过程监控考评模式，给予青年人才成长足够的耐心和时间。比如，针对新进教师第一个聘期的考核要求可以适当宽松一点——尤其是自然科学领域的教师，因为"教师进来后要建实验室，要招人，通常需要一个比较长的周期，三年时间要出成绩压力非常大"（F18）。第二，进一步建立和完善基于不同学科分类的科研评价体系，避免因外行评价造成的对于教师科研成果价值的不恰当评价甚至低估。比如，针对不同领域中有关期刊论文和会议论文权重的问题，需要有真正从事学科评估的专家根据不同会议在专业领域的声誉和重要性进行科学排名，提供权威意见（F05）。针对不同学科，特别是小众人文学科，应考虑学科特点和科研产出规律，制定国际同行可比较的发表学术论文的要求（F02、F23）。

（二）弱化人才头衔在资源配置中的先决性作用

弱化人才头衔竞争对于教师群体在学术资源获取方面的人为分割，反映了青年教师对于一种理想的、质朴求真的科研工作环境的追求。已有研究指出，尽管政府的本意也许并非建立一个国家和政府层面的头衔或人才等级系统，但由于这些由中央及地方众多不同部门提供的项目带有实质性国家认可特征，且与资源分配、机构或学科的声誉间存在高度关联，在高校具体的日常运作中，它实际上已经构成了一个新的头衔（称号）或等级系统，成为有抱负的学术人在获得常规学术晋升之外所期望得到认可的新目标。对于年轻学者而言，争取这些学术头衔是他们摆脱机构内部资历或职位数量限制、尽快脱颖而出的一条重要路径选择。然而，这种带有锦标赛性质的人才项目及学术头衔也为高校教师发展带来诸多冲击。一是这种过于频繁和似乎永远都遥遥无期的过度"激励"很有可能致使特别优秀的学术人难以获得职业的稳定感和心理上的平和状态——尤其当身边同等水平的同行已获得某项殊荣而自己却还未有所突破之时。二是对于更多失去机会或没有机会、但同样优秀的学术人才而言，可能会带来长期的职业失落感和挫折感,影响正常的学术氛围营造甚至挫伤学术人的士气①。在本研究中,多名教师不约而同地提到上述有关"人才帽子"的问题,其核心建议在于学校应弱化对于教师争夺人才头衔的潜在激励——比如,给予这些教师超过其普通同行数倍的资源或荣誉,以避免因资源配置不公而在教师群体中人为造成对立或紧张关系(F05、F07)。其主要理由包括"过度竞争会导致部分教师为了迎合政策导向,制造学术泡沫",以及"学校对于人才头衔的过度奖励会导致教师之间的不公平感"(F07)。

三、更加公平的晋升机会

获得公平晋升机会是许多青年教师,尤其是本土毕业的青年教师,在当前职业发展过程中最为真实和迫切的需求。在 S 大学,由于同类教师竞争基数大、晋升名额少等原因,本土毕业的教师往往面临着与其海归同行相比更加狭窄或者有限的晋升通道。多名青年教师对此提出的主要建议在于,给予优秀的本土青年教师更多晋升机会,允许他们和海归教师同台竞技。如编号 F01 的青年教师强调自己作为"土生土长的科研工作者"的唯一希望就是"可以跟'绿色通道'进来的人一起 PK 竞争,至少有一个公平竞争的机会,按照同样的要求去竞争"(F01)。

四、更加完善的服务支持

进一步提高学校各学术和行政服务部门的工作效率与服务质量,为教师的国际化参与和科研探索提供有效助力,反映了多名青年教师在应对日常繁重工作任务过程中的心声。具体需求与建议包括:加强对在校留学生的管理与服务支持,如进一步完善英文网站建设,为留学生在校期间的起居饮食提供便利(F02、F06);为青年教师的海外出行或者其他国际化工作提供必要的人员协助和制度便利,如协助处理经费报销等手续、简化出行的申请流程以及缩短等待时间等(F03、F06)。

五、更加务实的学风建设

加强对青年教师学术道德的培养,为青年人才的学术成长营造更加务实求真的学术氛围,反映了多名青年教师对于在全球化背景下,高校日益呈现的向企

---

①   阎光才.学术等级系统与锦标赛制[J].北京大学教育评论.2012,10(3):16-17.

业化管理模式转变的一种忧虑或者反思。其核心观点在于，学校在强调工作效率、科研成果和产出数量的同时，也应该加强作为一种"软性制度"的文化建设，使校园学术生态保持一种严谨务实、不过度追求短期利益的风气。其主要理由是，"当前整个大环境都比较急躁，你想静下心来可能会因此受到别人的嘲笑，觉得你太无知了"，青年人在此环境下较之其前辈往往面临着更多的压力以及诱惑，因此"学校在对年轻人的培养过程中，应重视怎么能让大家真正能静下心来去思考科学问题。把科学做得太功利了，不可能培养出将来真正有科学潜力的科学家"（F18）。

本 章 小 结

本章围绕"大学国际化策略如何影响青年教师的国际化参与"展开讨论。具体涉及以下几个问题：① 青年教师如何认知大学国际化策略，即探讨这些国际化策略是否渗透于支配青年教师国际化实践的意识层面？② 青年教师如何评价大学国际化策略，即探讨策略及其影响是否对青年教师的国际化实践产生实质性推动作用？③ 对有争议的策略影响的原因分析，即探讨某些国际化策略在推动青年教师国际化参与方面成效不足的原因是什么？④ 青年教师的职业发展需求与建议，即探讨青年教师在大学国际化进程中基于学术职业发展的现状与需求。

本章始于对 S 大学国际化策略环境的认知分析。基于问卷数据的分析发现，青年教师对本校国际化策略的认知集中于"政策规划"和"激励支持"两个维度，前者的认知度更高，涵盖学校在管理决策和人力资源方面的国际化策略；后者涉及学校在操作和服务层面的国际化策略。整体而言，S 大学的国际化策略环境主要呈现为一种以政策规划为主导的影响或作用模式。

基于大学国际化组织策略的分析框架，笔者从管理调控、操作实施、人力资源和服务支持四个方面对 S 大学国际化策略在促进青年教师国际化参与方面的整体效应进行客观评价。总体而言，S 大学在管理调控方面的主要国际化策略，对青年教师的学术工作产生了积极的推动作用，也从思想意识等多个方面激励着青年教师参与大学国际化；但其他举措及其产生的效应仍有待探讨。特别在师资建设方面，许多被访者认为其中的部分政策和制度非但不能推动本校青年教师投身国际化实践，反而更加剧了他们的职业困境。

　　基于对战略规划、政策制定和策略执行三方面因素的思考,笔者认为,S大学国际化策略在推动青年教师国际化参与方面成效不足的主要原因在于:① 学校战略定位中对于海外高层次学术人才的偏好,以及由此投射于制度建设方面的倾向性,挤压了在校(尤其是本土培养的)青年教师的生存空间,影响其获取和积累更多有助于参与大学国际化的学术资本;② 相关政策制度的"多变"(如人才招聘要求水涨船高、不断调整)和"固化"(如考评要求的"一刀切"标准)加剧了高校内部的学术阶层分化,致使多数尚处于学术资本累积初级阶段的青年教师在日常学术工作中处于被动、劣势位置,在主观和客观上都难以有效投身国际化实践;③ 具体策略执行往往存在一定的惯性,难以跟上政策制度的变化和大学国际化的快速发展;策略影响的滞后性令许多青年教师产生"政策支持不明显"的印象,难以全心或安心投身某些国际化实践。

　　本研究关于S大学青年教师国际化参与问题的探讨,实质上反映的是在新的时代背景下,大学青年教师在竞争日益激烈的学术场域中寻求生存和发展的职业现状。这些教师在参与大学国际化过程中面临的各种顾虑或阻碍,正是其学术职业困境的真实写照。他们基于学术职业发展需要提出的主要建议包括:① 获得更加充裕的发展空间(包括拥有更多科研自主权、得到更有效的政策扶持与协助);② 获得更加宽松的学术环境(包括期待学校建立更加灵活适切的考评机制、弱化人才头衔竞争对于学术资源的分割);③ 获得更加公平的晋升机会,以实现本土与海归教师同台竞技;④ 获得更加完善的服务支持;⑤ 能够在更加务实求真的学术氛围中沉下心来开展工作。

　　当然,综合上述讨论,笔者同时也认为,当前S大学的部分国际化策略固然存在一些问题,但必须客观承认的是,这些策略所产生的消极影响仅在部分青年教师、部分学术活动中得到凸显。关于这一点,笔者在前述分析中也已明确指出,研究发现的一些问题仅针对某项特定国际化活动。另外,部分国际化策略产生消极影响的原因中也包含了教师自身的一些局限,比如学术资本积累不足、难以应对相关考验与压力等。本研究的目的在于发掘S大学现有政策制度中的不足以精进学校战略规划,故不多着墨于歌颂其优点,但也无意夸大其负面形象。尽管尚存一些问题,但这并不意味着上述政策举措的所有价值与积极意义被全盘否定。另外,S大学案例呈现的问题,很大程度上也是当前国内同类高校不同程度面临的问题。

第八章
研究结论、建议与展望

第一节　主要研究结论

本研究选取东部沿海地区一所顶尖研究型大学作为单案例展开调查。笔者以吉登斯"结构化理论"的重要观点为理论基础,重点探讨了具有高度能动性的青年教师在大学国际化进程中的参与情况、影响其参与行为的内、外部因素及其影响机制,以及S大学现有国际化策略在推动青年教师国际化实践方面的影响和作用。研究在实证调查阶段采用了顺序解说型混合方法研究设计,首先针对S大学中自2007年之后入职、年龄在40岁以下的708名专任青年教师进行了问卷调查,获得250份有关青年教师对大学国际化策略的认知、在职期间国际化参与情况的有效反馈。在此基础上,笔者对其中25名青年教师进行深度访谈,分析了这一群体产生不同行为选择的原因及其影响因素,并对大学国际化策略推动青年教师国际化参与的成效进行整体评价。

从整体参与情况来看,青年教师在本土校园范畴的国际化参与集中体现在与教学(课程教学、学生指导)和科研(科研探索、项目合作)相关的四个方面。个人主导的科研探索是青年教师最重要的国际化参与形式,表明科研工作及其成果产出对这一群体的学术职业发展具有极其重要的影响。这与青年教师所依托的研究型大学的基本战略定位(综合性、研究型、国际化)、切实发展需求(建设世界一流大学),以及学校对教师学术成果产出的客观要求有较大关联性;也符合学者与学科、高校之间"一仆二主"的关系,即教师对服务学科的忠诚度(重科研)

高于对大学的忠诚度(轻教学)①②。另外,这一现象一定程度上也反映了我国当前高等教育制度环境,即更多支持科研国际化并以此提升高校国际化影响力,投射于青年教师学术工作的影响。

从参与原因、影响因素和影响机制来看,青年教师参与大学国际化的主要原因在于加强科研产出,获得学术资源,建立学术声誉,其核心是积累学术职业发展的各类资本。从笔者归纳的 10 种参与动机背后蕴藏的信息来看,来自高校层面的权力影响、制度规约和平台支持,以及基于教师个体的意识、能力与资源,作为主要的外部和内部影响因素,不同程度地对青年教师的国际化参与产生了客观推动作用。他们在本土教学领域的国际化参与主要源自外部因素推动,在本土科研领域的国际化参与主要受到内部因素激励,而跨境交流则是内外部因素共同作用的结果。笔者同时归纳了青年教师"不"参与某些国际化活动的三大类(机会成本、制度阻碍、个人代价)10 种具体理由,其背后主要反映的是来自高校资源供给、考核制度、服务支持以及院系设置方面存在的某些不足,以及源自教师自身的资源紧缺和家庭生活需求,对青年教师参与大学国际化产生的反向拉力。他们在本土教学和科研领域的国际化参与主要受到外部因素阻碍,但具体阻碍因素略有差异;在跨境交流方面的参与意愿主要受到教师内部因素影响。总体而言,与国外同行相比,S 大学青年教师的国际化参与决策更具"功利性",反映了这一群体在当前竞争日益激烈的学术环境中相对迫切和真实的生存状况与现实压力。当然,这也与我国高校现阶段国际化发展的实际程度和需求,仍以"自我发展"为导向的战略格局与指导思想,以及对于外部环境与形势的、尚有局限性的分析与把握能力③存在一定关联。另一方面,青年教师的国际化参与选择也更趋于理性与现实。被访教师中"为了国际化而国际化"的行为及想法较少,对于国际化活动的投入整体上有选择、不盲从,某种程度上也反映出大国崛起对于年轻学者在文化和心理上的一些积极影响。

从大学国际化策略的影响来看,S 大学的政策规划类国际化策略在青年教师意识层面的影响力显著高于相关激励支持举措——比如国际发文和海外访学的晋升要求对部分青年教师参与特定国际化活动确实起到了明显规约作用;海

① John D. Millet, The Academic Community[M]. New York: McGraw-Hill Book Company. 1962: 70.
② 已有研究认为,学者更加注重与学科的关系,这是学者重科研、轻教学的缘由,因为教学是学者与大学关系的表现方式,研究则是学者与学科关系的表现方式。
③ 朱雪莉,宋永华,伍宸.中外知名大学国际化战略比较研究[J].教育发展研究.2017,13-14:17-22.

外交流资助与校内平台支持的影响力整体高于其他举措。青年教师普遍认可学校管理调控方面策略的积极作用——比如校院两级积极推进国际化战略规划的举措和态度已深入广大青年教师的意识层面，无形中引导着他们在日常学术工作中融入国际化内容；但对于学校在操作实施、师资建设以及服务支持方面的部分国际化策略及其影响存在争议。整体而言，当前 S 大学国际化策略在推动青年教师参与大学国际化方面成效不足的根源在于，大学国际化通过吸纳更多外部优质资源（包括人、财、物等）而加快了内部学术阶层分化；而学校的政策制度又天然偏向优势者，忽略了多数仍处于劣势地位的青年教师的学术利益；政策内容缺乏一定的包容性，更进一步加剧了大多数青年教师的职业困境。

　　本研究关于 S 大学青年教师国际化参与问题的探讨，也是对青年教师在大学国际化趋势下如何把握发展机遇、应对职业困境的思考。大学作为"松散结合的系统"，其内部存在着"有组织的无序状态"①，其发展目标具有一定的模糊性，权力结构具有一定的复杂性和不清晰性。大学当然希望教师能遵循其整体发展需求，但以基层院系组织为依托的教师个体往往有自己的目标与诉求。学校管理者期望通过各种制度规约、自上而下地构建机构规则，并以此引导教师群体的行为方向。然而，从本案例的研究发现来看，事实上，青年教师的国际化参与始终是行动者在"结构——行动"的博弈中推进的，是对于其所处大学国际化环境反思性建构的结果。因此，针对本研究探讨的主题，如何实现相互补益、和谐共赢是高校和青年教师需要共同思考和努力的问题。

第二节　对大学推动青年教师国际化参与的建议

　　大学国际化本质上是一种机构转型的过程，变革即意味着风险与挑战。本研究反映的诸多问题，折射出 S 大学在实现从"短视、内向型关注向更为广阔的国际化视野"②的转变中，在政策制定方面存在的一些"不成熟"和"尚未匹配"之处。如何将青年教师的实际需求纳入学校整体的发展规划，将客观制约转化为

① 阎光才.大学组织的管理特征探析[J].高等教育研究.2000,4：53,56.
② Childress, L. K. Internationalization plans for higher education institutions[J]. Journal of Studies in International Education. 2009, 13(3)：290.

行动者的主观能动性,是推动该群体广泛参与大学国际化建设,并在此过程中获得学术职业发展的关键。以 S 大学为例,本研究建议学校管理者可从宏观(基本立场)、中观(核心原则)和微观(具体举措)三个层面进行思考与改善。

一、基本立场:进一步明确大学发展国际化的基本立场

S 大学置身于 21 世纪这样一个快速变革、同时又正值我国综合国力和高等教育事业不断崛起的时代背景下,应更加明确和坚定大学发展国际化的基本立场,包括实现怎样的国际化目标,如何与本国国情、本土校园发展的实际需求相结合,依托并弘扬本土教育和文化的优势,进一步增强文化自信。

在过去的数十年间,大学国际化活动无论是从内容、范围还是复杂性方面,都经历了急剧的扩展。虽然国际化及其定义在其依托背景和涉及内容方面均呈现特殊性,但其本质依然是一种"以主权国家或不同文化的存在为前提"[1],通过不断增加的跨境活动形成的、对全球化影响的一种积极回应[2]。高等教育必须根植于各自民族文化的土壤中才能得到真正发展,只有建立与本民族的政治、经济、气候、社会和文化等实际情况相符合,体现本国特色、符合本国国情、服务于本国建设与发展的高等教育系统,高等教育的可持续发展才能有根基与保障[3]。大学的国际化建设之路与此同理。

大学国际化不等于西方化,无法也不能全盘照搬西方模式。当前,虽然大量研究为我们深入了解和学习国外一流大学的成功经验提供了重要信息,但任何成功案例显然都无法剥离其依托背景来分析。因此,我们在借鉴国外某些具体政策或制度时,应切实考虑本土情况(如当前在校以及引进的青年教师绝大多数依然是本土出生的年轻人,他们在背景多元化方面与欧美国家同行存在天然差距)、现实需求(包括使本土高水平大学登上国际学术舞台,以及满足国内受众对于高等教育的需求并实现本土科研成果的产学研转化等),以及将这些经验纳入本土校园的可行性与适切性;避免走形式主义,防止为了国际化而国际化。

大学国际化也不等于背离传统文化,相反,"民族的"才更有可能是"世界

---

① 黄福涛."全球化"时代的高等教育国际化——历史与比较的视角[J].北京大学教育评论.2003,1(2):94.

② OECD. Quality and internationalization in higher education. Paris:OECD—IMHE Programme on Institutional Management in Higher Education[R]. 1999:13 - 14.

③ 谢冬平.内涵、关系与走向:双一流建设的国际化与民族化[J].黑龙江高教研究.2018,11:7.

的"。中国大学在不断向国外一流大学学习成功经验的过程中,应进一步增加民族国家的文化自信和自觉。在引入国外先进制度、规则或者范式的同时,既要避免被某些过激的西方话语体系或者价值观"洗脑",也应坚持向世界推广、传播本土优秀的理念与文化。

二、核心原则：坚持"引育并重""兼顾公平"

S大学在师资国际化建设中应进一步坚持"引育并重""兼顾公平"——平衡"优势者与劣势者"利益——这两个重要指导原则。两者与人才培养目标一脉相承。

在"引育并重"方面,学术活动的国际化并不自动产生于国际学者的增加[①],虽然直接引进海外高层次人才对于大学及其国际化发展的即时效应显著,但大学在此过程中也应采取适切举措来广泛调动已在校工作的、实际占据师资队伍更大比重的本土青年人才的积极性。比如,除了针对海外人才的专项资助计划外,建议取消各级各类人才计划及相关资助项目在初选环节对于申请者应有海外学历的限制性规定,确保真正优秀的本土青年教师有机会与海归人才一同进入评选流程。

在"兼顾公平"方面,大学现有的诸多制度支持往往更有可能为本来已具有较高影响力的教师锦上添花,却无法顾及未形成影响力的教师群体[②]。这种倾斜性政策可能会加剧学术阶层的分化、激化不同利益相关者之间的矛盾,并最终影响大学整体建设与稳固发展。较之于资深学者或知名教授,青年教师因其进入学术场域的时间、经验等因素局限,往往更有可能处于劣势地位。当然,这一群体内部也会因为学术资本积累的差异而产生分层。因此,除了关注那些已具有较强学术竞争力的教师,大学也应考虑如何帮助那些尚未形成影响力,或者在当前高校政策下处于劣势地位的青年教师克服不利因素,获得成长机会。比如,建立更加灵活变通的考评制度,允许青年教师将在校期间的国际化参与(如参与某些具有重大战略意义的国际性科研合作项目)或国际化成果,作为一项补充性或可替代性的内容,来"抵扣"聘期考评中某些难以在短时间内完成的任务或指标。

---

① Finkelstein, W. & Chen, R. The American faculty in an age of globalization: predictors of internationalization of research content and professional networks[J]. Higher Education, 2013(3): 325-340.

② 李碧虹,等.美国高校学术职业国际化的困境与对策[J].大学教育科学.2016,2: 61.

三、具体举措：加强利益承诺、个体支持与多方位投资

在利益承诺方面，确保教师"有意识地"参与是推动教师投身大学国际化实践的重要前提，对于解决高校面临的一大问题，即"如何说服教师相信大学国际化对其学术和教学的价值，以及他们的参与行为能够得到相应认可和奖励"①具有积极作用。结合实际问题，建议S大学进一步完善和落实针对海外交流的资助和补助制度，确保赴海外中长期交流的青年教师能够获得一个更加合理的薪酬保障。另外，在相关补助计划初步推行的过程中，通过更加规范化的流程，保障这些政策有效落实，惠及更多受众。

在个体支持方面，了解教师的实际需求并将其纳入学校战略，是推动教师参与大学国际化建设的核心要素。其重点在于向教师发出这样一个信号，即学校重视并鼓励教师的国际化参与，教师的国际化发展也是学校建设的重要组成部分。结合当前高校管理层权力下放、不断推进"院为实体"和"院办校"的组织变革探索，建议S大学在全校范围内建立跨院系部门的、可进行交流合作的平台或网络，以消减诸如"学科壁垒"之类的问题，帮助教师获取跨学科交流合作的机会。另外，笔者也建议S大学进一步完善交流沟通的渠道，比如定期召开校级或者院系青年教师代表交流会或研讨会，确保基层青年教师的需求和建议能够更加有效传达至院系和学校管理层。

在多方位投资方面，多元化和差异性投资、提供基础性物资保障，以及通过广泛的机构网络增加教师获取跨学科/跨文化合作交流的机会，是高校推动教师国际化参与的重要支撑。其核心在于为教师的国际化发展提供各种便利与资源。结合实际问题，建议S大学有条件地（如要求工作任期满足特定年限）为部分青年教师提供学术休假（该时间段不计入正常聘期），确保他们有更多时间潜心学习沉淀、积累学术资源，以及赴海外开展交流合作。

此外，笔者也建议S大学进一步完善"一院一策"管理模式，即针对不同类型的专业院系及其教师，采取有针对性的、差异化的国际化评价和考核标准。在此基础上，针对不同层次、类型以及学科背景的青年教师制定更加多元化和差异化

---

① Stohl, M. We have met the enemy and he is us: The role of the faculty in the internationalization of higher education in the coming decade[J]. Journal of Studies in International Education. 2007, 11(3/4): 359.

的政策举措。其中尤其需要关注的几类子群体包括：① 入职三年以内的初任青年教师；② 在 S 大学中属于"小规模学科"和"交叉学科"范畴的青年教师；③ 在实际工作中承担了大量国际化教学工作的青年教师；④ 大多数人文社科类专业的青年教师。当然，这几类子群体之间不可避免存在交集。针对这些子群体的建议包括以下几个方面。

第一，采取外松内紧的过程监控考评模式，适当放宽对初任教师在第一个聘期内有关国际发文和经费等硬性考评要求，给予他们更多的时间来适应新环境。

第二，建立更加灵活变通的考评制度，允许青年教师将在校期间的国际化经历或国际化成果，作为补充性或可替代性内容，来"抵扣"职级评聘中某些难以完成的任务或指标。

第三，完善不同学科分类评价体系，采用专家评议等方式对不同学术成果的产出方式及其学术价值在具体学科领域的重要性进行评估。对小众人文和交叉学科领域的青年教师，应充分考虑学科特点和科研产出规律，制定国际可比的发表要求，如将专著或会议论文等科研产出纳入考核标准而不仅限于期刊论文。

第四，适当加强人文社科类青年教师的国际化资助内容与力度。

第五，增加对国际化教学工作的激励，如适当增加国际化教学专项资助、物资保障，或在职称评定中增加有关教师参与国际化教学工作的"加分项"，鼓励更多青年教师在教学方面发挥更大作用。

第三节　对"青椒"应对职业困境的建议

"青椒"是对高校青年教师的一种戏谑称呼，也反映了社会和教师自身对这一群体生存处境的特殊关注，职业困境是其面临的重要挑战之一。在本案例中，大学国际化策略及其产生的影响，整体对青年教师起到了促进作用，并以此激发或牵引他们投身大学国际化建设。但也有一些策略一定程度上加剧了部分青年教师学术积累、职级晋升的难度，加速不同群体之间的分层。对此，笔者建议青年教师从意识和行动两个层面思考和探索在大学国际化进程中应对职业困境的最佳策略。

一、居安思危,理性看待教师与大学的关系

当前高校青年教师面临着前所未有的职场环境。全球化时代背景下愈演愈烈的大学国际化进程在诸多方面触动了学术职业的传统范畴,在为高校教师提供广阔平台的同时,也提出更多要求,包括让教师参与到一种更加追求效率与产出,甚至遵从西方话语范式的新秩序中。作为"职场菜鸟"的"青椒"大都还处于学术资本积累的初始阶段,能否扛住高校快速变革的制度环境的考验,是他们学术职业分化的开始。在这个到处"快进"的时代,青年教师更应保持"危机意识",尽早规划职业路径,勇于跳出舒适圈,接纳和尝试各种有益于学术资本积累的新事物。在参与大学国际化建设的问题上,虽然部分国际化工作和任务费时费力,也难以获得即时收益,但青年教师通过积极和高效的投入,很大程度上也是为自身提供把握外部需求、与学校同向共行的契机。通过参与,他们能增加自身"放眼观世界"的可能性,也可避免沦为大学发展进程中的"旁观者"或"陪跑者",免于被淘汰的风险。毕竟,高校作为学术职业发展的主要载体,与教师之间存在某种契约关系,可谓"休戚相关,同生共荣"。青年教师参与大学国际化,既是服务于学校发展,更是为自己争取生存和发展的空间。

二、保持学术激情,了解、熟悉和利用规则

学术资本的累积和综合实力的提升,是青年教师得以从各种制度羁绊中脱身、从各类竞争挤压中突围的"硬实力"。不管外部环境和压力如何变化,青年教师始终应保持学术探索的激情,坚守学术成果的品质,唯有此,才能获得长足发展。此外,青年教师也应积极拓展并综合应用学术技能之外的其他能力。在本案例中,笔者发现许多青年教师呈现相对自我、"准闭环"的工作状态,比如强调"国际化是自己的事,与学校无关"(F04)。他们很少关注学校发布的信息,也几乎不上学校的网站;他们对学校制定的一些政策规定存在争议,但也很少去发表观点、反馈意见。他们在大学国际化进程中更多扮演着"被动参与者"角色,或者虽然自身的国际化程度较高,但与学校始终保持着疏离的关系。笔者认为,一个成熟理性的行为主体,在职业发展过程中应积极寻求变通之道。政策规则都有两面性,取决于行为主体如何认知、理解和把握。初入职场的青年教师更应保持对外部环境的敏感度,积极了解、熟悉并充分利用各类政策提供的机会来加强自

我建设,这也是应对当前学术职业困境的一种积极的态度。

第四节 研究创新、局限与展望

一、创新点与局限性

本研究的创新点主要体现在将针对青年教师国际化参与的研究置于特定时空背景(社会结构)中进行考察,避免了传统研究中以某种"二元论"方式展开论述的不足——比如从主体的视角来审视国际化参与行为,将推动或阻碍青年教师参与国际化的因素归因于外部影响;或者从客体的视角来描绘其国际化行为,使影响行动者行为选择的各类因素形成人为分立。本研究坚信任何事物都有其复杂性,且都与其所处的时空环境存在千丝万缕的联系。在研究大学青年教师的过程中,笔者始终将研究对象视为具有高度反思性和主观能动性,能够"在结构的制约中再生产制约他们的结构"的独立个体。因此,研究相对真实、立体地呈现了青年教师在大学国际化进程中的学术活动图景,客观剖析了存在于教师自身、高校及其外部环境的各种推动和阻碍因素,以及这些因素作用于(或产生叠加效应,或出现抵消效果)特定个体、国际化活动时所产生的某种"化学效应"。研究无意将青年教师这一群体塑造成高校制度影响下的"弱势群体"或"受害者"形象,同时也坚持客观反映以S大学为代表的国内顶尖研究型大学在制定和实施相关国际化策略过程中存在(以及可能出现)的一些问题。

与此同时,本研究在数据收集以及数据分析方面仍然存在一定的局限性。

数据收集方面的不足在于,囿于多方因素影响,问卷调查部分虽然耗时五个多月,但问卷回收率依然还有待提高,甚至也存在包含极少数抽样样本的小规模院系中无人回复的情况,限制了笔者对于"少数派"国际化参与情况的深入了解。

数据分析方面的不足主要体现在笔者对于质性数据的分析与把握还有待精进。与量化研究相比,质性分析对于研究者理论素养、知识积累,以及观点把握和提炼能力的要求更高。笔者由于研究经验等方面的局限,可能对于青年教师的某些参与现象背后的成因分析还不够全面或深入。另外,由于研究时间局限,笔者也很难对S大学相关国际化策略的变革情况及其后续影响开展进一步的追踪调查。这些都需要在以后的研究中进一步予以完善。

二、研究展望

从已有研究情况来看,国外有关教师参与大学国际化的研究不仅囿于研究型大学范畴,也较多关注普通大学的教师是否以及如何配合高校实现全面国际化发展目标的实践情况。在国内已知的相关研究中,湖南大学的李碧虹教授及其团队针对中部地区若干重点大学中的教师群体的国际化参与情况开展了多项具有重要参考价值的实证调查。除此之外,目前还未发现针对我国顶尖研究型大学中教师国际化参与的系统研究。因此,笔者认为后续研究可以尝试从两个方向展开深入探索:一是针对国内若干所顶尖研究型大学中青年教师国际化参与情况的比较研究,以此可了解不同院系或者环境背景(如城市文化)下青年学术人才国际化实践的异同之处,并挖掘背后的深层次原因。二是选择一到两所与本研究案例同层次或者拥有相近学术声誉的国外知名高校作为参照,针对不同文化背景下青年教师的国际化参与进行国际比较研究。此外,本书从撰写到出版经历了较长的周期。在此期间,根据教育部下发开展清理"唯论文、唯帽子、唯职称、唯学历、唯奖项"(简称"五唯")①专项行动的精神指示,各级各类高校对于教师的考核标准也相应作出了一些调整。这是一个重要的信号,也是高校面临的新问题,即在新形势下高校该以何种"尺标"(除了国际发文之外)来衡量大学的国际化和教师的科研成果产出。鉴于单案例研究在分析深度与宽度方面的局限性,笔者认为未来可对 S 大学后续的国际化战略规划、政策制度以及具体策略的变革情况进行追踪调查,以便更好地了解这些变革背后的深层次背景和原因,以及对于本校青年教师参与大学国际化的实际影响。

---

① 教育部. 教育部办公厅发布《关于开展清理"唯论文、唯帽子、唯职称、唯学历、唯奖项"专项行动的通知》[EB/OL].(2018 - 11 - 08)[2018 - 12 - 30].http://www.moe.gov.cn/srcsite/A16/s7062/201811/t20181113_354444.html.

附　录

附录一　S大学的国际化战略、政策、师资策略

国际化战略是S大学实现跨越式发展的重要战略之一，也是其实现建设世界一流大学这一明确发展目标的必由之路。国际化的内涵因不同国别、文化甚至高等教育机构类型或特色而存在差异。考虑到管理者对于大学变革和发展的决定性作用，以及相关政策影响的延时效应，本研究重点关注2006～2015年这十年间S大学的国际化发展情况，该阶段与S大学前任领导者的任职工作时期基本一致。调查资料主要来自三个方面。

一是S大学从"十一五"到"十二五"期间制定的战略规划和重要文件，包括《S大学"十一五"发展战略规划》（2006），以及《S大学2010～2020年中长期发展暨"十二五"规划》（2012）以及"S大学战略地图（2010～2020）"，等。作为该校中长期发展的最高和最重要的指导纲领，这几份规划在时间上具有延续性，在内容上包含学校发展的愿景使命、战略目标、专项以及学院和部处规划等重要内容，同时也都将大学国际化置于学校战略发展的重要优先级，为笔者了解S大学的国际化发展目标、内容及其实施提供重要线索。

第二，笔者通过S大学人事处、规划处以及国际交流处等机构官方网站搜集并下载2006年以来所有可公开获取的针对师资建设和管理的政策文件、规定和通知，以及该时期学校主要领导者在学术期刊发表的有关S大学发展的论文和访谈文章，从中提取与国际化有关的策略内容。在此基础上，通过对该校人力资源处、发展规划处、国际交流处和文科处等重要行政部门中相关工作人员的访谈和实地探访，获取有关S大学国际化观测指标、经费和资源方面的

一些资料与具体实施情况的基本信息,用以补充和验证前述两类文件资料呈现的信息。

基于上述信息的分析,研究通过逐层深入的方式对 S 大学国际化战略构成、相应的政策措施,以及针对教师群体的国际化策略进行梳理。从三者的关系来看,国际化战略意指 S 大学在国际化方面具有"指导或决定全局的"方针与纲领;政策措施是 S 大学中所有对国际化有意义或具有国际化含义的声明、指令或规划文件所反映内容的外在表现;它在宏观上体现了学校国际化的战略目标与意图,在微观层面承担着规范、引导以及资源分配的重任。最后,师资国际化策略反映的是 S 大学推动教师国际化的所有具体方法的集合。

因篇幅限制,附件仅以图表形式简单呈现针对上述三个层面的分析结果。

附录一 a   S 大学的国际化战略规划与目标分解

愿景使命	"综合性、研究型、国际化"的世界一流大学		
战略目标	国际化办学(核心词)		
战略重点	师资队伍国际化	人才培养国际化	提升国际合作交流层次
战略分解	**学校层面 / 院系层面** 海外人才引进 在岗教师培养	实质性合作办学 国际化课程建设 增加学生国际化经历 推动留学生教育	形成分层次的国际战略合作网络 重点推进国际科研合作基地建设 打造多元文化氛围的国际化校园 大幅提升国际学术声誉与影响力
	教师层面 教师个体发展	国际化教学 学生指导 课程国际化	与其认为最合适的国际对口教研人员开展形式多样的点对点合作

附录一 b   S 大学的国际化政策措施

维度	内　容	政　策　措　施
管理调控	领导的使命承诺;在战略、政策文件中承认国际化;明确国际化的定位、动因与目标	● 学校领导充分肯定和重视大学国际化交流与合作的推进 ● 将国际化纳入大学战略发展规划中,对发展国际化的原因、目标以及战略重点进行详细陈述 ● 大部分院系将国际化合作和教育作为机构战略发展的重要组成

（续表）

维度	内　容	政　策　措　施
操作实施	将国际化融入战略规划、预算及质量评估系统;权衡集权与分权的管理;支持性组织管理体系/平台;充足财政支持和资源配置	● 推进学术管理制度的国际接轨(如,推动院系中长期国际评估,问题诊断和找寻差距) ● 协调大学与院系部门在间的权责分配(如,多种形式的实质性合作办学,权力下放) ● 推进实质性中外合作办学(如 S - M 联合学院) ● 双语课程建设与教学(学分认可、师生交换、联合学位等) ● 共建联合实验室,推进实验室、研究所冠名制度 ● 鼓励各种形式的国际科研合作 ● 邀请大师级人物和著名专家来校访学并完善相应制度 ● 承办国际性学术会议、论坛 ● 多渠道筹集资金,实现资源合理配置
服务保障	服务部门支持;学术部门投入;专职人员协助	● 加强国际化信息管理 ● 加强国际化工作制度建设和管理 ● 图书馆资源的开发与建设 ● 教职员工专业培训计划
人力资源	将国际化纳入人才遴选、激励、晋升和培养环节	● 招聘标准、程序、评审以及引进制度国际化 ● 政策鼓励和经费激励教师投身国际化活动 ● 资助教职员工赴海外进修、学习

附录一 c　S 大学中针对教师群体的国际化策略

领域	维度	针对教师群体的国际化策略
制度规划	管理调控	● 将国际化战略作为学校战略发展规划的重要组成部分 ● 将国际教育作为学校战略发展规划的一项重要内容
	人力资源	● 选聘任用中将申请者具有国际化背景作为一项重要考核标准 ● 职级评聘中将申请者参与国际化活动作为一项重要考核标准
资源激励	操作实施	● 院系领导对教师参与全球性或跨文化活动给予实质性支持 ● 院系部门针对教师参与全球性或跨文化活动设立明确的关键绩效指标 ● 允许教师参与院系国际化规划制定,使机构目标与个人发展相结合
	服务保障	● 学校对教师参与国际化教学和科研活动给予充分资助(奖励) ● 学校为教师参与国际化教学和科研活动给予充分资源支持 ● 学校为教师参与全球性或跨文化活动提供系统的服务支持

附录二　研究型大学青年教师参与大学国际化问卷调查

A 个人背景与信息

* 本节旨在了解您为学术职业准备的相关教育背景以及目前的工作状况

A1 您的性别：［单选题］［必答题］

○ 男　　　　　　　　○ 女

A2 您的出生年份是：［单选题］［必答题］

○ 1977 年　　　○ 1978 年　　　○ 1979 年　　　○ 1980 年
○ 1981 年　　　○ 1982 年　　　○ 1983 年　　　○ 1984 年
○ 1985 年　　　○ 1986 年　　　○ 1987 年　　　○ 1988 年
○ 1989 年　　　○ 1990 年　　　○ 1991 年（含）之后

A3 您目前的最高学历是：［单选题］［必答题］

○ 博士　　　　　　○ 硕士　　　　　　○ 本科

A4 在进入本校工作之前,您曾在中国大陆以外地区：［多选题］［必答题］

□ 工作前我未曾在境外交流、学习或工作

□ 以访问学者（学生）身份进行学术交流

□ 学习,获得学士学位或同等学历

□ 学习,获得硕士学位或同等学历

□ 学习,获得博士学位或同等学历

□ 工作,从事博士后研究工作

□ 工作,在境外高等教育机构任教或从事科研工作

□ 工作,在境外非高等教育机构任职或工作

□ 其他＿＿＿＿＿＿＿＿

A5 您获得最高学位的国家/地区是：＿＿＿＿＿＿＿＿＿　［单选题］［必答题］

提示：国内高校请填写"中国"；中国港、澳、台地区需单独说明。如被调查者拥有两个以上最高学位,请选择最近获得学位（或联合培养项目中主学位）的授予国家/地区

A6 您的最高学位所属学科门类是：[单选题][必答题]

○ 01 哲学　　　○ 02 经济学　　　○ 03 法学　　　○ 04 教育学
○ 05 文学　　　○ 06 历史学　　　○ 07 理学　　　○ 08 工学
○ 09 农学　　　○ 10 医学　　　○ 11 军事学　　　○ 12 管理学
○ 13 艺术学

A7 您目前任职的学院(系所)是：_____[单选题][必答题]

A8 您在目前所属学院(系所)的任职时间是：[单选题][必答题]

○ 3 年(含)以下　○ 4～6 年　　　○ 7～9 年　　　○ 10 年(含)以上

A9 您的岗位职能是：[单选题][必答题]

○ 教学岗　　　○ 科研岗　　　○ 教学科研岗

A10 您目前的职称是：[单选题][必答题]

○ 教授(研究员)

○ 副教授(副研究员、高级工程师)

○ 讲师(助理研究员)

○ 助教(研究实习员)

B 国际化环境与策略

* 本节旨在了解您对您所在大学的国际化发展环境及相关策略的认知情况

B1 以下哪些题项表述的内容符合您的认知,请据实作答：

1 完全不符合、2 比较不符合、3 一般、4 比较符合、5 完全符合[矩阵量表题]
[必答题]

1→5＝完全不符合→完全符合	1	2	3	4	5
1 学院(部门)针对教师参与全球性或跨文化活动设立明确的关键绩效指标	○	○	○	○	○
2 教师有机会参与制定学校的国际化战略规划	○	○	○	○	○
3 学校对教师在学术职业范畴参与全球性或跨文化活动给予充分的资助(奖励)	○	○	○	○	○
4 除经费外,学校为教师在学术职业范畴参与全球性或跨文化活动提供充裕资源	○	○	○	○	○
5 院系领导支持教师参与全球性或跨文化活动	○	○	○	○	○

（续表）

1→5＝完全不符合→完全符合	1	2	3	4	5
6 学校在选聘任用新教师时将申请者具有全球化或跨文化背景作为一项重要考核标准	○	○	○	○	○
7 学校在教师的职级评聘中将申请者参与全球化或跨文化活动作为一项重要考核标准	○	○	○	○	○
8 学校为教师参与全球性或跨文化活动提供系统的服务支持	○	○	○	○	○
9 国际化战略是学校战略发展规划的一个重要组成部分	○	○	○	○	○
10 国际教育是学校战略发展规划中的一项重要内容	○	○	○	○	○

提示：题项中涉及的"学术职业范畴"指的是与专任教师教学和科研工作有关的领域

B2 根据您的了解，您所在大学为教师提供了以下哪些经费资助或奖励？
[多选题][必答题]

☐ 教师赴海外交流（包括教学、科研）

☐ 教师带领学生赴海外交流（包括参加会议、实习等）

☐ 教师赴海外参加国际会议、讲座或研讨会等

☐ 教师参加全英文/双语课程培训（包括外语教学或教学技能培训等）

☐ 教师接待海外访问学者（如邀请访学、讲座等）

☐ 教师加入国际性组织所产生的费用

☐ 教师在国际性平台发表科研成果（如国际性期刊、出版社）

☐ 教师参与国际性期刊建设

☐ 教师参与国际研究中心建设

☐ 教师参与国别/区域性研究工作

☐ 教师参与有关大学国际化管理工作的研究

☐ 教师参与翻译工作

☐ 教师跨境流动的差旅费

☐ 其他＿＿＿＿＿＿＿＿＿

B3 据您所知，您所在的大学还为教师提供了以下哪些资源？ [多选题][必答题]

☐ 大学为教师提供国际科研合作网络

☐ 大学举办国际性会议和研讨会

☐ 大学为教师提供有关如何增加课程国际化内容或特征的工作坊、研讨会

和讲座

☐ 大学为教师提供旨在激发教师对国际化科研兴趣的工作坊、学术研讨会和讲座

☐ 大学为教师提供外语、本地语言（如沪语）和文化的培训课程

☐ 大学为教师提供与校内访问学者进行交流和合作的平台

☐ 大学为教师提供国际交流的技术援助（如远程学习、网络电话、在线讨论）

☐ 大学为教师参与全球性或跨文化活动提供学术假期

☐ 大学为教师参与全球性或跨文化活动提供（行政）辅助人员

☐ 其他_____＊

B4 如果将"国际化"（Internationalization）定义为"将全球化或跨文化的视角/内容融入高校教学、科研和服务职能的过程（Knight，1994）"，您如何评价国际化对您所在机构的重要程度：

1 完全不重要、2 比较不重要、3 一般、4 比较重要、5 非常重要［矩阵量表题］［必答题］

	1	2	3	4	5
国际化对您所在大学（University）发展的重要性	○	○	○	○	○
国际化对您所在学院（College）发展的重要性	○	○	○	○	○
国际化对您所在部门（Division）发展的重要性	○	○	○	○	○

C 教师参与国际化

＊本节主要考察您在本校工作的最近三年中（不满三年者从入校工作开始计算），在教学和科研工作相关领域参与全球性或跨文化活动的情况

C1 以下哪些题项表述的内容符合您的实际情况，请据实作答：

1 完全不符合（未参与）、2 比较不符合、3 一般、4 比较符合、5 完全符合

在本校工作的最近三年中，您（曾经）……［矩阵量表题］［必答题］

1→5＝完全不符合→完全符合	1	2	3	4	5
&. 本土教学					
1 您所教授的课程中包含大量有关其他国家的知识、文化或全球性议题	○	○	○	○	○

（续表）

1→5＝完全不符合→完全符合	1	2	3	4	5
2 您对已有课程进行了修订,使之更具有全球化视角和内容	○	○	○	○	○
3 您开设了新课程,其中包含大量其他国家的知识、文化或全球性议题	○	○	○	○	○
4 您积极帮助学生提升有关其他国家知识、文化或全球性议题的知识和技能	○	○	○	○	○
5 您经常与留学生接触、参与留学生教学或相关辅导工作	○	○	○	○	○
6 您积极为本土学生与留学生的交流互动创造机会	○	○	○	○	○
7 您经常使用外语教授专业课程(不包括外语语言课程)	○	○	○	○	○
& 本土科研					
8 您在科研工作或活动中经常使用外语	○	○	○	○	○
9 您经常参加有关其他国家知识、文化或全球性议题的讲座或培训	○	○	○	○	○
10 您多次在国际性期刊(出版社)发表(出版)科研成果	○	○	○	○	○
11 您至少与一名海外学者保持密切学术联系	○	○	○	○	○
12 您多次与他人合作开展涉及他国知识、文化或全球性议题的科研项目	○	○	○	○	○
13 您多次独立承担涉及他国知识、文化或全球性议题的科研项目	○	○	○	○	○
14 您积极参加国际性组织/协会(包括担任国际期刊编委、国际性组织顾问)	○	○	○	○	○
15 您参与翻译了大量的科研学术成果	○	○	○	○	○
16 您定期查阅国外相关学科领域的研究成果(每周至少1次)	○	○	○	○	○
17 您在学校/学院/部门的国际性期刊建设方面发挥了重要作用	○	○	○	○	○
18 您在学校/学院/部门的国际性会议筹建方面发挥了重要作用	○	○	○	○	○

C2 在本校工作期间,您是否曾在中国大陆以外地区进行学术交流?[多选题][必答题]

　　□ 否,我在本校工作期间未曾赴境外交流

　　□ 是,我曾赴境外进行学术交流(单次交流时长:＜＝2周)

　　□ 是,我曾赴境外进行学术交流(单次交流时长:2周～6个月)

　　□ 是,我曾赴境外进行学术交流(单次交流时长:6个月[含]～1年)

□ 是,我曾赴境外进行学术交流(单次交流时长：＞＝1 年)

C3 在本校工作的最近三年中,您平均每年赴海外参加国际会议的频次是?

□不足 1 次　　　　　□1～2 次　　　　　□3 次以上

C4 除上述活动之外,您还参与了其他具有全球化或跨文化性质的活动? 如有,请罗列:

_____

再次感谢您在百忙之中参与本问卷调查!

为了深入了解青年教师在现有国际化策略影响下的职业发展状况,我们将在完成问卷调查之后对部分青年教师进行访谈。访谈将以匿名的形式开展,确保被访者的隐私安全。

如您愿意接受我们的访谈,烦请留下联络方式,我们将选择合适的时间与您联系。

您的想法和建议对我们的研究至关重要。感谢您的理解与支持。期待您的参与!

非常感谢!

您的邮箱地址：_____

您的联系电话：_____

其他备注说明：_____

附录三　研究型大学青年教师参与 大学国际化访谈提纲

研究型大学青年教师参与大学国际化研究

访谈提纲

访谈时间：_____年_____月_____日

访谈对象：(M/F)·_____

开场：访谈者简单介绍本研究基本情况

一、教师参与国际化

1. 根据问卷信息显示,您是[……]岗位教师,那您日常工作的主要工作职责有哪些?

2. 您在这些工作中有没有涉及与国际化有关的内容或者活动?

3. 您参与(或不参与)这些国际化活动的原因是什么[根据上述信息]?

4. 刚才您提到的这些国际化活动[根据上述信息],您是通过什么方式实现的?

5. 您觉得参与这些国际化活动对您目前的学术工作有怎样的影响或者帮助吗?

二、大学国际化策略

6. 据您了解,我们学校有哪些与国际化有关的发展政策或者规划?(内容、目标、动力)

7. 学校/学院领导针对您参与的这些国际化活动提供了哪些实质性的支持或帮助?

8. 您日常工作环境的氛围怎么样?(同行、行政人员、外籍学者参与情况)

9. 您觉得我们学校/学院目前的基础设施建设怎么样,哪些对您参与国际化活动有帮助?

10. 您觉得我们学校/学院目前的学术网络建设怎么样,哪些对您参与国际化活动有帮助?

11. 据您了解,学校有哪些用于国际化的专项经费,哪些对您参与国际化活动有帮助?

12. 据您了解,您所在学院有哪些与国际化有关的发展规划或内容吗?

13. 您觉得学校各类服务机构的办事效率和服务如何,对您参与国际化活动有什么帮助吗?

14. 您觉得学校相关学术部门的办事效率和服务如何,对您参与国际化活动有什么帮助吗?

15. 据您了解,学校的聘任政策中有哪些与国际化有关的政策和规定? 您认为这些政策对推动本校教师参与国际化有什么作用和影响?

16. 据您了解,学校在职级评聘方面有哪些与国际化有关的要求或规定? 您认为这些政策对推动本校教师参与国际化有什么作用和影响?

17. 据您了解,学校在薪酬制度方面有哪些与国际化有关的要求或规定? 或者说,参与国际化活动会对教师的薪酬收入造成哪些直接或间接影响?

18. 据您了解,学校为教师发展国际化知识和技能提供了哪些资源、平台或者发展机会？这些资源/平台/机会对推动教师参与国际化有什么作用和影响？

三、综合评价与建议

19. 除了自身的原因，您觉得哪些外部因素对您参与大学国际化的积极性产生了一定的影响？

20. 基于职业发展需求，您本人目前最希望在哪些方面获得更多资源或机会？［活动策略］

21. 基于职业发展需求，您希望学校在哪些政策规定上能够进一步调整和完善？［组织策略］

参考文献

中文参考文献：

［1］北京大学.北京大学"十二五"改革和发展规划纲要［EB/OL］.(2012)［2015－09－06］http://odp.pku.edu.cn/Item/286.aspx.

［2］陈昌贵,曾满超,文东茅.研究型大学国际化研究［M］.广州：世界图书出版社,2014.

［3］陈向明.质的研究方法与社会科学研究［M］.北京：教育科学出版社,2000.

［4］陈向明.教师如何作质性研究［M］.北京：教育出版社,2001.

［5］程莹,张美云,俎媛媛.中国重点高校国际化发展状况数据调查与统计分析［J］.高等教育研究.2014,35(8)：46－54.

［6］陈学飞.高等教育国际化——从历史到理论到策略［J］.上海高教研究.1997,11：57－61.

［7］丁仕潮,周密.我国研究型大学国际化战略实施的项目管理方法研究——基于"985工程"大学国际化战略的文本内容分析［J］.科技管理研究.2014,18：79－86.

［8］房东波,程显英.我国大学国际化战略制定与执行研究——以10所国内大学为例［J］.中国高教研究.2013,1：22－26.

［9］冯倬琳,刘念才.世界一流大学国际化战略的特征分析［J］.高等教育研究.2013,3(6)：1－8.

［10］复旦大学.复旦大学"十二五"发展规划纲要［EB/OL］.(2012)［2015－09－06］http://www.op.fudan.edu.cn/2d/cf/c5703a77263/page.htm.

［11］高常玲,等.战略与策略协同论［J］.管理观察.2009：20－21.

［12］顾楚丹.青年知识分子的日常生活研究——以上海高校青年文科教师为例［D］.华东师范大学,2015.

［13］管豪.论"机会成本"的内涵及理解［J］.长春理工大学学报(社会科学版).2014,27(12)：84－88.

［14］郝菁.华中科技大学教师国际化研究［D］.华中科技大学,2013.

［15］胡星,武丽志.中小学教师参与远程培训的动机研究——基于广东省的问卷调查［J］.当代继续教育.2015,33：60－66.

［16］黄福涛."全球化"时代的高等教育国际化—历史与比较的视角［J］.北京大学教育评论.

2003,1(2)：93-98.

[17] 贾贤,等.科技论文中等同贡献作者和共同通讯作者的署名问题[J].中国科技期刊研究.
2012,23(4)：603-605.

[18] 江小华,张蕾.中韩研究型大学师资国际化战略及其成效的比较研究[J].高教探索,
2017(2)：81-87.

[19] 金小红.吉登斯的结构化理论与建构主义思潮[J].江汉论坛.2007,12：94-97.

[20] 金小红.吉登斯结构化理论的逻辑[M].武汉：华中师范大学出版社,2008.

[21] 金帷,温剑波.如何定义高等教育国际化：寻求一个本土化的概念框架[J].现代大学教
育.2013,3：5-9.

[22] 李碧虹,涂阳军.论高等教育国际化中大学教师的有限参与[J].复旦教育论坛,2012,6：
54-58.

[23] 李碧虹,舒俊,曾晓青.中美学术职业国际化的比较研究[J].比较教育研究,2014,10：
97-103.

[24] 李碧虹,罗成,舒俊.学术职业国际化：基于教师发展的视域[J].开放教育研究,2015,4：
60-67.

[25] 李碧红,等.美国高校学术职业国际化的困境与对策[J].大学教育科学,2016(2)：
58-64.

[26] 李志峰,沈红. 学术职业发展：历史变迁与现代转型[J]. 教师教育研究.2007,19(1)：
72-80.

[27] 李克勇.论大学国际化的内涵及实现策略[J].大学·研究与评价.2007,10：40-48.

[28] 李宜江.关于大学青年教师身份与年龄界定的探究[J].辽宁教育行政学院学报.2013,
30(2)：78-79.

[29] 廖榕楠,庄丽.学术声誉：一种质的大学学术评价标准[J].河北师范大学学报(教育科学
版).2015,17(2)：88-92.

[30] 罗云,刘献君.国际化：建设世界一流大学的必由之路[J].江苏大学学报(高教研究版),
2002,24(2)：1-5.

[31] 罗纳德·D·约克奇.SPSS其实很简单[J].刘超,吴铮 译.北京：中国人民大学出版社,
2010.

[32] [美]伯克·约翰逊,拉里·克里斯滕森.教育研究：定量、定性和混合方法[M]. 马健生
等译.重庆：重庆大学出版社.2015.

[33] [美]罗伯特·F·德威利斯.量表编制：理论与应用(第2版)[M].魏勇刚 等译.重庆：
重庆大学出版社.2003.

[34] [美]罗伯特·K·殷.案例研究：设计与方法[M].重庆：重庆大学出版社.周海涛、史少
杰 等译.2017：46-50.

[35] [美]罗伯特·斯莱文.教育心理学理论与实践(第七版)[M].姚梅林 译.北京：人民邮电
出版社,2004：1-446.

[36] [美]莫妮卡·亨宁克,等.质性研究方法(引进版)[M].王丽娟,等 译.杭州：浙江大学出
版社,2015.

[37] [美]史蒂文·塞德曼.有争议的知识——后现代时代的社会理论[M].刘北成 等译.北京:中国人民大学出版社,2002.

[38] 牛欣欣.大学国际化战略:香港科技大学的经验及启示[J].高教探索.2013,5:62-67.

[39] 欧阳玉湘.S大学A学院的国际化策略——一个案例研究[D].上海交通大学,2013.

[40] 彭辉.高校教师工作国际化的调查分析[D].湖南大学,2012.

[41] 清华大学.清华大学事业发展"十二五"规划纲要[EB/OL].(2011)[2015-09-06] http://www.tsinghua.edu.cn/publish/newthu/openness/jbxx/fzgh.htm.

[42] 邱延峻.研究型大学国际化的历史演进及战略启示[J].中国高教研究.2009,7:18-22.

[43] 邱延峻.大学国际化的发展模式、演进历程与历史经验[J].西南交通大学学报(社会科学版).2010,11(2):1-7.

[44] 任翔,田生湖.范式、研究范式与方法论——教育技术学学科的视角[J].现代教育技术.2012,22(1):10-13.

[45] S大学.S校2010~2020年中长期发展暨"十二五"规划[R],2012.

[46] 申超.大学国际化发展路径的三个理论框架述评[J].现代教育管理,2014,1:18-22.

[47] 沈红.论学术职业的独特性[J].北京大学教育评论.2011,9(3):18-28.

[48] 施瑾欢,苏明.大学青年教师队伍建设的探索与实践——以S大学为例[J].中国高校师资研究.2013,5:1-4.

[49] 孙进.德国大学教师偏爱科研的职业行为倾向——一种资本理论的分析视角[J].比较教育研究,2007,4:54-57.

[50] 舒俊,李碧虹.大学教师参与国际化程度的实证研究——基于我国4所重点大学的调查[J].高教探索,2014,5:37-41.

[51] 孙晓娥.扎根理论在深度访谈研究中的实例探析[J].西安交通大学学报(社会科学版).2011,31(6):87-92.

[52] 孙晓娥.深度访谈研究方法的实证论析[J].西安交通大学学报(社会科学版).2012,32(5):101-106.

[53] 孙玉环.二重性与反思性——对吉登斯机构化理论的一点思考[J].学园.2015,29:3-4.

[54] 陶永明.问卷调查法应用中的注意事项[J].中国城市经济.2011,9:305-306.

[55] 王琪,等(编著).世界一流大学:共同的目标[M].上海:上海交通大学出版社,2013.

[56] 文军,蒋逸民.质性研究概论[M].北京:北京大学出版社,2000.

[57] 王海迪.学术型博士生学术激情及其影响因素研究——基于我国研究生院高校的实证分析[J].学位与研究生教育.2018,2:58-64.

[58] 王海燕.高等教育国际化的理念与实践——论美日欧盟诸国及中国的高等教育国际化[J].北京大学学报(国内访问学者、进修教师论文专刊).2001:254-260.

[59] 吴鹏.学术职业与教师聘任[M].青岛:中国海洋大学出版社,2006.

[60] 吴薇.中荷研究型大学教师信念比较研究[M].广州:广东高等教育出版社,2012.

[61] 谢冬平.内涵、关系与走向:双一流建设的国际化与民族化[J].黑龙江高教研究.2018,11:6-10.

[62] 徐昭恒,王琪.走进世界名校:德国[M].上海:上海交通大学出版社,2014.

[63] 薛珊,董礼.走进全球化时代：大学国际化策略研究综述与前瞻[J].煤炭高等教育.2012, 30(5)：20 - 24.

[64] 阎凤桥.立功与立言可否融通：综合大学中教育学科发展的机遇与挑战[J].清华大学教育研究.2019,40(4)：11 - 15.

[65] 阎光才.大学组织的管理特征探析[J].高等教育研究.2000,4：53 - 57.

[66] 阎光才.学术等级系统与锦标赛制[J].北京大学教育评论.2012,10(3)：8 - 23.

[67] 杨光富.国际化进程中高校青年教师专业发展的现状调查：以华东师范大学为例[J].教师教育论坛,2014,27(10)：75 - 79.

[68] [英]安东尼·吉登斯.社会的构成[M].李康,李猛 译.北京：生活·读书·新知三联书店,1998.

[69] [英]安东尼·吉登斯.社会理论的核心问题：社会分析中的行动、结构与矛盾[M].郭衷华,徐法寅 译.上海：上海译文出版社,2015.

[70] [英]安东尼·吉登斯.社会的构成：结构化理论纲要[M].李猛,李康 译.北京：中国人民大学出版社,2016.

[71] [英]鲍尔·马丁,盖斯凯尔·乔治.质性资料分析：文本、影像与声音[M].罗世宏,等 译.台北：五南图书出版社公司,2008.

[72] [英]凯西·卡麦兹.建构扎根理论：质性研究实践指南[M].边国英 译.重庆：重庆大学出版社,2014.

[73] 余荔.海归教师是否促进了高等教育国际化——基于"2014 中国大学教师调查"的研究[J].高等教育研究. 2018, 39(8)：66 - 76.

[74] 曾锦,邓艳红.质性研究中深度访谈的研究[J].濮阳职业技术学院学报.2013,26(1)：115 - 116.

[75] 曾晓青,李碧虹.女性学术职业国际化研究——基于"管道渗漏"理论视域[J].大学教育科学.2015,2：72 - 78.

[76] 张俊.营销战略漂移成因激励及对策研究[J].湖北经济学院学报(人文社会科学版).2011,8(11)：60 - 61.

[77] 张男星,王春春.探索通往世界一流大学的特色之路——访 S 大学校长 ZJ[J].大学(学术版),2012,5：4 - 25.

[78] 张雄.哲学理性概念与经济学理性概念辨析[J].江汉学刊.1999,6：81 - 87.

[79] 张文彤(主编).SPSS 统计分析高级教程[M].北京：高等教育出版社,2004.

[80] 张序余,施毅.研究型大学师资队伍建设浅谈[J].江苏高教,2004(5)：99 - 101.

[81] 赵世明,王君.问卷编制指导[M].北京：教育科学出版社,2006.

[82] 赵旭东.结构与再生产：吉登斯的社会理论[M].北京：中国人民大学出版社,2017.

[83] 郑晶晶.问卷调查法研究综述[J].理论观察.2014,10：182 - 183.

[84] 郑真真.社会科学研究方法的应用[M].北京：中国社会科学出版社,2013.

[85] 中国网.国家中长期教育改革和发展规划纲要(2010 - 2020).(2010 - 03 - 01)[2015 - 09 - 16]http://www.china.com.cn/policy/txt/2010 - 03/01/content_19492625.htm.

[86] 中国教育和科研计算机网.国家教育事业发展第十二个五年规划[EB/OL].(2012)[2015 -

09 - 16]http://www.edu.cn/html/e/jygh/.

[87] 中国政府网.国务院关于印发统筹推进世界一流大学和一流学科建设总体方案的通知 [EB/OL].(2015 - 10 - 24)[2015 - 11 - 06]http://www.gov.cn/zhengce/content/2015 - 11/05/content_10269.htm.

[88] 中华人民共和国教育部. 2003～2012 年高等教育统计数据[EB/OL].(2003)[2015 - 09 - 06].http://www.moe.gov.cn/publicfiles/business/htmlfiles/moe/s8492/index.html.

[89] 周艳. 中国高校学术职业的结构性变迁及其影响[J]. 清华大学教育研究. 2007,28(4): 50 - 55.

[90] 朱雪莉,宋永华,伍宸.中外知名大学国际化战略比较研究[J].教育发展研究.2017, 13 - 14: 17 - 22.

英文参考文献:

[1] Aarhus University. Internationalization Strategy 2014～2019[EB/OL].[2017 - 10 - 01] http://medarbejdere. au. dk/fileadmin/www. au. dk/Thomson/int-strategi _ FINAL _ WEB.pdf.

[2] Agnew, M. Strategic planning: An examination of the role of disciplines in sustaining internationalization of the university[J]. Journal of Studies in International Education. 2012, 17(2): 183 - 202.

[3] Al-Youssef, J. The internationalization of higher education institutions: A case study of a British university[D]. University of Bath, 2009.

[4] Altbach, P. G. The international academic profession: Portraits of fourteen countries [M]. San Francisco: Jossey-Bass Publishers, 1996.

[5] Altbach, P. G. & Teichler, U. Internationalization and exchanges in a globalized university[J]. Journal of Studies in International Education. 2001, 5(1): 5 - 25.

[6] American International Education Associates[EB/OL].[2015 - 09 - 16] http://www. aieaworld.org/.

[7] Andreasen, R. Barriers to international involvement [J]. Journal of International Agricultural and Extension Education. 2003, 10(3): 65 - 69.

[8] APA Project[EB/OL].(2015 - 12)[2016 - 09 - 01]http://ir.lib.hiroshima-u.ac.jp/files/ public/38742/2016010810185971698/RIHE_ISR_23_i.pdf.

[9] Backman, E. L. Approach to International Education[M]. New York: Collier Macmillan Publishers. 1984.

[10] Bedenlier, S. & Zawacki-Richter, O. Internationalization of higher education and the impacts on academic faculty members[J]. Research in Comprehensive & International Education. 2015, 10(2): 185 - 201.

[11] Beatty, R. M. Factors influencing faculty participation in internationalization at the University of Minnesota's Schools of Nursing and Public Health: A case study[D]. The

University of Minnesota-Twin Cities, 2013.

［12］ Booth, A. P. D. & Sutton, A. Systematic approaches to a successful literature review ［M］. SAGE, 2012.

［13］ Bourdieu, P. The state nobility［M］. Cambridge, UK: Polity Press, 1996.

［14］ Bryman, A. Social Research Methods［M］. Oxford: Oxford University Press, 2001.

［15］ Burriss, A. P. An Analysis of Institutional Effectiveness in Internationalization: A Case Study of Internationalization at three Higher Education Institutions［D］. The George Washington University, 2006.

［16］ Canadian Bureau for International Education［EB/OL］.［2015 - 09 - 16］http://www.cbie.ca/.

［17］ Carter, H. M. Implementation of International Competence Strategies: Faculty［C］//Klasek, C. B. et al. Bridges to the Future: Strategies for Internationalizing Higher Education. AIEA, 1992.

［18］ Caruth, G. D. Demystifying Mixed Methods Research Design: A Review of the Literature ［J］. Mevlana International Journal of Education (MIJE), 2013, 3(2): 112 - 122.

［19］ Childress, L. K. Faculty engagement in the operationalization of internationalization plan ［D］. The George Washington University, 2008.

［20］ Childress, L. K. Planning for internationalization by investing in faculty［J］. Journal of International and Global Studies.2009,1(1): 30 - 49.

［21］ Childress, L. K. Internationalization plans for higher education institutions［J］. Journal of Studies in International Education. 2009, 13(3): 289 - 309.

［22］ Childress, L. K. The Twenty-first century university: Developing faculty engagement in internationalization［M］. New York: Peter Lang, 2010.

［23］ CIGE. Mapping internationalization on U. S. Campuses Survey: 2012 Edition［R］. Washington, DC: ACE, 2012.

［24］ Connor, G. C. et al. Internationalization of general education curricula in community colleges: A faculty perspective［J］. Community College Journal of Research and Practice. 2013, 37(12): 966 - 978.

［25］ Creswell, J. Research design: Qualitative, quantitative, and mixed methods approaches (3rd Edition)［M］. Thousand Oaks, CA: Sage. 2009: 19.

［26］ Creswell, J. W. Educational research: Planning, conducting, and evaluating quantitative and qualitative research (4th Edition)［M］. PHI Learning Private Limited, 2012.

［27］ Cummings, W. K. & Bain, O. The internationalization of the U. S. academy in comparative perspective: A descriptive study［J］. Asia Pacific Education Review. 2009, 10 (1): 107 - 115.

［28］ De Boer, K. & Sonderegger, R. (eds.) Conceptions of critique in modern and contemporary philosophy［M］. London: Palgrave Macmillan,2012.

［29］ Deci, E. L. & Ryan, R. M. A motivational approach to self: Integration in personality ［J］. Nebraska Symposium on Motivation. 1990, 38: 237 - 288.

[30] D. Deardorff, et al. (eds.) The SAGE handbook of international higher education[M]. Thousand Oaks, CA: SAGE Publications. 2012.

[31] De Wit, H.(eds.) Strategies for internationalization of higher education: A comparative study of Australia, Canada, Europe and the United States of America[M]. Amsterdam, The Netherlands: EAIE, 1995.

[32] De Wit, H. Internationalization of higher education in the United States of America and Europe: A historical, comparative, and conceptual analysis[M]. Westport, CT: Information Age, 2002.

[33] Dewey, P. & Duff, S. Reason before passion: Faculty views on internationalization in higher education[J]. Higher Education. 2009, 58: 491-504.

[34] Duck University Libraries. University Archives[EB/OL]. [2016-08-19] http://dukespace.lib.duke.edu/dspace/bitstream/handle/10161/91/Outrageous%20Ambitions.pdf;sequence=1.

[35] Eimers, M. T. The role of intrinsic enjoyment in motivating faculty[J]. Thought & Action. 1999, 13(2): 125-142.

[36] Engberg, D. & Green, M. F. (eds.) Promising practices: Spotlighting excellence in comprehensive internationalization[R]. Washington, DC: ACE. 2002.

[37] European Association for International Education[EB/OL]. [2015-09-16] http://www.eaie.org/home.html.

[38] Fink, A. Conducting research literature reviews: From the internet to paper (3rd Edition)[M]. Los Angeles: SAGE,2010.

[39] Finkelstein, M. J. et al. The American faculty in an age of globalization: predictors of internationalization of research content and professional networks[J]. Higher Education. 2013, 3: 325-340.

[40] Forest, J. J. F & Altbach, P. G. (eds.). International handbook of higher education. Part one: Global themes and contemporary challenges[M]. The Netherlands: Springer, 2006.

[41] Helms, R. M et al. Mapping internationalization on U. S. campuses: 2017 edition[R]. Washington, DC: ACE. 2017.

[42] Hubley, A. M. & Zumbo, B. D. A dialectic on validity: Where we have been and where we are going[J]. The Journal of General Psychology. 1996, 123(3): 207-215.

[43] Friesen, R. Faculty member engagement in Canadian university internationalization: A consideration of understanding motivations and rationales[J]. Journal of Studies in International Education. 2012, 17 (3): 209-227.

[44] Gall, M. D. et al. Educational research: An introduction (7th Edition)[M]. Pearson, 2003.

[45] Grant, C. & Osanloo, A. Understanding, selecting, and integrating a theoretical framework in dissertation research: Creating the blueprint for your "house"[J].

Administrative Issues Journal: Education, Practice and Research. 2014, 4(2): 12 – 25.

[46] Green, M. F. & Olson, C. Internationalizing the campus: A user's guide [R]. Washington, DC: ACE, 2003.

[47] Green, M. Measuring internationalization at research universities[R]. Washington, D. C.: ACE, 2005.

[48] Green, M. F. & Shoenberg, R. Where faculty live: Internationalizing the disciplines[R]. Washington, DC: ACE, 2006.

[49] Green, M. F. et al. Mapping internationalization on U. S. campuses: 2008 edition[R]. Washington, DC: ACE, 2008.

[50] Grix, J. Introducing students to the generic terminology of social research[J]. Politics, 2002, 22(3): 175 – 186.

[51] Harari, M. Internationalizing the curriculum and the campus: Guidelines for AASCU Institutions[M]. Washington, DC: AASCU, 1981.

[52] Henson, J. B. et al (eds.) Internationalizing U. S. universities: A time for leadership [R]. Spokane, WA: Washington State University. 1990.

[53] Huang, F. Policy and practice of the internationalization of higher education in China[J]. Journal of Studies in International Education. 2003, 7(3): 225 – 240.

[54] Huang, F. T. et al. The internationalization of the academy: Changes, realities and prospects[M]. The Netherlands: Springer, 2014.

[55] Hubley, A. M. & Zumbo, B. D. A dialectic on validity: Where we have been and where we are going[J]. The Journal of General Psychology. 1996, 123(3): 207 – 215.

[56] Iuspa, F. E. Assessing the effectiveness of the internationalization process in higher education institutions: A case study of Florida International University [D]. Florida International University, 2010.

[57] John D. Millet, The Academic Community[M]. New York: McGraw-Hill Book Company. 1962.

[58] Johnston, J. S & Edelstein, R. J. Beyond borders: Profiles in international education [M]. Washington, DC: Association of American Colleges, 1993.

[59] Kehm, B. M. & Teichler, U. Research on internationalization in higher education[J]. Journal of Studies in International Education. 2007,11(3/4): 260 – 273.

[60] Klasek, C. B. (eds.) Bridges to the future: Strategies for internationalizing higher education[C]. Carbondale, IL: AIEA.1992.

[61] Kloot, B. Exploring the value of Bourdieu's framework in the context of institutional change[J]. Studies in Higher Education.2009, 34 (4): 469 – 481.

[62] Klyberg, S. G. F. The faculty experience of internationalization: Motivations for, practices of, and means for engagement[D]. The Pennsylvania State University, 2012.

[63] Knight, J. Internationalization: Elements and checkpoints[J]. CBIE. 1994, 7: 1 – 15.

[64] Knight, J. & De Wit, H. (eds.) Quality and internationalization in higher education

[M]. Paris: Organization for Economic Co-operation and Development, 1999.

[65] Knight, J. Updating the definition of internationalization [J]. International Higher Education. 2003, 33: 2 - 3.

[66] Knight, J. Internationalization remodeled: Definition, approaches and rationales [J]. Journal of Studies in International Education. 2004, 8(1): 5 - 31.

[67] Knight, J. The changing landscape of higher education internationalization — For better or worse? [J]. Perspectives: Policy and Practice in Higher Education. 2013, 17(3): 89 - 90.

[68] Kwiek, M. The internationalization of the academic profession in Europe: A quantitative study of 11 national systems[J]. Educational Studies. 2015, 1: 58 - 87.

[69] Kyoto University. New International Strategy: The 2x by 2020 Initiative[EB/OL].[2017 - 10 - 01] http://www.kyoto-u.ac.jp/en/research/international/publications/documents/new-international-strategy.pdf.

[70] Li, B. H. & Tu, Y. J. Motivations for faculty engagement in internationalization: A survey in China[J]. Higher Education. 2016, 71: 81 - 96.

[71] Locke, W., Cummings, W. K. & Fisher, D. (eds.) Changing governance and management in higher education: The Perspectives of the Academy[M]. Springer, 2011.

[72] Lunde, J. P. et al. (Eds.). Reshaping curricula: Revitalization programs at three land grant universities[M]. Bolton, MA: Anker Publishing Company, Inc. 1995.

[73] Maidstone, P. International literacy: A paradigm for change: A manual for internationalizing the curriculum[M]. Victoria, British Columbia: Centre for Curriculum, Transfer and Technology, 1996.

[74] Mendoza, P. et al. Bourdieu and academic capitalism: Faculty "habitus" in materials science and engineering[J]. The Journal of Higher Education. 2012, 83(4): 558 - 581.

[75] Mestenhauser, J. A. & Ellingboe, B. J. Reforming the higher education curriculum: Internationalizing the campus[M]. Phoenix: Oryx Press and AC, 1998.

[76] Mok, K. H. Questing for internationalization of universities in Asia: Critical reflections [J]. Journal of Studies in International Education. 2007, 11(3/4): 433 - 454.

[77] Murphy, P. K. & Alexander, P. A. A motivated exploration of motivation terminology [J]. Contemporary Educational Psychology. 2000, 25: 3 - 53.

[78] NASULGC. Internationalizing higher education through the Faculty[R]. Washington,

[79] National Assocaition of Foreign Student Affairs, or Assication of International Educatiors[EB/OL].[2015 - 09 - 16]http://www.nafsa.org/.

[80] Navarro, M. Analysis of factors affecting participation of faculty and choice DC: NASULGC, 1993. of strategies for the internationalization of the undergraduate agricultural curriculum: The case in two land grant universities[D]. Texas A&M University, 2004.

[81] Odgers, T. & Giroux, I. Internationalizing faculty: A phased approach to transforming

curriculum design and instruction[C]. International Conference on Internationalizing Canada's Universities. Toronto, 2006.

[82] OECD (eds.) Quality and internationalization in higher education[M]. Paris: OECD—IMHE, 1999.

[83] Paige, R. M. &. Mestenhauser, J. A. Internationalizing educational administration[J]. Educational Administration Quarterly. 1999, 35(4): 500 – 517.

[84] Paige, R. M. The American Case: The University of Minnesota[J]. Journal of Studies in International Education. 2003, 7(1): 52 – 63.

[85] Proctor, D. Faculty and international engagement: Has internationalization changed academic work? [J]. International Higher Education. 2015, 83: 15 – 16.

[86] Proctor, D. In what ways has internationalization shaped academic work? A perspective from Australia[C]. USA, Denver: Association for the Study of Higher Education (ASHE) Conference, 2015.

[87] Rhoads, R. A. &. Hu, J. The internationalization of faculty life in China[J]. Asia Pacific Journal of Education. 2012, 32(3): 351 – 365.

[88] RIHE (eds.). The changing academic profession over 1992 ~ 2007: International comparative and quantitative perspectives, RIHE international seminar report 13. Hiroshima: RIHE Hiroshima University, 2009.

[89] Rudzki, R. E. J. The application of a strategic management model to the internationalization of higher education institutions[J]. Higher Education. 1995, 29(4): 421 – 441.

[90] Sanderson, G. A foundation for the internationalization of the academic self[J]. Journal of Studies in International Education. 2008, 12(3): 276 – 307.

[91] Schwietz, M. S. Internationalization of the academic profession: An exploratory study of faculty attitude, beliefs and involvement at public universities in Pennsylvania[D]. The University of Pittsburgh, 2006.

[92] Schoorman, D. Internationalization of its pedagogical implications: Understanding and implementing global perspectives in higher education[D]. The Purdue University. 1997.

[93] Schoorman, D. The pedagogical implications of diverse conceptualizations of internationalization: A U. S.-based case study[J]. Journal of Studies in Higher Education. 1999, 3(2): 19 – 46.

[94] Schoorman, D. How is internationalization implemented? A framework for organizational practice[R]. ERIC, 2000: 1 – 44.

[95] Siaya, L. &. Hayward, F. Mapping internationalization on US campuses[R]. Washington, DC: American Council on Education. 2003.

[96] Stohl, M. We have met the enemy and he is us: The role of the faculty in the internationalization of higher education in the coming decade[J]. Journal of Studies in International Education. 2007, 11(3/4): 359 – 372.

[97] Stromquist, N. P. Internationalization as a response to globalization: Radical shift in university environment[J]. Higher Education. 2007: 53: 81 – 105.

[98] Teichler, U. The changing nature of higher education in Western Europe[J]. Higher Education Policy. 1996, 9(2): 89-111.

[99] Teichler, U. The changing debate on internationalization of higher education[J]. Higher Education. 2004, 48: 5-26.

[100] Teichler, U. & Höhle, E. A. (Eds.) The work situation of the academic profession in Europe: Findings of a survey in twelve countries[M]. Springer, 2013.

[101] The definition of motivation[EB/OL].[2017-6]https://en.wikipedia.org/wiki/Motivation.

[102] The University of Manchester. Manchester 2020: The University of Manchester's Strategic Plan[EB/OL].[2017-10-01]http://documents.manchester.ac.uk/display.aspx? DocID=25548.

[103] The University of Melbourne. The University of Melbourne strategic plan 2015~2020: Growing esteem[EB/OL].[2017-10-01]http://about.unimelb.edu.au/__data/assets/pdf_file/0006/1462065/11364-GROWING-ESTEEM-2015-FA-WEB.pdf.

[104] The University of Oslo. Strategy 2020[EB/OL].[2017-10-01]https://www.uio.no/english/about/strategy/Strategy2020-English.pdf.

[105] Turner, Y. & Robson, S. Competitive and cooperative impulses to internationalization: Reflecting on the interplay between management intentions and the experience of academics in a British university[J]. Education, Knowledge & Economy. 2007, 1 (1): 65-82.

[106] University of British Columbia. UBC International Strategic Plan 2011[EB/OL].[2017-10-01]https://research.ubc.ca/sites/research.ubc.ca/files/vpri/UBC-intl-strat-plan-2011.pdf.

[107] Vallerand R J, et al. Les passions de l'ame: On obsessive and harmonious passion[J]. Journal of persponality & social psychology. 2003, 85(4): 756-767.

[108] Venkatesh, V., et al. Bridging the Qualitative-Quantitative Divide: Guidelines for Conducting Mixed Methods Research in Information System[J]. MIS Quarterly. 2013, 37(1): 1-34.

[109] Welch, A. R. The peripatetic professor: The internationalization of the academic profession[J]. Higher Education. 1997, (34): 323-345.

[110] Yudkevich, M. et al. (Eds.) Young faculty in the twenty-first century: International Perspectives[M]. New York: SUNY Press, 2015.

[111] Yale University. International Framework: Yale's Agenda for 2009 through 2012[EB/OL]. [2017-10-01] https://world.yale.edu/sites/default/files/files/Yale_International_Framework_2009-2012.pdf.

[112] Yingxia Cao et al. Motivators and Outcomes of Faculty Actions towards International Students: Under the Influence of Internationalization[J]. International Journal of Higher Education. 2014, 3(4): 63-79.

缩略语

缩略语	全　　称	对照中文
AACSB	The Association to Advance Collegiate Schools of Business	美国国际商学院联合会
ACE	American Council on Education	美国教育委员会
A&HCI	Arts & Humanities Citation Index	艺术和人文引文索引
AIEA	American International Education Associates	美国国际教育联合会
AMBA	Association of Master of Business Administration	工商管理硕士协会
APA	Academic Profession in Asia	亚洲学术职业调查
ARWU	Academic Ranking of World Universities	世界大学学术排名
CAP	Changing Academic Profession	变革中的学术职业调查
CPA	Principal Component Analysis	主成分分析
CBIE	Canadian Bureau for International Education	加拿大国际教育局
CSC	China Scholarship Council	国家留学基金管理委员会
DAAD	Deutscher Akademischer Austauschdienst	德意志学术交流中心
EAIE	European Association for International Education	欧洲国际教育协会
EFA	Exploratory Factor Analysis	探索性因子分析
EI	Englineering Index	工程索引
EQUIS	European Quality Improvement System	欧洲质量发展认证体系
EUROAC Study	Academic Profession in Europe: Responses to Societal Challenges	欧洲学术职业调查
GATS	General Agreement on Trade in Services	《服务与贸易总协定》

（续表）

缩略语	全　称	对照中文
IaH	Internationalization at Home	本土（在地）国际化
IAU	International Association of Universities	国际大学协会
ICTs	Information Communication Technology Services	信息与通信技术
JSIE	Journal of Studies in International Education	《国际教育研究》期刊
NAFSA	National Association of Foreign Student Affairs	美国国际教育工作者协会
PI	Principle Investigator	项目负责人，首席科学家
SCI	Science Citation Index	科学引文索引
SD	Standard Deviation	标准差
SSCI	Social Science Citation Index	社会科学引文索引
χ^2	Chi-square Test	卡方检验

术语索引